Beck-Rechtsberater

Ratgeber Nachbarrecht

dtv

Beck-Rechtsberater

Ratgeber

Nachbarrecht

Meine Rechte und Pflichten als Nachbar

Von Prof. Dr. Dr. Herbert Grziwotz, Notar,
und Roland Rudolf Saller, Vorsitzender Richter
am Landgericht

2. Auflage

dtv

www.dtv.de
www.beck.de

Originalausgabe

dtv Verlagsgesellschaft mbH & Co. KG,
Tumblingerstraße 21, 80337 München

Druck und Bindung: Druckerei C.H. Beck, Nördlingen
(Adresse der Druckerei: Wilhelmstraße 9, 80801 München)
Satz: ottomedien GmbH, Darmstadt
Umschlaggestaltung: Design Concept Krön, Puchheim
unter Verwendung eines Fotos von © Yuri Arcurs-fotolia.de
ISBN 978-3-423-51226-8 (dtv)
ISBN 978-3-406-71772-7 (C.H.Beck)
ISBN 978-3-406-71773-4 (eBook)

9 783406 717727

Vorwort

Der Philosoph Rousseau hat einmal geschrieben: „Ein Philosoph liebt die Tartaren, um davon entbunden zu sein, seine Nachbarn zu lieben." Dass dies nicht immer leicht fällt, zeigen manche Gerichtsstreitigkeiten. Bekannt wurde ein Fall, bei dem es um sog. **Frustzwerge** ging. Ein aus der Pfalz stammender Grundstückseigentümer litt unter seinem neuen Nachbarn, der aus Wuppertal stammte. Um seinen Frust loszuwerden, stellte er im Garten selbst entworfene Tonfiguren auf. Es handelte sich um ca. 30–35 Zentimeter große Gebilde, die Gartenzwergen ähnelten. Gartenzwerge sind üblicherweise eher Ausdruck einer mehr biederen Denkweise. Teilweise werden sie sogar als Symbole der Engstirnigkeit und Dummheit angesehen. Meist haben sie Gartengeräte oder Blumen in ihren Händen. Allerdings sind in Wohnungseigentumsanlagen bereits andere Arten vorgekommen. Dort hausen mitunter sog. unanständige Gartenzwerge, die durch obszöne Gesten und Betätigungen bei manchen Betrachtern Ärgernis erregen. Möglicherweise hat sich der Pfälzer Hauseigentümer an diesen obszönen Gartenzwergen orientiert. Jedenfalls nahmen seine selbst gefertigten Gebilde, wie es in den Entscheidungsgründen des Urteils heißt, atypische Posen und Gesten ein. So zeigte ein Gartenzwerg dem Beobachter mit herausgestreckter Zunge den erhobenen Mittelfinger („Fuck-You-Zeichen"). Ein anderer beugte sich mit heruntergelassenen Hosen nach vorne und präsentierte sein entblößtes Hinterteil. Ein weiterer hielt sich die Nase zu und schloss dabei die Augen. Andere Zwerge entsprachen ihren Kollegen in Gestik und Mimik. Sie streckten die Zunge heraus, zeigten einen Vogel und bildeten schließlich mit Daumen und Zeigefinger einen Kreis. Ein Zwerg trug eine Kapuze und verkörperte einen auf ein Beil gestützten Scharfrichter. Ein Zwerg war an einem Baum im Garten erhängt. Einige Zwerge hielten Schilder mit Parolen, wie z. B. „Pfälzer in die Pfalz, Wuppertaler in die Wupper! Zieht doch endlich aus, wir wollen Frieden!"

Der betroffene Nachbar verlangte vom „Störer" Beseitigung der vorhandenen Gartenzwerge und Unterlassung des Aufstellens künftiger neuer Werke. Er stützte seinen Beseitigungsanspruch auf die Verletzung seines Eigentums. Ästhetische Störungen sind jedoch grundsätzlich keine Beeinträchtigung in diesem Sinne. Der hässliche Anblick auf dem Nachbargrundstück kann ebenso wie andere Beeinträchtigungen (z. B. Lichteinfall und Fernsehempfang) nicht abgewehrt werden. Allerdings verletzten die beanstandeten Gartenzwerge auch das Persönlichkeitsrecht des Klägers. Die Aufstellung der in der vorgenannten Art gestalteten Zwerge ging weit über das hinaus, was man als Frustreaktion und im Rahmen einer ästhetischen Beeinträchtigung liegend auffassen kann. Auch der Einwand des „Gartenzwerg-Eigentümers", es handelte sich um Kunst, die man wegen der grundrechtlich geschützten Freiheit der Kunst mit den der Kunst eigenen Maßstäben messen müsse, ließ das Gericht nicht gelten. Trotz ihres zweifellos künstlerischen Wertes stellten die Zwerge eine grobe **Beleidigung des Nachbarn** dar. Der Eigentümer habe seine vorhandene künstlerische Begabung dazu missbraucht, um seiner Absicht, den Nachbarn zu kränken und zu beleidigen, eine feste Form zu geben. Grundsätzlich habe nichts anderes zu gelten, als wenn sich der Eigentümer selbst hingestellt und die entsprechenden beleidigenden Gesten vollführt hätte. Die Zwerge stellten gleichsam tönerne Stellvertreter dar. Da es dem Eigentümer nicht permanent möglich gewesen wäre, sich selbst vor sein Haus zu stellen und die entsprechenden Gesten zu machen, habe er die streitgegenständlichen Zwerge geschaffen und gleichsam für sich handeln lassen. Das Gericht weist den Schöpfer der Gartenzwerge auf eine Möglichkeit des legalen Nachbarfrustabbaus hin. Er könne die Zwerge am besten dann sehen, wenn er sie in seinem eigenen Aufenthaltsbereich aufstellen würde. Er hätte dabei zusätzlich ausreichend Gelegenheit, sich an ihnen zu erfreuen. Gleichzeitig würde der Nachbar nicht durch die Konfrontation mit ihrem Anblick gestört.

Dass sich Nachbarstreitigkeiten auch **friedlich lösen** lassen, zeigt ein ähnlicher Fall. Auch hier hatte ein „Künstler" in seinem Garten einen Zwerg aufgestellt. Es handelte sich um einen sog. Hartbrandwichtel. Dieser zeigte den „Stinkefinger" und im linken Mundwinkel einen Teil seiner Zunge. Allerdings war in dieser Geste keine Beleidigung zu sehen. Auf das Verlangen dessen Nachbarn, die Figur zu entfernen, wickelte nämlich deren Schöpfer Stoff um den Mittelfinger und band mittels einer Schleife eine Blume daran. Die Verbindung des beleidigenden Symbols mit der freundlichen Blume ließ den beleidigenden Effekt entfallen. Vielleicht hätte dies auch in einem anderen Nachbarstreit geholfen, in dem es wiederum um einen Gartenzwerg ging. Die ca. 50 Zentimeter große Figur trug einen Mantel, den sie in exhibitionistischer Pose mit beiden Händen nach links und rechts öffnete. Im Bereich des Schritts waren männliche Genitalien in nicht erigiertem Zustand zu sehen. Auch hier verlangte der Nachbar Beseitigung des ihn störenden Zwerges. Vielleicht hätte auch bei diesem exhibitionistischen Gartenzwerg, jedenfalls an der richtigen Stelle angebracht, eine Blume oder ein Feigenblatt geholfen.

Dass ein Nachbarkonflikt im Gegensatz dazu auch **eskalieren** kann, bestätigt ein Fall, der sogar das BVerfG beschäftigte. Weil sich jemand von seinen Nachbarn belästigt fühlte, bestellte er bei 35 Firmen unter dem Namen des Nachbarn Waren und Dienstleistungen an dessen Adresse. Der Nachbar erhielt daraufhin wiederholt Lieferungen, z. B. von örtlichen Apotheken, Pizzadiensten und Getränkemärkten. Außerdem wurde mehrfach Heizöl geliefert und eine Lkw-Ladung Kies auf dem Grundstück ausgekippt. Mitarbeiter des Recyclinghofs wollten einmal seine Couch zur Entsorgung abholen und am frühen Abend klingelte der Sanitätsnotdienst wegen angeblich verstopfter Toiletten. Diese Aktionen hatten für den betroffenen Nachbarn Schlafstörungen und die Notwendigkeit einer psychotherapeutischen Behandlung zur Folge. Der Verursacher hielt die vom Gericht verhängte Strafe für unangemessen und legte dagegen Verfassungsbeschwerde ein. Dies zeigt deutlich, warum es bei Nachbarstreitigkeiten im Kern geht: Nicht um das Recht, sondern um das Rechthaben. Jeder Nachbar glaubt, im Recht zu sein und dies nahezu bis zum Letzten durchsetzen zu müssen. Schlimmstenfalls führt der Nachbarkrieg dazu, dass ein Eigentümer zum **Wegzug** gezwungen ist und hierzu seine Immobilie möglicherweise sogar unter Wert veräußern muss, wenn er den Streit nicht mehr aushält.

Der vorliegende Leitfaden kann nicht die anwaltliche Beratung im konkreten Einzelfall ersetzen. Der Anwalt kann auch auf die landesrechtlichen Besonderheiten eingehen. Soll ein Konflikt dauerhaft mit Wirkung für Rechtsnachfolger im Eigentum der benachbarten Grundstücke gelöst werden, muss für die hierzu erforderlichen Grundbucheintragungen ohnehin ein Notar oder eine Notarin hinzugezogen werden. Der Leser sollte keinesfalls unter Zuhilfenahme dieses Buches und des Internets versuchen, eine Nachbarklage beim Amtsgericht selbst einzureichen. Vielmehr soll die Lektüre dieses Taschenbuchs ihn dazu veranlassen, den eigenen Standpunkt anhand der gesetzlichen Vorschriften und der Rechtsprechung zu überprüfen. Vertiefte Hinweise und Nachweise zur Rechtsprechung finden sich bei Grziwotz/Lüke/Saller, Praxishandbuch Nachbarrecht, 2. Aufl. 2013, erschienen im Verlag C. H. Beck, dessen Aufbau der vorliegende Leitfaden zur leichteren Handhabung folgt. Sinnvoll kann es auch sein, sich vor dem Hintergrund dieser **Informationen** in die Position des Nachbarn zu versetzen. Möglicherweise lässt sich dann der Konflikt leichter, billiger und vor allem dauerhaft lösen. Keinesfalls soll der vorliegende Ratgeber Munition für die Kriegsführung liefern. Schon die alten Römer wussten nämlich: „Brennt des Nachbarn Wand, so bist du selber gefährdet.“

Regen/Deggendorf, im Frühjahr 2019

Herbert Grziwotz
Roland Rudolf Saller

Inhaltsübersicht

Inhaltsverzeichnis

Abkürzungsverzeichnis

AbmG	(Landes-)Abmarkungsgesetz
Abs.	Absatz
AG	Amtsgericht
AGBGB	(Landes-)Ausführungsgesetz zum Bürgerlichen Gesetzbuch
AGGVG	(Landes-)Gesetz zur Ausführung des Gerichtsverfassungsgesetzes und von Verfahrensgesetzen des Bundes
AGVwGO	(Landes-)Ausführungsgesetz zur Verwaltungsgerichtsordnung
a.F.	alte Fassung (eines Gesetzes)
Art.	Artikel
AVBFernwärmeV	Verordnung über Allgemeine Bedingungen für die Versorgung mit Fernwärme
AVBWasserV	Verordnung über Allgemeine Bedingungen für die Versorgung mit Wasser
BauGB	Baugesetzbuch
BauNVO	Baunutzungsverordnung
bestr.	bestritten
BGB	Bürgerliches Gesetzbuch
BGH	Bundesgerichtshof
BImSchG	Bundes-Immissionsschutzgesetz
BImSchV	Verordnung zur Durchführung des Bundes-Immissionsschutzgesetzes
BNatSchG	Bundesnaturschutzgesetz
BVerfG	Bundesverfassungsgericht
BVerwG	Bundesverwaltungsgericht
bzw.	beziehungsweise
ca.	circa
d.h.	das heißt
EGBGB	Einführungsgesetz zum Bürgerlichen Gesetzbuch
EGZVG	Einführungsgesetz zum ZVG

EGZPO .... Einführungsgesetz zur Zivilprozessordnung
EnWG .... Energiewirtschaftsgesetz
ErbbauRG .... Erbbaurechtsgesetz
etc. .... et cetera
f./ff. .... folgende
GBBerG .... Grundbuchbereinigungsgesetz
GBO .... Grundbuchordnung
GBVerf .... Grundbuchverfügung
GenTG .... Gentechnikgesetz
GG .... Grundgesetz
ggf. .... gegebenenfalls
h.M. .... herrschende Meinung
HPflG .... Haftpflichtgesetz
Hs. .... Halbsatz
i.S. .... im Sinne
i.V.m. .... in Verbindung mit
KrWG .... Kreislaufwirtschaftsgesetz
LG .... Landgericht
lit. .... littera (= Buchstabe)
Lit. .... Literatur
LuftVO .... Luftverkehrsordnung
NAV .... Niederspannungsanschlussverordnung Strom
NDAV .... Niederdruckanschlussverordnung Gas
n.F. .... neue Fassung (eines Gesetzes)
Nr. .... Nummer
Nrn. .... Nummern
NRG .... (Landes-)Nachbarrechtsgesetz
OLG .... Oberlandesgericht
s. .... siehe
S. .... Satz, Seite
s.o. .... siehe oben
sog. .... so genannt
str. .... streitig
TA Lärm .... Technische Anleitung zum Schutz gegen Lärm
TA Luft .... Technische Anleitung zur Reinhaltung der Luft
TKG .... Telekommunikationsgesetz
u. .... und

u.a. .... unter anderem
UmweltHG .... Umwelthaftungsgesetz
v. .... von, vom
vgl. .... vergleiche
VO .... Verordnung
VwGO .... Verwaltungsgerichtsordnung
VwVfG .... Verwaltungsverfahrensgesetz
WasserG .... (Landes-)Wassergesetz
WEG .... Wohnungseigentumsgesetz
WHG .... Wasserhaushaltsgesetz
z.B. .... zum Beispiel
Ziff. .... Ziffer
ZPO .... Zivilprozessordnung
ZVG .... Gesetz über die Zwangsversteigerung und die Zwangsverwaltung

1. Kapitel

Eigentum und Nachbarrecht

I. Eigentümerrechte und Nachbarbefugnisse

1. Welche Rechte hat der Grundeigentümer? Was muss er dulden?

BEISPIEL: Gerhard hat gelesen, dass in Deutschland die Baufreiheit verfassungsrechtlich geschützt ist. Deshalb möchte er auf seinem Grundstück ein Haus bauen. Es soll in nur einem Meter Abstand von der Grenze zu Norbert errichtet werden. Dieser findet das Haus hässlich und meint, diesen Anblick müsse er sich unmittelbar angrenzend an sein Grundstück nicht gefallen lassen. Als ihm auch noch die Baubehörde seinen Bau einstellt, wendet sich Gerhard an den Petitionsausschuss.

„Jeder kann bis in den Himmel hinauf bauen und in die Hölle hinunter graben." So definierte der bayerische Jurist Wiguläus Xaverius Aloysius von Kreittmayr im 18. Jahrhundert die **Befugnisse des Grundstückseigentümers.** § 903 Satz 1 BGB (Bürgerliches Gesetzbuch) lässt auch gegenwärtig zu, dass der Eigentümer eines Grundstücks, soweit nicht das Gesetz oder Rechte Dritter entgegenstehen, mit diesem nach Belieben verfahren und andere von jeder Einwirkung ausschließen kann. Das Grundeigentum bezeichnet somit die umfassende rechtliche Herrschaft über ein Grundstück. Es erstreckt sich nach dem Gesetzeswortlaut auf den Erdkörper über der Oberfläche und auf den Raum unter der Oberfläche (§ 905

Satz 1 BGB). Zum Grundstück gehören auch seine Bestandteile (z. B. Gebäude, ein Gartenhaus, ein Pavillon, ein Schwimmbecken, ein Öltank, ein Zaun, Bäume und sonstige Pflanzen). Mit einem Grundstück kann aber auch ein Recht verbunden sein. Beispiele sind Geh-, Fahrt- und Leitungsrechte.

Der Grundstückseigentümer kann seine Befugnisse ausüben, er kann aber auch darauf (teilweise) verzichten. Wichtig ist sein **Verbietungsrecht,** mit dem er von einem Störer die Beseitigung einer bestehenden Beeinträchtigung oder das Unterlassen einer befürchteten Beeinträchtigung verlangen kann.

Die Befugnisse des Grundstückseigentümers finden dort ihre Grenze, wo er eine ihn beeinträchtigende Maßnahme dulden muss. Solche **Duldungspflichten** können sich aus gesetzlichen Vorschriften (z. B. §§ 905, 906 und 912 BGB für nicht mehr wahrnehmbare Beeinträchtigungen, Immissionen und einen entschuldigten Überbau), den Rechten Dritter und öffentlich-rechtlichen Normen (z. B. dem Bau-, Immissionsschutz-, Ordnungs-, Wasser- und Naturschutzrecht) ergeben. Zu den Rechten Dritter gehören insbesondere die vom Grundstückseigentümer selbst oder seinen Rechtsvorgängern dem Nachbarn eingeräumten Befugnisse (z. B. das Recht zur Errichtung eines Bauwerks ohne Einhaltung von Abstandsflächen, eine Zugangs- und Zufahrtsmöglichkeit sowie ein Leitungsrecht). Aber auch unmittelbar aus gesetzlichen Vorschriften können sich Duldungspflichten ergeben. Beispiele sind das Notwegerecht (§ 917 BGB), Leitungsrechte für Versorgungsunternehmen, die Widmung einer Straßen- oder Wegefläche für den öffentlichen Verkehr und vor allem die Vorschriften des Nachbarrechts. Dem Nachbarn stehen nämlich als Grundstückseigentümer ebenso umfassende Herrschaftsbefugnisse zu wie den Eigentümern der umliegenden Grundstücke. Das Nachbarrecht versucht, die beiderseitigen Rechtsbefugnisse zu einem vernünftigen Ausgleich zu bringen. Gegenstand der Nachbarrechtsvorschriften ist im Wesentlichen die (eigentlich selbstverständliche) gegenseitige Rücksichtnahme.

Wichtig!

Zum Grundeigentum gehört auch die Baufreiheit, d. h. das Recht zu bauen. Dabei muss aber auf den Nachbarn Rücksicht genommen werden. Insbesondere müssen ausreichende Abstände des Bauwerks von der Grenze eingehalten werden. Zudem sind die Vorschriften des öffentlichen Baurechts zu beachten. Bei Beachtung dieser Einschränkungen darf allerdings jeder so hässlich bauen, wie es ihm gefällt. Der Nachbar kann ein ihm hässlich erscheinendes Gebäude nicht verbieten.

2. Wer ist mein Nachbar?

BEISPIEL: Dieter hat einen alten Landgasthof gekauft, den er zu einer Disco umbauen möchte. Sein unmittelbar angrenzender Nachbar hat nichts dagegen, da Dieter in seinem Geschäft die Getränke einkauft. Ca. 700 Meter entfernt befindet sich das Wohnhaus von drei älteren Damen, die ihre Ruhe haben möchten, und deshalb „Einspruch" gegen den Umbau einlegen. Dieter ist der Ansicht, mangels einer gemeinsamen Grenze handle es sich um keine Nachbarn mehr. Außerdem müssten die „drei alten Tanten" den Zu- und Abfahrtslärm hinnehmen, da es sich um kinderspezifischen Lärm handelt und die Jugendlichen schließlich für die Rente der drei aufkommen würden.

Nachbar ist dabei nicht nur der unmittelbare Angrenzer, sondern derjenige Grundstückseigentümer, der durch eine Maßnahme betroffen sein kann. Dies ist bei der zu hohen Hecke an der Grundstücksgrenze nur der unmittelbar angrenzende Nachbar. Bei Lärm, der von einem Grundstück ausgeht, können auch der übernächste und weitere Grundstückeeigentümer beeinträchtigt werden. Noch deutlicher wird dies bei einem Atomkraftwerk, einem Flughafen, einem emittierenden Betrieb, einem Einkaufsmarkt und einer Diskothek, die insbesondere in den Nachtstunden, in denen das Ruhebedürfnis besonders groß ist, einen starken Zu- und Abfahrtsverkehr mit sich bringt. Die ganz oder teilweise an eine Grenze anschließenden Nachbarn, aber auch diejenigen Grundstücke, die lediglich an einer Ecke angrenzen, fallen regelmäßig unter den Nachbarbegriff.

Insbesondere bei Immissionen kann der Kreis der betroffenen Nachbarn jedoch weitaus größer sein; entscheidend für die Abgrenzung ist die Betroffenheit. Klagebefugt sind grundsätzlich der Grundstückseigentümer, ein Erbbauberechtigter und ein sonstiger dinglich Berichtigter, d. h. eine Person, der ein im Grundbuch eingetragenes Recht zusteht. Aber auch ein Grundstückskäufer, der durch eine Vormerkung im Grundbuch gesichert ist und auf den bereits das wirtschaftliche Eigentum (Besitz, Nutzungen und Lasten) übergegangen ist, kann die Nachbarrechte gerichtlich geltend machen. Im Immissionsschutzrecht werden auch Mieter, Pächter, sonstige Mitbewohner und Arbeitnehmer geschützt.

Wichtig!

Zur Bestimmung derjenigen Personen, die als Nachbarn von einer Maßnahme betroffen und deshalb auch klagebefugt sind, kommt es auf die Beeinträchtigung an. Insbesondere bei Lärm und einem starken Zu- und Abfahrtsverkehr können auch entfernt wohnende Personen in ihren Rechten betroffen sein.

II. Privates und öffentliches Nachbarrecht – Rechtsquellen

1. Wo finde ich das für mich einschlägige Nachbarrechtsgesetz?

BEISPIEL: Der aus Dortmund stammende Norbert hat sich im Bayerischen Wald ein Grundstück gekauft. Die Garage seiner Nachbarin steht unmittelbar an seiner Grundstücksgrenze. Als er eines Morgens aufwacht, steht die Nachbarin Gerda auf seinem Grundstück und streicht ihre Garagenwand. Nachdem Gerda ihn einmal wegen ihrer Kopfschmerzen gebeten hatte, seine bei geöffnetem Fenster zugegebenermaßen laut eingestellte Stereoanlage leiser zu drehen, möchte er ihr nunmehr das Betreten seines Grundstücks verbieten. Jedenfalls hat er sich aus seiner früheren Heimat gemerkt, dass gesetzlich eine Ankündigung der Benutzung des Nachbargrundstücks von einem Monat vorgeschrieben ist. Norbert sucht vergebens ein bayerisches Nachbarrechtsgesetz. Gerda meint, so etwas benötige man in Bayern auch nicht. Hier herrsche die liberalitas Bavariae. Deshalb könne er sich auch sein preußisches Nachbarrechtsgesetz an den Hut stecken. Norbert ist der Ansicht, auch wenn in Bayern die Uhren anders gingen, könne die Rechtslage dort doch nicht anders sein.

Das **Bürgerliche Gesetzbuch** (§§ 906–923 BGB) regelt bundesrechtlich nur einen Teil der nachbarrechtlichen Beziehungen. Im Wesentlichen ging es dem damaligen Gesetzgeber darum, die beginnende industrielle Entwicklung nicht zu behindern. Die Regelung betrifft zudem nur kleinere Bereiche, im Normalfall aneinander grenzende Grundstücke. Es geht vor allem um die Zulässigkeit von Immissionen, den Gebäudeeinsturz, die Grundstücksvertiefung, das Abschneiden von Wurzeln, Ästen und Zweigen von Bäumen und Sträuchern, hinüber fallende Früchte, den Überbau und das Notwegerecht. Daneben haben fast alle Bundesländer **Nachbarrechtsgesetze** erlassen. Lediglich Bayern, Bremen, Hamburg und Mecklenburg-Vorpommern haben keine bzw. keine eigenständigen Nachbarrechtsgesetze erlassen. Aber auch in Bayern und Bremen existieren einzelne nachbarrechtliche Vorschriften, z. B. im BayAGBGB und im BremAGBGB. Regelungsgegenstände der Landesnachbarrechtsgesetze sind vor allem die Grenzabstände von Bäumen, Pflanzen und Gebäuden, Grenzwände, Zäune, Hammerschlags-und Leiterrechte, Traufrechte, Fenster- und Lichtrechte, Aufschüttungen und Bodenerhöhungen, Leitungsrechte und das wild abfließende Wasser. Da die Vorschriften voneinander abweichen, ist es wichtig, das einschlägige landesrechtliche Nachbarrechtsgesetz sorgfältig zu prüfen. Was beispielsweise in Niedersachsen erlaubt ist, muss nämlich nicht auch in Nordrhein-Westfalen zulässig sein.

Auch **öffentlich-rechtliche Vorschriften** können für das nachbarliche Verhältnis von Bedeutung sein. Insbesondere das Baurecht und das Immissionsschutzrecht regeln neben dem Schutz der Allgemeinheit teilweise zusätzlich den Nachbarschutz. Bedeutung haben vor allem die baurechtlichen Abstandsflächennormen. Der Nachbar kann ihre Beachtung fordern. Sein „Anspruch" richtet sich zunächst gegen die Behörde. Von ihr muss er die Einhaltung der öffentlich-rechtlichen Vorschriften gegenüber seinem Nachbarn verlangen. Dies kann er freilich nur, wenn die betreffende Vorschrift auch seinem Schutz dient. Gleiches gilt für ein Einschreiten gegen eine Handlung des Nachbarn, z. B. gegen eine ungenehmigte Bauausführung.

Wichtig!

Betretungsrechte hinsichtlich des Nachbargrundstücks sehen zahlreiche landesrechtliche Vorschriften (sog. Hammerschlags- und Leiterrechte) vor. In den Ländern, in denen dies nicht der Fall ist, gestatten die Gerichte ein kurzzeitiges Betreten zur Vornahme von Reparatur- und Unterhaltungsmaßnahmen. Dies darf allerdings nicht eigenmächtig, d. h. ohne Rücksprache erfolgen.

2. Gibt es eine „Goldene Regel" („Was du nicht willst …") im Nachbarrecht?

BEISPIEL: Norbert wendet sich gegen die von der Baugenehmigungsbehörde für eine Nutzungsänderung eines Gebäudes, in dem sich bisher eine Postzweigstelle befand, in ein afghanisches Konsulat erteilte Genehmigung. Er befürchtet eine Gefährdung der Nachbarschaft durch terroristische Anschläge. Die Behörde erklärt, die geplante Nutzung sei baurechtlich zulässig. Norbert meint, gegenüber den Nachbarn sei dies dennoch rücksichtslos.

Auch bei Fehlen einer ausdrücklichen gesetzlichen Regelung bestimmt das Gebot der Rücksichtnahme das nachbarliche Zusammenleben. Es handelt sich dabei um eine besondere Ausprägung des Grundsatzes von Treu und Glauben (§ 242 BGB). Aus ihm können sich sowohl Verpflichtungen zu einem Tun als auch zu einem Unterlassen ergeben. Da das nachbarliche Verhältnis in den entsprechenden Vorschriften geregelt ist, müssen die aus dem **nachbarlichen Gemeinschaftsverhältnis** hergeleiteten Rechte und Pflichten eine Ausnahme bleiben. Ein Rückgriff auf sie findet deshalb nur statt, wenn sich bei Anwendung der gesetzlichen Vorschriften im Einzelfall kein akzeptables Ergebnis erzielen lässt und aus zwingenden Gründen eine Ausnahme geboten ist. Ziel seiner Anwendung ist ein billiger Ausgleich der widerstreitenden Interessen. Aus dem nachbarlichen Gemeinschaftsverhältnis ergibt sich regelmäßig nur eine Pflicht zur Rücksichtnahme. Nur ausnahmsweise können sich hieraus über die gesetzlichen Regelungen hinausgehende Duldungspflichten ergeben. Beispiele sind die Errichtung einer die Abstandvorschriften geringfügig nicht beachtenden Terrasse, eine vorübergehende Inanspruchnahme des Nachbargrundstücks zur Grundstücksbefestigung und eine an sich unzulässige Vertiefung. Nur in Ausnahmefällen kann sich aus dem nachbarlichen Gemeinschaftsverhältnis eine Versorgungsverpflichtung ergeben (z. B. Wasserversorgung). Dies ist aber nur der Fall, wenn zum Ausgleich der widerstreitenden Interessen keine andere Möglichkeit besteht. Bedeutung hat das Gemeinschaftsverhältnis ferner für die Frage, ob das Betreten eines Grundstücks zur Vornahme bestimmter Reparaturmaßnahmen erlaubt ist, wenn das entsprechende Nachbarrechtsgesetz keine diesbezüglichen Vorschriften enthält. Gleiches gilt schließlich auch für das Betreten eines Grundstücks durch Hunde und Katzen des Nachbarn. Auch im öffentlichen Recht findet das Gebot der Rücksichtnahme Anwendung. Es handelt sich um ein einfachgesetzliches Gebot, das aus den einzelnen Vorschriften des Baurechts abgeleitet werden kann, wenn diese auch die individuellen Interessen Dritter schützen wollen. Als Ausnahme greift es nur ein, wenn ein angemessener Interessenausgleich der nachbarrechtlichen Belange im Rahmen der baurechtlichen Vorschriften nicht möglich ist.

Maßgebend sind im Zivilrecht und im öffentlichen Recht – ebenso wie bei der Duldung von Emissionen – auch wertende Gesichtspunkte. Der **verständige moderne Durchschnittsmensch,** der den früheren normalen Durchschnittsbewohner in der Rechtsprechung ersetzt hat, berücksichtigt auch Allgemeininteressen. Das hat, auch wenn ausdrückliche gesetzliche Duldungspflichten nicht bestehen, Bedeutung insbesondere für die Hinnahme von Kinderlärm, Behinderteneinrichtungen, Sportanlagen, Bolzplätzen, Jugendzeltplätzen und Freizeitveranstaltungen. Es ist dabei das Interesse des betroffenen Nachbarn an Ungestörtheit einerseits mit dem Interesse der anderen an der diesbezüglichen Betätigung oder Umwelt andererseits abzuwägen. Dabei spielen das Toleranzgebot, die Sozialadäquatheit, die Situationsgebundenheit, die Möglichkeit ortsüblichen Eigenschutzes, die Akzeptanz und die sozialen Interessen eine wesentliche Rolle.

Wichtig!

Die möglichen Gefahren für die Nachbarschaft, die von einer Einrichtung ausgehen, sind bei der Beurteilung, ob ein Vorhaben das Rücksichtnahmegebot verletzt, zu berücksichtigen. Dies gilt insbesodere auch für diplomatische Vertretungen von ausländischen Staaten. Bei Erteilung einer Baugenehmigung für diese muss auch die Gefahr von terroristischen Anschlägen mit berücksichtigt werden. Die Genehmigungsbehörde muss sich vergewissern, ob bei einer Änderung der Sicherheitslage eintretende Gefahren für die Einrichtung durch zusätzliche Maßnahmen beherrscht werden können. Ist dies aufgrund der örtlichen Verhältnisse nicht der Fall, kann dies ein Grund für die Versagung der Baugenehmigung sein.

2. Kapitel

Das Grundstück und seine Grenzen

I. Grenzstreitigkeiten

1. Die Grenzabmarkung – Was muss zur Sicherung der Grenze getan werden?

BEISPIEL: Nach dem Hausbau von Norbert ist ein Grenzstein zum Grundstück von Gerhard nicht mehr auffindbar. Er fordert deshalb Norbert auf, beim Vermessungsamt die „Wiederherstellung" des Grenzsteins zu beantragen. Norbert hat keine Lust dazu, denn erstens stehe die Grenze fest und zweitens koste das nur Geld. Das Bauunternehmen, das für die Beseitigung des Grenzsteins wohl verantwortlich wäre, sei inzwischen pleite. Wenn Gerhard dies unbedingt wolle, könne er den Grenzstein auf seine Kosten wieder setzen lassen.

Der Eigentümer eines Grundstücks kann vom Nachbarn verlangen, dass dieser an der **Errichtung fester Grenzzeichen** mitwirkt (§ 919 BGB). Ist ein Grenzzeichen verrückt worden oder wurde es unkenntlich, schließt dies auch die Wiederherstellung mit ein. Das öffentlich-rechtliche Verfahren bestimmt sich nach dem Vermessungs- und Abmarkungsrecht des jeweiligen Landes.

Wichtig!

Die Verpflichtung zur Mitwirkung bei der Grenzabmarkung betrifft nur die gemeinsame Grenze von Grundstücken, die unmittelbar nebeneinander liegen. Zudem darf der Verlauf der Grenze nicht streitig sein.

Unerheblich ist, warum der Grenzstein fehlt, unkenntlich oder verrückt wurde. Der Anspruch steht nur Eigentümern und Erbbauberechtigten, nicht Nießbrauchern und Grundpfandrechtsgläubigern zu. Zuständig für die Abmarkung sind die staatlichen Vermessungsbehörden. Die **Abmarkung** findet in einem Termin vor Ort statt. Als Grenzzeichen sind dauerhafte Marken, in der Regel witterungsbeständige Natursteine, zu verwenden. Über die Abmarkung wird ein Protokoll errichtet. Mit seiner Unterzeichnung erkennen die beteiligten Grundstückseigentümer die vorgewiesenen Grenzen und die Abmarkung an. Die Unterschrift hat die Bedeutung eines Verzichts auf Rechtsbehelfe gegen die Abmarkung durch die Behörde. Bei einer Weigerung des Nachbarn zur Mitwirkung an der Abmarkung kann dieser hierauf beim Zivilgericht verklagt werden. Die Zuständigkeit des Amts- oder Landgerichts bestimmt sich nach der Höhe des Streitwerts. Örtlich ist das Gericht zuständig, in dessen Bezirk sich das betreffende Grundstück befindet. Die Kosten der Abmarkung tragen die Beteiligten grundsätzlich zu gleichen Teilen. Hat ein Nachbar das betreffende Grenzzeichen schuldhaft beseitigt, verrückt oder unkenntlich gemacht, ist er allein zur Tragung der Kosten verpflichtet. Eine abweichende Kostentragungspflicht kann sich ferner aus einer formlosen Vereinbarung der Nachbarn ergeben (z. B. auch aus der Aussage, dass der die Wiederherstellung des Grenzsteins verlangende Eigentümer die Kosten übernehme). Die gesetzliche Kostenteilung trägt dem Umstand Rechnung, dass die Kennzeichnung der Grenze in der Natur für beide Grundstückseigentümer in gleicher Weise vorteilhaft ist.

Wichtig!

Jeder Nachbar kann die Wiederherstellung der Grenzzeichen an der gemeinsamen Grenze vom angrenzenden Eigentümer verlangen. Die Kosten hierfür sind zu teilen.

2. Die Grenzverwirrung – Was geschieht bei unklarem Grenzverlauf?

BEISPIEL: Gerhard möchte auf seinem Grundstück eine Zisterne bauen. Sein Nachbar Norbert wendet ein, dass sich ein Teil auf sein Grundstück erstrecken würde. Der Grenzverlauf zwischen den beiden Grundstücken ist an der betreffenden Stelle nicht klar. Gerhard baut dennoch weiter. Norbert erhält im Prozess Recht. Gerhard hält das Verlangen auf Verlegung der Zisterne wegen der anfallenden Kosten in Höhe von über 40.000 EUR für unverhältnismäßig; Norbert sei durch das nachbarliche Gemeinschaftsverhältnis zur Duldung der Zisterne verpflichtet. Zudem habe er beim Kauf des Grundstücks das Grundbuch eingesehen und darauf vertraut, dass der im Kataster eingezeichnete Grundstücksverlauf richtig sei. Norbert wendet ein, dass im Grundbuch zu diesem Zeitpunkt das Grundstück noch mit „Ackerland" beschrieben worden sei, sodass ein Vertrauen von Gerhard nicht gerechtfertigt gewesen wäre.

Anders als die Grenzabmarkung betrifft die Grenzverwirrung **Streitigkeiten über den Grenzverlauf** und damit eine Uneinigkeit der Nachbarn über das Eigentum an den Grundstücksflächen. Zu beachten ist, dass sich die Richtigkeitsvermutung des Grundbuchs auch auf den im Liegenschaftskataster eingetragenen Grenzverlauf erstreckt. Insofern besteht eine Vermutung für die entsprechenden Eigentumsverhältnisse. Kann ein Grundstückseigentümer aufgrund dieser Vermutung oder auf andere Weise den Grenzverlauf beweisen, kann er die Herausgabe seiner vom Nachbarn in Anspruch genommenen Fläche verlangen oder auf Feststellung des Eigentums an dieser Fläche klagen. In diesem Fall kann der Nachweis der richtigen Grenze geführt werden, sodass eine Grenzscheidungsklage zur Feststellung des Grenzverlaufs ausscheidet. Anders ist dies, wenn beide Eigentümer ihr Eigentum behaupten, aber nicht beweisen können. In diesem Fall tritt eine Pattsituation ein, in der die Grenzscheidungsklage (§ 920 BGB) helfen soll. Gleiches gilt, wenn die Nachbarn die Grenze nicht genau kennen. Die Klage ist auf gerichtliche Feststellung des Grenzverlaufs gerichtet. Das Gericht stellt die Grenze – auch hinsichtlich der öffentlich-rechtlichen Vermessung und Abmarkung – fest. Regelmäßig werden die Grenzsteine zwischen zwei benachbarten Grundstücken fehlen. Parteien des Rechtsstreits können nur die Eigentümer der benachbarten Grundstücke sein, nicht dagegen Dienstbarkeitsberechtigte, Nießbraucher und Grundpfandrechtsgläubiger.

Das Gericht hat die Aufgabe, die **richtige Grenze festzustellen.** Als Beweismittel können Zeugenaussagen, Grenzsteine und Sachverständige, insbesondere das Vermessungsamt und Vermessungsingenieure, dienen. Sie müssen von den Parteien beantragt werden, da das Gericht nicht von sich aus Beweis erheben kann. Lässt sich dadurch die richtige Grenze nicht ermitteln, wird sie vom Gericht festgesetzt. Maßgeblich hierfür ist in erster Linie der tatsächliche Besitzstand. Er muss allerdings von einer gewissen Dauer sein. Beispiele sind die Bestellung eines Feldes, die Umzäunung eines Grundstücks und die sonstige Nutzung. Soweit der Besitz reicht, wird das Eigentum vermutet. Lässt sich auch der Besitzstand nicht ermitteln, hat das Gericht den Nachbarn jeweils ein gleich großes Stück der streitigen Fläche zuzuteilen. Unerheblich sind die Flächengröße der benachbarten Grundstücke sowie der Wert und die Ertragskraft der zugeteilten Flächen. Das Gericht wird hierbei eine zweckmäßige Grenzziehung vornehmen, sich also beispielsweise an den Festsetzungen eines Bebauungsplans orientieren. Bestehen auch hierfür keine Anhaltspunkte, wird die streitige Fläche in der Mitte hälftig geteilt. Ausnahmsweise kann das Gericht hiervon abweichen, wenn die Grenzziehung zu einem Ergebnis führt, das mit den ermittelten Umständen, insbesondere mit der feststehenden Größe der Grundstücke, nicht übereinstimmt. Beispiele sind ein bestehender Bach, eine vorhandene Straße, ein altes Mauerwerk, Hinweise in alten Notariatsurkunden und Registern. In diesem Fall ist die Grenze so zu ziehen, wie es unter Berücksichtigung dieser Umstände der Billigkeit entspricht. Im Gerichtsurteil wird die Grenze verbal oder durch Einzeichnung in einem Plan gekennzeichnet. Das Urteil schafft neues Grundeigentum hinsichtlich der Flächen, die durch die neue Grenze geschieden werden. Die Kosten des Rechtsstreits trägt der verklagte Grundstückseigentümer. Hat allerdings der Kläger eine bestimmte Grenzziehung beantragt, muss er teilweise die Kosten tragen, wenn die Grenze ungünstiger festgelegt wird, als er es beantragt hat. Kein Eigentümer ist bis zur gerichtlichen Entscheidung berechtigt, den streitigen Bereich einseitig und gegen den Willen des anderen in Anspruch zu nehmen.

Wichtig!

Ist der Verlauf der Grenze benachbarter Grundstücke unklar und herrscht hierüber Streit, stellt das Gericht bei einer Grenzscheidungsklage den Grenzverlauf fest. Kein Eigentümer hat dagegen das Recht, den streitigen Grundstücksstreifen einseitig und gegen den Willen des anderen in Besitz zu nehmen. Sonst käme es zu einem Wettlauf um den Besitz der betreffenden Fläche.

3. Der Grenzfeststellungsvertrag – die einvernehmliche Lösung

BEISPIEL: Gerhard und Norbert bewirtschaften wie ihre Väter und Großväter seit unvordenklichen Zeiten zwei benachbarte Ackergrundstücke. Die Grenzsteine zwischen beiden Grundstücken sind an einer Stelle nicht mehr auffindbar. Streit zwischen beiden Eigentümern besteht nicht. Sie gehen davon aus, dass das Eigentum ihrer tatsächlichen Nutzung entspricht, also jeder von ihnen Eigentümer der von ihm bewirtschafteten Fläche ist. Dies legen sie zur Vermeidung von Streitigkeiten in einem schriftlichen Vertrag fest. Um Kosten zu sparen, wollen sie weder jetzt noch in nächster Zeit eine Abmarkung durchführen und die Vereinbarung auch nicht beurkunden lassen. Später stellt sich heraus, dass die Eigentumsverhältnisse anders sind, als von ihnen angenommen wurde. Sie möchten wissen, ob ihre Vereinbarung das Eigentum wie eine Grenzscheidungsklage verbindlich festgelegt hätte.

Einen Streit über den Grenzverlauf oder über die Abmarkung der Grenze in Natur können die Beteiligten auch einvernehmlich beilegen. Soll lediglich eine unsichere Grenze festgelegt werden, ohne dass sich die Eigentumsverhältnisse ändern, ist der Vertrag sogar formlos gültig. Selbst eine mündliche Abrede ist deshalb für die Beteiligten bindend. Lediglich bei Festlegung einer neuen Grenze unter Veränderung der Grundstücksflächen ist eine notarielle Beurkundung erforderlich. Die Gerichte gehen teilweise davon aus, dass bereits die Unterschriften unter einem Abmarkungsprotokoll einen Grenzfeststellungsvertrag darstellen. Ist der Grenzverlauf unsicher und die mögliche Grenze den Beteiligten nicht bekannt, kann in der Abmarkung eine Grenzfeststellung zu sehen sein. Aus den Erklärungen sollte sich aber ergeben, dass die Beteiligten das Ergebnis der Vermessung nicht nur widerspruchslos hinnehmen, sondern darüber hinaus die Grenze endgültig festlegen wollen. Der Grenzfeststellungsvertrag stellt eine **Verständigung über den Grenzverlauf** dar. Ob er die Grenze bereits festlegt oder nur eine Vermutung für die Richtigkeit der vereinbarten Grenzlinie begründet, ist in der Rechtsprechung umstritten. Wollen die Beteiligten Sicherheit, so sollten sie die Grundstücksgrenze im Rahmen einer notariellen Urkunde festlegen. Die diesbezüglichen Erklärungen können im Grundbuch vollzogen werden.

Wichtig!

Die einvernehmliche Festlegung der Grenze ist, wenn zwischen den Beteiligten kein Streit über ihren Verlauf besteht, formlos gültig. Wer auf Nummer sicher gehen möchte, sollte nach einer Vermessung die Eigentumsverhältnisse notariell festlegen und ins Grundbuch eintragen lassen.

II. Grenzeinrichtungen und ihre Nutzung

1. Gemeinschaftliche Benutzung von Grenzanlagen – Wer trägt die Kosten gemeinsam genutzter Einrichtungen auf der Grenze?

BEISPIEL: Günther lebt mit seiner Familie in einem Vorort von Mainz. Er hat zwei kleine Kinder. Die Nachbarinnen Nora und Nina haben vier größere Hunde, die sie im Garten frei laufen lassen. Günther fordert von seinen Nachbarinnen die Errichtung eines Zaunes, um zu verhindern, dass die Hunde auf sein Grundstück laufen, dieses verschmutzen und möglicherweise seine im Garten spielenden Kleinkinder gefährden. Nora weist darauf hin, dass ihre Hunde „nichts tun würden". Wenn Günter seine Kinder „frei laufen lasse" und deshalb Angst habe, solle er doch selbst einen Zaun errichten. Sie findet jede Art von Zäunen hässlich und kann sich deshalb notfalls nur einen „lebenden" Zaun vorstellen. Günther möchte aus Kostengründen einen Maschendrahtzaun errichten. Nora und Nina können schon das diesbezügliche Lied nicht mehr hören und sind deshalb im erwähnten Notfall nur bereit, einen Holzlattenzaun „mitzutragen". Alle umliegenden Grundstücke sind, sofern sie einen Zaun aufweisen, mit einem Maschendrahtzaun versehen. Als Nora und Nina einen Holzlattenzaun errichten und von Günther die Erstattung der Hälfte der Materialkosten und ihrer Arbeitskraft fordern, verlangt dieser die Entfernung der nicht ortsüblichen Einfriedung und die Mitwirkung an der Errichtung eines Maschendrahtzauns.

Grenzanlagen, die für beide aneinander grenzenden Grundstücke vorteilhaft sind, dürfen von den Eigentümern beider Grundstücke genutzt werden (§§ 921, 922 BGB). Das Gesetz zählt die **Grenzeinrichtungen** beispielhaft auf, nämlich den Zwischenraum, den Rain, den Winkel, den Graben, die Mauer, auch wenn sie teilweise als Stützmauer für eine Aufschüttung dient, und die Planke. Weitere praktisch wichtige Beispiele, die vom Gesetz nicht genannt werden, sind Zäune, Brunnen, Dachtraufen, Dunghaufen auf der Grenze, Steinwälle, Durchfahrten und Nachbarwände. Unerheblich ist, ob die Einrichtung künstlich angelegt wurde oder lediglich in einer

Grundfläche besteht. Auch eine wild gewachsene Hecke und ein „angeflogener Baum" können Grenzeinrichtungen sein. Dagegen wird ein Gebäude im Zweifel keine Grenzeinrichtung darstellen. Nicht entscheidend ist, ob die Einrichtung von beiden Grundstückseigentümern geschaffen wurde.

Wichtig!

Die Einrichtung muss, um eine Grenzeinrichtung zu sein, von der Grenze – nicht notwendig in der Mitte – geschnitten werden.

Nicht ausreichend ist es dagegen, wenn eine Anlage nicht auf der Grenze, sondern nur auf einem Grundstück an der Grenze steht. Befindet sich eine Anlage auf einem dritten, zwischen zwei Grundstücken gelegenen selbstständigen Grundstück, liegt ebenfalls keine Grenzeinrichtung vor.

Die Grenzeinrichtung muss aufgrund ihrer objektiven Beschaffenheit dem **Vorteil beider benachbarter Grundstücke** dienen. Meist ist dies wegen der grenzscheidenden Wirkung bereits der Fall. Notwendig ist dies aber nicht. Auch andere Vorteile sind ausreichend (z. B. der Sichtschutz, die Zufahrtsmöglichkeit und die Ver- bzw. Entsorgung beider Grundstücke). Dient eine von der Grenze geschnittene Zufahrt nur einem Grundstück, handelt es sich um keine Grenzanlage. Bei einer Einrichtung, die wegen ihrer Vorteilhaftigkeit für beide Nachbarn objektiv eine Grenzeinrichtung bildet, spricht zudem eine Vermutung dafür, dass sie mit dem Einverständnis beider Nachbarn errichtet worden ist. Wurde eine auf der Grenze befindliche Anlage früher gemeinsam genutzt, wird ebenfalls vermutet, dass es sich um eine gemeinsame Grenzeinrichtung handelt. Dies gilt ebenso, wenn eine Grenzeinrichtung von einem Nachbarn errichtet wird und der andere dies stillschweigend duldet. Ferner ist dies bei der gemeinsamen Erhaltung einer nur von einem Nachbarn errichteten Grenzeinrichtung der Fall. Teilweise sehen die Landesnachbarrechtsgesetze einen **Einfriedungszwang** für bebaute oder gewerblich genutzte Grundstücke an der gemeinsamen Grenze vor. Die Einfriedung ist, wenn auch nur ein Eigentümer dies verlangt, gemeinsam zu errichten. Sie muss ortsüblich sein. Lässt sich keine andere Ortsübung feststellen, ist meist ein ca. 1,20 Meter hoher Zaun aus Maschendraht zu errichten. Die Kosten der Errichtung und der Unterhaltung haben die Eigentümer bei einer wechselseitigen Einfriedungspflicht je zur Hälfte zu tragen. Dabei werden die tatsächlichen Aufwendungen einschließlich der Eigenleistungen berücksichtigt. Trifft die Einfriedungspflicht oder die Pflicht zur Errichtung einer besonderen Art der Einfriedung oder ihrer Verstärkung nur einen Eigentümer, so hat dieser die (Mehr-)Kosten allein zu tragen. Soweit dies zur Erfüllung des gesetzlichen Einfriedungsanspruchs erforderlich ist, kann auch die Beseitigung einer bereits vorhandenen Einrichtung (z. B. Wand aus Metallplatten) verlangt werden. Weitere Einfriedungspflichten bestehen teilweise gegenüber land- und forstwirtschaftlich genutzten Grundstücken sowie gegenüber öffentlichen Verkehrsflächen.

Da die Grenzeinrichtung dem Vorteil beider Nachbargrundstücke dient, wird vom Gesetz vermutet, dass die Nachbarn sie auch gemeinschaftlich nutzen dürfen. Dieses **Nutzungsrecht** ist mit dem Grundstückseigentum untrennbar verbunden und kann nicht auf Dritte weiter übertragen werden. Allerdings kann ein Mieter oder sonstiger Nutzungsberechtigter des betreffenden Grundstücks im Rahmen seiner Nutzungsbefugnis auch die Grenzeinrichtung mit nutzen. Über den Umfang der Nutzung können die beteiligten Eigentümer Vereinbarungen treffen. Damit diese Rechte und Pflichten auch gegenüber einem Grundstückskäufer wirken, müssen sie im Grundbuch durch Grunddienstbarkeiten gesichert werden. Fehlt eine entsprechende Vereinbarung, kann jeder Nachbar die ganze Anlage so benutzen, wie sich das aus ihrer Beschaffenheit ergibt. Das Nutzungsrecht betrifft die ganze Anlage, also auch den Teil, der sich auf dem Nachbargrundstück befindet. Die Benutzung durch einen Grundstückseigentümer darf die dem Nachbarn zustehende Nutzungsbefugnis jedoch nicht beeinträchtigen. Maßstab für das Nutzungsrecht ist der Zweck der Grenzeinrichtung. So besteht an einer gemeinsamen Zufahrt kein Recht zum Lagern von Gegenständen und an einer Grenzmauer kein Recht zum Einbau einer Türe. Dagegen kann ein Grenzgraben auch zum Ableiten von Oberflächenwasser benutzt werden.

Hinsichtlich der **Herstellungskosten** einer Grenzeinrichtung können die beteiligten Eigentümer Regelungen treffen. Fehlen solche, trägt diese Kosten grundsätzlich der Errichtende. Dies gilt auch, wenn die Grenzeinrichtung durch einen Dritten oder durch höhere Gewalt zerstört und von einem Nachbarn wieder errichtet wird. Das Gesetz enthält hierzu keine Bestimmungen. Die **Unterhaltskosten** haben die Nachbarn hingegen zu gleichen Teilen zu tragen (§ 922 Satz 2 BGB). Dies entspricht dem gemeinsamen Vorteil. Verursacht jedoch ein Nachbar dadurch Kosten, dass er die gemeinsame Grenzeinrichtung übermäßig nutzt, beschädigt oder zerstört, hat er die hierfür anfallenden Kosten allein zu tragen. Dies muss allerdings derjenige Nachbar beweisen, der eine höhere als die hälftige Kostenbeteiligung fordert. Die **Verwaltung** der Grenzeinrichtung steht beiden Nachbarn gemeinsam zu (§ 744 BGB). Dementsprechend besteht auch gleiche Lasten- und Kostentragung (§ 748 BGB). Bei einer Beeinträchtigung der Nutzung kann jeder Nachbar Unterlassungs-, Beseitigungs- und Besitzschutzansprüche geltend machen. Dies gilt sowohl gegenüber dem anderen Eigentümer als auch gegenüber Dritten. Wird die Grenzeinrichtung beseitigt, so gehören diejenigen Teile, die sich vorher auf einem Grundstück befanden, dem Eigentümer dieses Grundstücks. Wurden sie von der Grenze geschnitten, sind sie entsprechend dem Bodenanteil zu verteilen.

LÖSUNG: In Rheinland-Pfalz besteht eine Einfriedungspflicht. Die Art der Einfriedung richtet sich nach der Ortsüblichkeit, hilfsweise ist ein 1,20 Meter hoher Zaun aus festem Maschendraht anzubringen. Bei einem gemeinsamen Zaun auf der Grenze haben die Nachbarn die tatsächlichen Kosten der Errichtung einschließlich der Eigenleistungen je zur Hälfte zu tragen. In anderen Bundesländern kann dies abweichend oder gar nicht geregelt sein.

2. Nachbar- und Grenzwand – Wem gehört die Wand auf der Grenze und wer muss ihre Kosten tragen?

BEISPIEL: Gerhard hat mit Zustimmung seines Nachbarn Norbert ein Haus in der Weise gebaut, dass eine Mauer auf der gemeinsamen Grenze steht und von dieser hälftig geschnitten wird. Die Kosten für die Mauer hat er allein getragen. Als Norbert anbauen möchte, will Gerhard wissen, ob ihm nunmehr ein Ersatzanspruch zusteht. Norbert geht davon aus, dass dieser längst verjährt ist. Einige Jahre nach dem Anbau wird das Haus von Gerhard bei einem Brand schwer beschädigt. Dieser lässt es daraufhin abreißen. Norbert findet, dass die Mauer nunmehr nicht mehr schön aussieht und zudem die Gefahr einer Durchnässung besteht. Gerhard meint, dass ihn das nichts anginge, schließlich nutzte Norbert nunmehr die Mauer allein.

Bei der Nachbarwand, auch als **halbscheidige Giebelmauer** oder **Kommunmauer** bezeichnet, handelt es sich um eine Mauer, die auf der Grenze von benachbarten Grundstücken errichtet ist und von dieser geschnitten wird. Sie dient den Gebäuden auf beiden Grundstücken zum Anbau. Sie kann zunächst die Funktion einer Anbauwand für das zuerst errichtete Gebäude erfüllen und beim späteren Anbau auch dem zweiten Gebäude dienen. Häufig kommen Kommunmauern bei alten Häusern vor. Die Nachbarwand wird teilweise in den Landesnachbargesetzen definiert und kann eine Grenzeinrichtung sein. Zu ihrer Errichtung ist die Zustimmung der betreffenden Nachbarn erforderlich, die nach den landesrechtlichen Vorschriften teilweise schriftlich erteilt werden muss. Weitere vereinzelt genannte Voraussetzungen sind die baurechtliche Zulässigkeit der Mauer sowie das Erfordernis einer grundbuchrechtlichen Sicherung. Vor dem Anbau des Nachbarn steht die mit Zustimmung des Nachbarn errichtete Mauer im Alleineigentum des Eigentümers desjenigen Grundstücks, von dem aus die Mauer errichtet wird. Dies gilt auch, wenn eine Wand, die auf dem eigenen Grundstück errichtet werden sollte, versehentlich auf das Nachbargrundstück „verrutscht". Dagegen erwirbt der Nachbar des überbauten Grundstücks beim vorsätzlichen oder grob fahrlässigen Mauerüberbau real geteiltes Eigentum. Er kann die Beseitigung der zu Unrecht auf seinem Grundstück errichteten Mauer verlangen (§§ 1004 Abs. 1, 985 BGB). Macht er von diesem Recht keinen Gebrauch, stehen ihm als Eigentümer des auf seinem Grundstück befindlichen Teils der Mauer alle Rechte der Nutzung und Verwendung zu (z. B. zu einem Anbau, aber auch zu Reklamezwecken).

Wichtig!

Kommt es durch den Anbau zu Schäden am Bestandsgebäude (z. B. Feuchtigkeit aufgrund eines unzureichenden Dachanschlusses des Neubaus), besteht eine verschuldensunabhängige Schadensersatzpflicht des anbauenden Nachbarn.

Erst beim gemeinsamen Anbau an die Nachbarwand entsteht **Miteigentum der Nachbarn** an der Wand. Dies ändert sich auch bei einem späteren Abriss nicht mehr. Bis zum vollständigen Anbau an eine gemeinsame Giebelwand muss der Eigentümer, der bisher noch nicht (vollständig) angebaut hat, dulden, dass der andere den freien Bereich der Mauer zu eigenen Zwecken nutzt. Dies betrifft auch eine Wärmedämmung, die modernen Anforderungen entspricht. Reißt ein Nachbar sein Haus ab und geht dadurch die Wärmedämmung der Nachbarwand verloren, ist er verpflichtet, diese so zu verbessern, dass eine Tauwasserbildung in den Räumen des bestehen bleibenden Gebäudes ausgeschlossen ist.

Wichtig!

Reißt jemand sein an eine Nachbarwand angrenzendes Gebäude ab und wird diese dadurch in ihrer Funktionsfähigkeit beeinträchtigt, hat er entsprechende Schutzmaßnahmen auf seine Kosten zu treffen (z. B. Verfüllung eines Hohlraums).

Nach einem Abriss oder einer sonstigen Zerstörung eines Hauses darf jeder der beiden Nachbarn die Giebelwand nur in Richtung auf sein eigenes Grundstück benutzen. Diese Außenfläche darf er allein und auch für Reklamezwecke nutzen.

Wichtig!

Soweit Landesnachbargesetze die Nachbarwand als Grenzeinrichtung regeln, sehen sie beim Anbau einen Kostenerstattungsanspruch vor. Bei einem späteren Abriss muss der sein Gebäude entfernende Eigentümer auf seine Kosten die Mauer so „sichern", dass für das Nachbargebäude durch die Freilegung der Mauer keine Gefahren oder Nachteile entstehen.

Eine **Grenzwand,** d. h. eine Wand, deren Außenkante auf der Grundstücksgrenze verläuft, ohne diese zu überschreiten, steht im Alleineigentum des betreffenden Grundstückseigentümers. Hierzu ändert auch ein Anbau des Nachbarn nichts. Jeder Grundstückseigentümer darf seine Grenzwand abreißen. Eine Zustimmung des Nachbarn, der angebaut hat, benötigt er nicht. Auch für eine nach dem Abriss erforderliche Außenisolierung des Anbaus auf dem Nachbargrundstück ist er – anders als bei der Nachbarwand – nicht verantwortlich. Eine Ausnahme besteht dann, wenn der nunmehr abgerissene Anbau ohne eigene Grenzmauer errichtet wurde. In diesem Fall muss der seinen Anbau abreißende Grundstückseigentümer dafür sorgen, dass es nicht zu einer dauerhaften Beschädigung der Grenzwand, an die er angebaut hat, durch seinen Abriss kommt.

3. Der Grenzbaum – Darf man auf der Grenze stehende Bäume fällen?

BEISPIEL: Auf der Grenze zwischen den Grundstücken von Gerhard und Norbert steht ein alter Kastanienbaum. Aufgrund seiner Größe hat Norbert im Garten und im Wohnzimmer kaum noch Sonnenlicht. Er möchte den Baum deshalb beseitigen. Gerhard droht, dass er sich notfalls an den Baum anketten werde. Norbert sägt in der Nacht heimlich auf seiner Hälfte den Stamm des Baumes an. Dieser muss deshalb insgesamt beseitigt werden. Gerhard fordert Schmerzensgeld, das Anpflanzen eines neuen ebenso großen Baumes sowie ein Bußgeld wegen des Verstoßes gegen die Baumschutzsatzung und der Vernichtung von Brutplätzen besonders geschützter Vogelarten.

Bäume und Sträucher, die sich auf der Grenze zwischen zwei Grundstücken befinden, sind Grenzeinrichtungen (§ 923 BGB). Erforderlich ist, dass der Stamm des Baumes an der Stelle, an der er aus der Erde tritt, von der Grenze durchschnitten wird. Bei Sträuchern genügt es, wenn zumindest ein Ast auf dem Nachbargrundstück aus dem Boden hervortritt. Um keine Grenzeinrichtung handelt es sich, wenn der Stamm des Baumes neben der Grenze aus dem Boden tritt, auch wenn Wurzeln oder Zweige über die Grenze wachsen. Unklar ist, ob jeder auf der Grenze stehende Baum oder Strauch eine Grenzeinrichtung ist. Geht man davon aus, dass die Grenzeinrichtung beiden Grundstücken zum Vorteil gereichen muss, ist dies nicht der Fall. Der ungefällte Grenzbaum bzw. -strauch steht im **Eigentum** beider Nachbarn, wobei jeder Eigentümer des auf seinem Grundstück befindlichen Teils des Gewächses ist. Wird dieses im Einvernehmen beider Nachbarn entfernt, tragen die anfallenden Kosten diese zu gleichen Teilen. Sie erwerben Miteigentum am gefällten Baum ebenfalls zu gleichen Teilen. Dies ist unabhängig davon, ob die Grenze den Baum oder dem Strauch mittig durchschnitten hat oder nicht. Auch ein durch ein Naturereignis (z. B. Blitzschlag) oder aufgrund der Einwirkung eines Dritten (z. B. Aufprall eines Autos) umgestürzter Baum steht im hälftigen Miteigentum der Nachbarn. Blätter, herunterfallende Äste und abgeerntete Früchte stehen ebenfalls im Miteigentum der Nachbarn zu gleichen Teilen. Fallobst gehört dagegen dem Eigentümer des Grundstücks, auf das es gefallen ist.

Wichtig!

Eine eigenmächtige **Beseitigung** eines Grenzbaums oder -strauchs ist keinem der Grundstückseigentümer gestattet.

Grundsätzlich kann jedoch jeder Nachbar vom anderen die Beseitigung des Grenzbaums oder -strauchs verlangen. Die verweigerte Zustimmung kann durch ein Gerichtsurteil ersetzt werden. Ein diesbezügliches Gerichtsverfahren setzt allerdings landesrechtlich meist ein erfolgloses Schlichtungsverfahren voraus. Die **Zustimmung** kann nur verweigert werden, wenn der Baum oder Strauch als Grenzzeichen dient und den Umständen nach nicht durch ein anderes zweckmäßiges Grenzzeichen ersetzt werden kann. Dies wird nur ausnahmsweise, beispielsweise in Überschwemmungsgebieten der Fall sein. Im Übrigen hat es die Rechtsprechung dem Nachbarn nur in Einzelfällen gestattet, seine Zustimmung unter Hinweis auf seine Interessen zu verweigern. Nicht näher konkretisierte ökologische Gründe wie der Erhalt der Natur, der Schutz von Bäumen und die Sicherung von Brutstätten genügen nicht. Eine Baumschutzsatzung, die das Fällen von Bäumen untersagt, gibt dem Nachbarn kein eigenes Recht. Allerdings kann er auch nicht auf Erteilung der Zustimmung verurteilt werden, wenn die Satzung im konkreten Fall keine Ausnahme zulässt. Im Einzelfall kann die Giftwirkung einer Pflanze oder ein morscher Baumstamm eine rechtlich relevante Gefahr für Leib und Leben von Menschen begründen und die Erteilung einer Ausnahmegenehmigung zum Fällen rechtfertigen. Ist der Baum gleichzeitig eine Grenzeinrichtung, gehen manche Gerichte davon aus, dass der Nachbar seine Zustimmung zur Beseitigung verweigern kann, wenn ihm durch die Beseitigung des Baumes Vorteile (z. B. Funktion als Schattenspender, Sichtschutz und Obstbaum) verloren gehen. Schafft der Nachbar vollendete Tatsachen, kann er sich in Ausnahmefällen sogar schadensersatzpflichtig machen. Ein Anspruch auf Pflanzen eines gleichwertigen Baumes besteht nicht. Musste der Nachbar ohnehin zustimmen, scheidet bereits aus diesem Grund ein Schaden aus. Ein ausnahmsweise zu ersetzender Schaden ist auf den Minderwert des betroffenen Grundstücks beschränkt.

Die Kosten des Baumfällens und des Strauchentfernens hat auch der „unwillige" Nachbar mit zu tragen. Gemeint ist dabei die vollständige Entfernung, also einschließlich Wurzelwerk und Baumstumpf. Allerdings kann der Nachbar auf sein Recht an dem gefällten Baum oder entfernten Strauch verzichten. In diesem Fall muss er sich an den **Kosten der Beseitigung** nicht beteiligen. Der die Beseitigung des Baumes oder Strauchs fordernde Eigentümer trägt somit das Risiko der damit zusammenhängenden Kosten. Er muss sich also überlegen, ob ihm die Entfernung des Baumes oder Strauchs sowie das dabei gewonnene Brennholz im Ernstfall bei einer Weigerung des Nachbarn an der Mitwirkung die anfallenden Kosten wert ist.

Wichtig!

Jeder Nachbar kann vom anderen grundsätzlich die Beseitigung eines Grenzbaums verlangen. Eigenmächtig darf er das nicht. Falls eine Baumschutzsatzung besteht, ist für das Fällen des Baums eine Ausnahmegenehmigung erforderlich. Ein Schadensersatz bei einem unberechtigten Fällen des Baums ist nur ausnahmsweise zu entrichten. Ein neuer Baum muss keinesfalls gepflanzt werden. Für ein Bußgeld ist die Gemeinde zuständig, nicht der Nachbar.

4. Abstände und Abstandsflächen – Wie weit müssen Gebäude von der Grenze entfernt sein?

BEISPIEL: Norbert möchte eine Grenzgarage errichten. Allerdings soll diese nicht direkt an der Grenze gebaut werden, sondern ohne Einhaltung von baurechtlichen Abstandsflächen ca. einen halben Meter davon entfernt. Gerhard möchte seinerseits einen Wintergarten bauen, der mit seiner dem Nachbargrundstück zugewandten Seite nur 2,50 Meter von der Grenze entfernt ist. Zusätzlich steht die bereits von Norbert errichtete Grenzgarage in dem betreffenden Bereich auf dem Nachbargrundstück. Angrenzend an das Grundstück von Gerhard befindet sich auch ein alter Wasserturm. Dieser hält die für ihn bisher erforderliche Abstandsfläche ein. Nunmehr soll er allerdings als Kulturstätte genutzt werden. Einmal täglich sollen Bläser auf ihm ein Lied spielen. Gerhard stimmt dieser Nutzungsänderung insbesondere wegen der zu geringen Abstände von seinem Grundstück nicht zu. Die Baubehörde erteilt der Eigentümerin eine Befreiung von der Einhaltung der Abstandsflächen. Gerhard hält dies für rechtswidrig und möchte dagegen vorgehen. Die Baubehörde erklärt ihm, dass die Abstandsflächen öffentliches Baurecht wären, deren Einhaltung allein der Staat überwachen würde. Zudem stehe der alte Turm ja bereits seit langer Zeit an derselben Stelle.

Von Außenwänden oberirdischer Gebäude sind grundsätzlich Abstandsflächen einzuhalten. Dies betrifft nicht nur Neubauten, sondern auch die Nutzungsänderung bestehender Gebäude (z. B. Umbau einer Trafostation in einen Bläserturm und eines ehemaligen Altenheims zu einer kulturellen Begegnungsstätte). Abstandsflächen sind auch von Anlagen mit gebäudegleicher Wirkung einzuhalten (z. B. Mobilfunkmasten, großflächigen Werbetafeln etc.). Es handelt sich bei den zu beachtenden Abstandsflächen um die **von einer relevanten Bebauung freizuhaltenden Flächen.** Hintergrund dieser im landesrechtlichen Bauordnungsrecht enthaltenen Vorschriften sind neben dem Brandschutz und der Zugänglichkeit für die Feuerwehr auch die ausreichende Belüftung und Beleuchtung sowie ferner der Schutz vor Einsicht und Beobachtung. Lediglich in Niedersachsen sind von Gebäuden Grenzabstände einzuhalten, d. h. dass sie mit ihren Außenflächen einen bestimmten Abstand zur nächsten Grenzlinie einhalten müssen. Zusätzlich sehen manche Landesbauordnungen noch Brandschutzabstände und Abstände von nicht harten Bedachungen vor.

Für die **Tiefe der Abstandsfläche** ist die senkrecht zur Wand zu messende Wandhöhe maßgeblich. Es handelt sich dabei meist um das Maß von der natürlichen oder festgelegten Geländeoberfläche bis zum Schnittpunkt der Wand mit der Dachhaut oder bis zum oberen Abschluss der Wand. Die Höhe von Giebelflächen bei einer bestimmten Dachneigung wird regelmäßig mit einem Drittel berücksichtigt. Die Tiefe der Abstandsfläche entspricht in Wohngebieten überwiegend der so ermittelten Höhe (= 1 H), mindestens beträgt sie jedoch drei Meter. Abstandsflächen dürfen sich grundsätzlich **nicht überdecken.** Ausnahmen gelten vor allem für Außenwände, die in einem Winkel von mehr als 75 Grad zueinander stehen. Zulässig sind in Abstandsflächen untergeordnete Bauteile und Vorbauten wie Gesimse und Dachüberstände sowie untergeordnete bauliche Anlagen wie Garagen, Abstellräume, Stützmauern und Einfriedungen bis zu einer bestimmten Höhe (meist zwei Meter). Es ist dabei zu prüfen, ob an die Grundstücksgrenze oder an ein anderes Gebäude angebaut werden muss oder ob grenz- und gebäudenah gebaut werden darf. Die Einhaltung von Abstandsflächen ist ferner nicht erforderlich, wenn nach dem Bebauungsplan eine Grenzbebauung zulässig oder sogar vorgeschrieben ist. Wegen der landesrechtlichen Unterschiede ist stets im Einzelfall zu prüfen, welche Grenzabstände im konkreten Fall einzuhalten sind. Es gibt zudem eine Reihe von Besonderheiten, die zu beachten sind (z. B. die Befreiung von den Abstandsflächen zur Deckung eines dringenden Wohnbedarfs).

Während das Bauordnungsrecht regelmäßig nicht nachbarschützend ist (z. B. das Erfordernis von Abstellräumen, die Verpflichtung zum Einbau eines Aufzugs und das Verbot der Verunstaltung), sondern allein der öffentlichen Sicherheit und Ordnung dient, wird den

Abstandsflächen weitgehend ein **nachbarschützender Charakter** zuerkannt. Dies soll für die Abstandsflächen unabhängig von der Art ihrer Berechnung im Einzelfall gelten.

Wichtig!

Auch die Überschreitung der Abstandsfläche um wenige Zentimeter verletzt den Nachbarn in seinen Rechten.

Die Abstände und Abstandsflächen haben den Charakter eines Schutzgesetzes. Hält ein Grundstückseigentümer die Abstände bzw. Abstandsflächen nicht ein, kann der betroffene Nachbar gegen die Baugenehmigung oder das genehmigungsfreie Bauvorhaben vorgehen. Er muss seine Klage vor dem Verwaltungsgericht gegen den Träger der Bauaufsichtsbehörde, also das Land oder die Stadt, richten. Der Bauherr wird beigeladen und ist auf diese Weise am Prozess beteiligt. Werden die Abstandsflächen nicht eingehalten, kann der Nachbar sich gegen das rechtswidrige Bauvorhaben auch vor den Zivilgerichten wehren, da es sich insoweit um ein Schutzgesetz handelt. Allerdings kommt die Klage wesentlich teurer, deshalb ist in der Praxis der verwaltungsgerichtliche Rechtsschutz der Regelfall. Umstritten ist, ob trotz der Einhaltung der Abstandsflächenvorschriften ein Bauvorhaben gegen das Rücksichtnahmegebot verstoßen kann. Teilweise wird dies aufgrund der bauordnungsrechtlich verringerten Abstandsflächen nunmehr bejaht. Die Rechtsprechung hat dies früher stets verneint. Bei Zulassung einer Abweichung (Ausnahme und Befreiung) von den Abstandsflächenvorschriften durch die Baubehörde wird der Nachbar nur dann nicht in seinen Rechten verletzt, wenn seine Interessen ausreichend gewürdigt werden. Ferner ist zu prüfen, ob die Schmälerung der nachbarlichen Interessen durch überwiegende Interessen des Bauherrn oder überwiegende öffentliche Belange gerechtfertigt ist. Ist dies nicht der Fall, kann der Nachbar gegen die Abweichung vor dem Verwaltungsgericht klagen. Hinsichtlich einer Verletzung des Rücksichtnahmegebots sind alle maßgeblichen Umstände des Einzelfalls zu beachten. Zu ihnen gehören die tatsächliche und rechtliche Vorbelastung der Grundstücke, die tatsächliche und rechtliche Schutzwürdigkeit und die Schutzwürdigkeit von Bauherrn und Nachbarn sowie die Art und Intensität aller in Betracht kommenden bauordnungsrechtlich relevanten Nachteile.

Abstände und Abstandsflächen müssen grundsätzlich **auf dem Grundstück des Bauherrn** liegen. Ausnahmsweise dürfen sich Abstandsflächen auf öffentliche Nachbargrundstücke wie kommunale Verkehrs- und Grünflächen bis zu deren Hälfte erstrecken. Die Landesbauordnungen lassen ferner die **Übernahme** der Abstandsflächen und Brandschutzabstände auf Nachbargrundstücke zu. Erforderlich ist hierzu eine öffentlich-rechtliche Sicherung. Der Nachbar muss sich gegenüber der Baubehörde verpflichten, in der auf sein Grundstück übernommenen Abstandsfläche keine Gebäude oder gleichgestellten Anlagen zu errichten, für die die Einhaltung einer Abstandsfläche erforderlich ist. Zusätzlich muss er die übernommene Abstandsfläche bei der Durchführung eigener Bauvorhaben beachten. Dies bedeutet, dass sich gleichsam seine baurechtliche Grundstücksgrenze zum Rand der übernommenen Abstandsfläche verschiebt. Die öffentlich-rechtliche Sicherung erfolgt in allen Bundesländern mit Ausnahme von Bayern durch Eintragung einer Baulast im Baulastenverzeichnis. In Bayern genügt die schriftliche Erklärung der Abstandsflächenübernahme gegenüber der Baubehörde auf den hierzu bestehenden Vordrucken; eine Eintragung in ein Register oder das Grundbuch erfolgt nicht. Auch in Bayern ist jedoch alternativ die Eintragung im Grundbuch möglich. Handelt es sich um eine künftige Abstandsfläche, die nicht ein konkretes Vorhaben betrifft, muss in Bayern eine Grundbucheintragung vorgenommen werden.

Wurde die Tiefe der Abstandsfläche falsch berechnet oder die Abstandsfläche zu Unrecht durch eine Abweichung verkürzt, hat dies zur Folge, dass die erforderlichen Abstandsflächen unter **Verstoß** gegen die entsprechenden Bestimmungen des Bauordnungsrechts nicht (vollständig) auf dem Baugrundstück liegen. Zivilrechtlich handelt es sich um einen Zustand, der entsprechend den Regeln zum „Überbau“ zu beurteilen ist. Öffentlich-rechtlich liegt eine Rechtswidrigkeit vor. Sie besteht darin, dass das Gebäude einen zu geringen Abstand zur Grenze einhält. Der Rechtsverstoß hat aber nicht zur Folge, dass sich die Abstandsfläche (teilweise) auf das

Nachbargrundstück erstreckt und dieser Bereich von einer Bebauung freigehalten werden muss. Dies ist nur dann der Fall, wenn der Nachbar die Abstandsfläche ausdrücklich übernimmt. Andernfalls endet sie an der Grenze des Baugrundstücks, auf dem ein baurechtswidriger Zustand bestehen bleibt.

Teilweise enthalten die **Landesnachbargesetze** Vorschriften über Abstandsflächen. In Baden-Württemberg, Niedersachsen, Nordrhein-Westfalen und Schleswig-Holstein hat der Grundstückseigentümer von begehbaren Gebäudeteilen beziehungsweise Gebäuden, wobei diese auf bestimmte Gebäude (so in Niedersachsen auf Gebäude im Außenbereich) beschränkt sind, Abstandsflächen einzuhalten. Ihre Einhaltung kann der Nachbar gerichtlich durchsetzen. Er kann, sofern dies nicht ausgeschlossen ist, Beseitigung des Gebäudes oder Gebäudeteils beim Zivilgericht durchsetzen oder Ersatz des Schadens verlangen, der der Verringerung der Nutzbarkeit seines Grundstücks entspricht. Auch bei öffentlichen Straßen bestehen aus Gründen des Sichtschutzes teilweise **Anbauverbote,** die aber einem anderen angrenzenden Nachbarn keinen Anspruch auf ihre Einhaltung gewähren.

Wichtig!

Aufgrund der Liberalisierung des Bauordnungsrechts sind Grenzgaragen bis zu einer bestimmten Größe landesrechtlich ohne Abstandsflächen zulässig. Gleiches gilt für untergeordnete Bauteile wie Erker, Simse etc. Im Einzelnen müssen die Landesbauordnung und ggf. das Landesnachbarrechtsgesetz geprüft werden. Wichtig ist, dass auch bei einer Nutzungsänderung die Abstandsflächen (erneut) zu prüfen sind. Bei einer Befreiung durch die Baubehörde sind auch die nachbarlichen Belange, insbesondere das Rücksichtnahmegebot, zu prüfen.

5. Der Überbau

BEISPIEL 1: Gerhard, von Beruf Arzt, hat als Heimwerker einen Carport errichtet. Leider ist er dabei etwas auf das Grundstück seines Nachbarn Norbert gekommen. Ein Pfosten steht zu zwei Dritteln auf dem Nachbargrundstück. Deshalb befindet sich der Carport insgesamt mit einem „Eck" auf fremdem Grund. Norbert ist Lehrer und ärgert sich. Er möchte am liebsten, dass der Carport abgebaut und neu errichtet wird. Wenigstens soll ihm Gerhard den halben Quadratmeter teuer abkaufen. Gerhard hat erstens keine Lust zum Rückbau, außerdem geht dabei der halbe Carport kaputt. Er findet es zwar albern, ist aber bereit, den von ihm in Anspruch genommenen Grund abzukaufen. Allerdings ist er nicht „willig", für ein Stück Garten einen Bauplatzpreis zu bezahlen. Norbert möchte dann zumindest eine Jahresmiete in Höhe von 25 Prozent des Grundstückswertes.

BEISPIEL 2: Gerda hat einen Bauplatz gekauft. Sie möchte ökologisch bauen. Allerdings reicht ihr Grundstück für die zusätzliche Wärmedämmung ihres Neubaus nicht aus. Sie hat jedoch im Internet gelesen, dass sich eine Wärmedämmung auf das Nachbargrundstück erstrecken kann und deshalb von ihrer Nachbarin Nora geduldet werden muss. Diese ist nicht bereit, die 10 cm in ihr Grundstück ragende Wärmedämmung zu akzeptieren.

Grundsätzlich ist derjenige, der auf fremdem Grund und Boden baut, zur Beseitigung des Bauwerks verpflichtet. Gerade bei der Bauausführung ist es jedoch nicht ungewöhnlich, dass ein Bauwerk versehentlich teilweise auf dem Nachbargrundstück zu stehen kommt. Müsste man das Gebäude oder zumindest den überbauten Teil abreißen, wäre dies wertmäßig im Vergleich zu der in Anspruch genommenen Grundstücksfläche vielfach unverhältnismäßig. Deshalb ordnet das Gesetz eine **Duldungspflicht** des betroffenen Nachbarn an, gewährt ihm aber gleichzeitig einen Ausgleich in Form einer Rente oder Ankaufsverpflichtung hinsichtlich des überbauten Grundes (§ 912 BGB).

Die Duldungspflicht für einen Überbau setzt voraus, dass es sich um ein **Gebäude,** also um ein Bauwerk handelt, das nach seiner Beschaffenheit und der Umfriedung Personen, Tieren und Sachen gegen äußere Einflüsse Schutz zu gewähren vermag und zusätzlich den Eintritt von Personen gestattet. Eine vollständige Umschließung ist nicht erforderlich. Nicht nur ein Wohnhaus, auch eine Scheune, ein Schuppen, eine Garage, ein Carport sowie ferner ein Balkon, eine

Tiefgarage, ein Keller und das bloße Gebäudefundament fallen unter den Begriff des Gebäudes in diesem Sinne. Anders ist dies für nicht mit dem Gebäude bautechnisch verbundene Tore, Mauern und Zäune sowie einen Öltank. Stets muss es sich um ein einheitliches Gebäude handeln, das über die Grenze gebaut wurde. Zum Gebäudebegriff gehört ferner, dass das Gebäude eine feste Verbindung mit dem Erdboden aufweist. Ein versetzbares Gartenhäuschen und eine abbaubare Fertiggarage fallen deshalb nicht unter diesen Begriff. Gleiches gilt für Zeitbauten.

Das betreffende Gebäude muss **über die Grenze gebaut** worden sein. Dies muss allerdings nicht bei der Errichtung des Gebäudes passiert sein, sondern kann auch bei einer späteren Änderung oder Erweiterung des Gebäudes erfolgen (z. B. Anbau). Gleiches gilt, wenn sich ein Gebäude erst nach seiner Errichtung – ähnlich wie der schiefe Turm zu Pisa – über die Grenze neigt. Ausreichend ist auch, wenn ein Gebäudeteil über die Grenze ragt (z. B. ein Erker, ein Balkon, ein Dachüberstand oder eine Mauerausbauchung). Unerheblich ist dabei, in welchem Umfang die Grenze überschritten wird. Keine Rolle spielt es, ob dies unter oder oberhalb der Erdoberfläche geschieht. Auch auf die Größenverhältnisse zwischen dem Gebäudeteil, der sich auf dem eigenen Grundstück befindet, und demjenigen auf dem Nachbargrundstück kommt es nicht an. Der Überbau muss durch den Eigentümer erfolgen. Baut lediglich ein Mieter (z. B. eines Supermarkts) auf das Nachbargrundstück, wird er durch die Vorschriften der §§ 912 ff. BGB nicht geschützt, sein Überbau muss vom betroffenen Nachbarn nicht geduldet werden.

Dem überbauenden Eigentümer darf **kein Vorsatz und keine grobe Fahrlässigkeit** hinsichtlich des Überbaus vorzuwerfen sein. Andernfalls ist der Überbau nicht entschuldigt und der Nachbar kann grundsätzlich Beseitigung verlangen.

Wichtig!

Auch wenn der Beseitigungsanspruch beim unentschuldigten Überbau verjährt ist, kann der Eigentümer des überbauten Grundstücks dessen Herausgabe verlangen und kann dann selbst den überbauten Gebäudeteil abreißen.

Grob fahrlässig handelt der Eigentümer, wenn er bei einem unsicheren Grenzverlauf nicht das staatliche Vermessungsamt oder einen Vermessungsingenieur hinzuzieht. Ihn trifft nämlich die Pflicht, sich über den Grenzverlauf zu unterrichten. Vorsatz liegt vor, wenn der Bauende Kenntnis davon hat, dass er ohne eine Befugnis über die Grenze baut. Ein **Verschulden** seiner Bauarbeiter muss er sich nicht zurechnen lassen. Inwieweit ihn eine Überwachungspflicht trifft, ist unklar. Maßgebend hinsichtlich des Vorliegens von Vorsatz oder Fahrlässigkeit ist der Zeitpunkt der Grenzüberschreitung. Stellt der bauende Grundstückseigentümer die Grenzüberschreitung erst später fest, ist er zum Fertigbauen berechtigt. Hat der Nachbar der Grenzüberschreitung formlos, also beispielsweise auch bei einem Glas Rotwein, zugestimmt, liegt kein Überbau im Rechtssinne vor. Umgekehrt hilft dem Bauherrn das Fehlen von Vorsatz und grober Fahrlässigkeit nichts, wenn er oder sein Rechtsvorgänger gegenüber dem Nachbarn ein Bauverbot, d. h. das Unterlassen einer bestimmten Bauausführung, eingegangen ist.

Weitere Voraussetzung für die Anwendung der Überbauvorschriften ist, dass der **Nachbar nicht rechtzeitig,** d. h. bereits vor oder jedenfalls sofort nach der Grenzüberschreitung **widersprochen** hat. Widerspruchsberechtigt sind der Nachbar, auch ein Miteigentümer, der Erbbau- und Dienstbarkeitsberechtigte sowie der Nießbraucher. Demgegenüber können die an dem betroffenen Grundstück im Grundbuch eingetragene Bank und ein Vorkaufsberechtigter dem Überbau nicht widersprechen, sofern sie nicht hierzu vom Eigentümer ermächtigt wurden. Ein Widerspruch eines Berechtigten wirkt analog § 1011 BGB auch zugunsten der anderen. Der Widerspruch muss gegenüber dem Überbauenden erfolgen. Es reicht aus, wenn er dem bauleitenden Architekten oder einer sonstigen bauleitenden Person gegenüber erklärt wird. Erfolgt er nur gegenüber einem Bauarbeiter, genügt dies nicht. Eine Form ist beim Widerspruch nicht einzuhalten. Zu Beweiszwecken ist es allerdings sinnvoll, wenn er schriftlich oder vor Zeugen erklärt wird. Inhaltlich muss dem Bauenden erkennbar sein, dass das Bauwerk hinsichtlich seiner Grenzüberschreitung nicht geduldet wird. Zeitlich ist erforderlich, dass er so rechtzeitig erfolgt, dass der Überbau ohne erhebliche Zerstörungen wieder beseitigt werden kann. Andererseits muss dem betroffenen Eigentümer bereits erkennbar sein, dass das Gebäude über die Grenze gebaut wird. Beim Baugrubenaushub, bei dem die Grenze überschritten wird, ist der Nachbar zum Widerspruch berechtigt, aber noch nicht verpflichtet. Anders ist dies, wenn bei der Betonierung der Fundamente die Grenzüberschreitung erkennbar ist. Die Beweislast dafür, dass er Widerspruch erhoben hat und dies rechtzeitig geschah, trägt der Nachbar, der sich auf den Widerspruch beruft.

Erfolgte der Überbau **entschuldigt,** hat ihn der Nachbar zu dulden. Er kann also nicht dessen Entfernung verlangen. Es tritt eine Beschränkung seines Eigentums ein, an die auch ein Rechtsnachfolger, also beispielsweise ein Käufer des Grundstücks, gebunden ist. Einer Eintragung in das Grundbuch bedarf es nicht. Die **Duldungspflicht** erlischt mit Beseitigung des Überbaus. Die Ursache hierfür ist unerheblich. Es kann sich um einen Abriss durch den Eigentümer handeln, aber auch um eine Zerstörung durch Naturereignisse (z. B. einen Brand, ein Erdbeben oder ein von der Straße abgekommenes Fahrzeug). Ausreichend für das Erlöschen der Duldungspflicht ist es, wenn der Überbau im Wesentlichen zerstört wird. Ein Wiederaufbau muss nicht geduldet werden, wenn keine Teile von wirtschaftlicher Bedeutung mehr vorhanden sind. Die Duldung betrifft den Überbau nur in seiner anfänglichen Form, also hinsichtlich der beim Überbau bestehenden Ausmaße. Es ist dem Bauenden zwar eine Fertigstellung gestattet, nicht jedoch eine Erweiterung oder Aufstockung. Die Duldungspflicht des Nachbarn bedeutet zudem nicht, dass er auch die Verkehrssicherungspflicht tragen muss. Unterhalts- und verkehrssicherungspflichtig ist vielmehr der Eigentümer des Grundstücks, von dem aus überbaut wurde. Geduldet werden muss zudem nur der Überbau. Aus dieser Duldungspflicht ergibt sich (z. B. bei einer überbauten Garage) nicht zugleich das Recht des Eigentümers zur Nutzung des überbauten Nachbargrundstücks auch als Zugang und Zufahrt zu seinem Überbau.

Unabhängig von der Größe und wirtschaftlichen Bedeutung des überbauten Gebäudeteils bleibt derjenige Grundstückseigentümer, der den Überbau vorgenommen hat, Eigentümer des auf dem Nachbargrundstück stehenden Gebäudeteils. Bei der Duldungspflicht und den Eigentumsverhältnissen verbleibt es auch, wenn der überbauende Eigentümer seinen Verpflichtungen, insbesondere zur Zahlung der Überbaurente, nicht nachkommt. Dem betroffenen Nachbarn bleibt in diesem Fall lediglich die Durchsetzung des Geldanspruchs. Er kann dagegen keinen gleichsam wieder auflebenden Beseitigungsanspruch geltend machen. Anders ist dies beim **unrechtmäßigen Überbau.** Hier wird das Eigentum am überbauten Bauwerk lotrecht auf der Grenze geteilt. Die Gebäudeteile fallen jeweils an die Eigentümer der überdeckten Grundflächen. Der vom Überbau betroffene Nachbar kann die Beseitigung des überbauten Gebäudeteils sowie ggf. Schadensersatz verlangen. Dies setzt nicht voraus, dass er dem Überbau widersprochen hat.

Der Eigentümer des überbauenden Grundstücks schuldet als Ausgleich für die Duldungspflicht dem Nachbareigentümer die **Zahlung einer Rente.** Das Rentenrecht ist Bestandteil des überbauten Grundstücks und geht mit ihm auf einen Erwerber des Grundstücks über. Bei Miteigentum kann jeder Miteigentümer den Anspruch auf Rentenzahlung in der gesamten Höhe geltend machen; er kann jedoch nur Zahlung an alle gemeinschaftlich verlangen. Die Höhe der Überbaurente bemisst sich nach dem Grundstückswert zum Zeitpunkt des Überbaus. Es kommt also nicht darauf an, wann die Überbaurente gefordert wird und zu welchem Zeitpunkt sie bezahlt werden muss. Unerheblich sind auch spätere Veränderungen des Grundstückswerts. Wird beispielsweise ein beim Überbau landwirtschaftlich genutztes Grundstück später Bauland, ändert sich die Überbaurente nicht. Sie wird gleichsam versteinert und stellt einen Ausgleich für die Duldungspflicht und den damit verbundenen Nutzungsverlust an der überbauten Fläche dar. Sie entspricht der normalen Rendite.

Wichtig!

Maßgebend für die Überbaurente bei einem vor dem 3.10.1990 in den neuen Bundesländern erfolgten Überbau ist der Bodenwert eines in gleichem Zustand und in vergleichbarer Lage belegenen Grundstücks in den alten Ländern zum Zeitpunkt der Grenzüberschreitung.

Die Parteien können sich über die Höhe der Rente auch einigen. Auch ein Verzicht ist möglich. Für einen Rechtsnachfolger ist dies jedoch nur verbindlich, wenn eine Eintragung im Grundbuch erfolgt. Gleiches gilt für ein Urteil, das zwischen den derzeitigen Eigentümern der betroffenen Grundstücke erstritten wird. Weitergehende Ansprüche, insbesondere Schadensersatzansprüche und Aufopferungsansprüche, sind, soweit es sich um einen Ausgleich für die Grenzüberschreitung handelt, ausgeschlossen. Anders ist dies hinsichtlich derjenigen Ansprüche, die zusätzliche Beeinträchtigungen ausgleichen. Beispiel ist eine Beschädigung vorhandener Pflanzen oder Gebäude. Die Überbaurente ist erstmals ab der Grenzüberschreitung zu entrichten. Die Zahlung hat jährlich ab diesem Zeitpunkt im Voraus zu erfolgen (§ 913 Abs. 2 BGB). Das Recht auf die Überbaurente geht allen Rechten an dem belasteten Grundstück, auch älteren Rechten vor. Es bleibt auch in der Zwangsversteigerung bestehen. Der Anspruch aus der einzelnen fälligen Rente verjährt nach drei Jahren (§§ 195, 199 BGB). Ab Beseitigung des Überbaus entfällt die Zahlungspflicht. Wurde die Rente bereits im Voraus bezahlt, hat eine zeitanteilige Abrechnung zu erfolgen. Die Rente selbst wird im Grundbuch grundsätzlich nicht eingetragen. Anders ist dies, wenn sich die beiden Eigentümer auf eine bestimmte Rentenhöhe einigen oder wenn ein Verzicht auf die Rente erfolgt.

Der Eigentümer des überbauten Grundstücks kann vom anderen Eigentümer anstelle der Überbaurente verlangen, dass dieser ihm die überbaute Fläche abkauft (§ 915 BGB). Das **Übernahmeverlangen** kann der Eigentümer des durch den Überbau betroffenen Grundstücks stellen. Nach überwiegender Ansicht ist dies nur dann möglich, wenn er auf die Rente noch nicht verzichtet hat. Dem am überbauten Grundstück eingetragenen Kreditinstitut steht das Übernahmerecht nicht zu. Mehrere Miteigentümer können ihre Rechte nur gemeinsam ausüben (§ 747 Satz 2 BGB). Das Übernahmeverlangen bedarf nicht der notariellen Form und muss gegenüber dem Rentenpflichtigen ausgeübt werden. Inhalt des Angebots ist die Übereignung der überbauten Grundstücksfläche. Hinsichtlich des Wertes der betroffenen Fläche kommt es auf den Zeitpunkt der Grenzüberschreitung an. Daran ändert sich auch dann nichts, wenn das Ankaufsverlangen erst Jahre nach dem Überbau ausgeübt wird und der gegenwärtige Verkehrswert den damaligen um ein Mehrfaches übersteigt. Die Abfindung ist auch nicht durch eine Kapitalisierung der Überbaurente zu ermitteln. Der Anspruch auf Grundübername unterliegt nicht der Verjährung (§ 924 BGB). Mit Zahlung des Wertausgleichs erlischt der Anspruch auf die Überbaurente.

Die Überbauvorschriften finden auch Anwendung, wenn der Überbauende zunächst Eigentümer beider Grundstücke, also des überbauenden und des überbauten, ist. Ebenso ist dies, wenn ein einheitlich bebautes Grundstück später geteilt wird. Bei diesem jeweiligen **Eigengrenzüberbau** ruhen die Überbauvorschriften zunächst. Gleiches gilt, wenn der überbauende Eigentümer das überbaute Grundstück hinzuerwirbt. Wird ein Grundstück an eine andere Person veräußert, hat diese den Überbau zu dulden. Der zunächst ruhende Anspruch auf Zahlung der Überbaurente „entsteht" dann (wieder) beim neuen Eigentümer. Ein wichtiger Anwendungsfall der Überbauvorschriften ist die Verletzung bau- oder nachbarrechtlicher Abstandsflächenvorschriften. Ein Bauwerk, das unter Verletzung der diesbezüglichen Abstandsflächenvorschriften errichtet wurde, muss nach bisheriger Rechtsprechung analog § 912 BGB geduldet werden. Allerdings hat der BGH die Duldungspflicht nach den Überbauvorschriften auf baurechtskonforme Maßnahmen beschränkt. Deshalb muss wohl auch eine Abstandsflächenverletzung nicht mehr geduldet werden.

Teilweise enthalten die **Nachbarrechtsgesetze** der Länder zusätzliche Regelungen zur Duldung eines Überbaus. Betroffen sind meist in den Luftraum eines Grundstücks übergreifende untergeordnete Bauteile bei Grenzbauten und Grenzwänden. Teilweise werden die Bestimmungen über die Grenzwände auch auf eine über die Grenzen hinausreichende Wand angewandt. Entsprechende Vorschriften finden sich in Baden-Württemberg, Bremen, Nordrhein-Westfalen und Sachsen-Anhalt.

LÖSUNG zu Beispiel 1: Auch ein Carport ist ein Gebäude i. S. der Vorschriften des Überbaus. Trifft den Eigentümer am Überbau kein grobes Verschulden, handelt es sich um einen entschuldigten Überbau, der geduldet werden muss. Eine Beseitigung kann nicht verlangt werden. Der betroffene Nachbar kann allerdings den Abkauf der überbauten Fläche zum Verkehrswert im Zeitpunkt des Überbaus oder eine Überbaurente in Höhe von 5–7 % des Verkehrswerts jährlich verlangen.

In vielen Ländern, nämlich Baden-Württemberg, Bayern, Berlin, Brandenburg, Bremen, Hessen, Niedersachsen, Nordrhein-Westfalen, Saarland und Thüringen, wird ein bewusster Überbau für eine **Wärmedämmung** an vorhandenen Gebäuden, die an der Grenze stehen, zugelassen. Diese darf die Benutzung des Nachbargrundstücks nicht oder nur geringfügig beeinträchtigen. Teilweise wird eine Höchstgrenze für die Dicke der Wärmeschutzüberbauten vorgesehen; sie dürfen öffentlich-rechlichen Vorschriften nicht widersprechen. Der Grundstückseigentümer, der die Wärmedämmung errichtet, ist zur Zahlung einer Überbaurente sowie dazu verpflichtet, die Wärmedämmung in einem ordnungsgemäßen Zustand zu erhalten.

LÖSUNG zu Beispiel 2: Nur an bestehenden Bauwerken kann eine Wärmedämmung angebracht werden, die, wenn das eigene Grundstück hierfür nicht ausreicht, vom Eigentümer des Nachbargrundstücks geduldet werden muss. Bei Neubauten darf der Bauherr dagegen auch für seine ökologische Bauweise nicht das Nachbargrundstück in Anspruch nehmen. Gleiches gilt für Bestandsbauten, wenn zur Zeit der Bauerrichtung bereits bestehende Anforderungen der Energieeinsparverordnung nunmehr erstmals erfüllt werden sollen.

III. Bäume und Sträucher

1. Grenzabstand von Pflanzen

a. Regelungsbereich – Welche Pflanzen müssen einen Grenzabstand einhalten?

BEISPIEL: Viktor bepflanzt sein Grundstück entlang der gesamten Grenze zu Balduins Grundstück. Im ersten Abschnitt setzt er mehrere Ahornbäume. Im Anschluss daran eine Hecke aus Thujen. Schließlich Sonnenblumen und 4 Meter hohes Elefantengras. Er hält dabei jeweils nur einen Grenzabstand von 0,5 Meter ein.

Der nachbarliche Streit an der Grundstücksgrenze entzündet sich häufig an Pflanzen, die wegen ihrer Höhe und/oder ihres geringen Grenzabstandes stören. Zur Ergänzung der allgemeinen Ansprüche nach §§ 1004, 906 BGB (dazu S. 56 ff.) sowie nach §§ 910, 911 BGB (dazu S. 45 ff.) haben deshalb die meisten Länder in ihren **Nachbarrechtsgesetzen** Regelungen zum Grenzabstand von Pflanzen getroffen. Solche finden sich in Baden-Württemberg (§§ 12 ff.), Bayern (Art. 47 ff. AGBGB), Berlin (§§ 27 ff.), Brandenburg (§§ 36 ff.), Hessen (§§ 38 ff.), Niedersachsen (§§ 50 ff.), Nordrhein-Westfalen (§§ 40 ff.), Rheinland-Pfalz (§§ 44 ff.), Saarland (§§ 48 ff.), Sachsen (§§ 9 ff.), Sachsen-Anhalt (§§ 34 ff.), Schleswig-Holstein (§§ 37 ff.) und Thüringen (§§ 44 ff.). Diese Vorschriften unterscheiden sich zum Teil erheblich voneinander, so dass sich die nachfolgenden Erläuterungen auf Grundzüge beschränken müssen.

In Hamburg muss dagegen mangels entsprechender gesetzlicher Vorschriften kein Grenzabstand eingehalten werden. Dies gilt mit Einschränkungen auch für Bremen und Mecklenburg-Vorpommern. Soweit keine Vorschriften bestehen, können sich im Einzelfall aber auch hier ausnahmsweise Pflanzbeschränkungen aus dem **nachbarlichen Gemeinschaftsverhältnis** ergeben.

Die Grenzabstandsvorschriften betreffen regelmäßig nur **Bäume, Sträucher** und **Hecken,** im Beispielsfall also die Ahornbäume und die Hecke, zum Teil auch Wein- und Hopfenstöcke. Sie gelten regelmäßig in gleicher Weise für gezielte Anpflanzungen und Wildwuchs. Ebenso ist es ohne Belang, ob es sich um Neu- oder Ersatzpflanzungen handelt. Werden bei Hecken allerdings auch nur einige Stämme dort, wo sie aus dem Boden heraustreten, von der Grundstücksgrenze durchschnitten, so stellt die Hecke damit insgesamt eine Grenzeinrichtung dar; dann sind die §§ 921, 922 BGB anwendbar (dazu S. 15 ff.).

Wichtig!

Soweit das Landesrecht bestimmte Pflanzenarten nicht nennt, müssen diese überhaupt keinen Grenzabstand einhalten, ganz egal wie hoch sie wachsen.

Dies gilt etwa für Stauden (z. B. Rittersporn, Sonnenblume), für Gräser (wie im Beispielsfall das Elefantengras) oder für Blumen. Maßgeblich für Abgrenzungsfragen ist dabei die botanische Einordnung des Gewächses.

b. Grenzabstand – Welcher Abstand ist einzuhalten?

BEISPIEL: Viktor hat entlang der gemeinsamen Grundstücksgrenze mit Balduin zahlreiche unterschiedliche Pflanzen auf seinem Grundstück stehen. Diese sind zum Teil recht hoch und nur 0,5–1 Meter von der Grenze entfernt, so dass sie viel Schatten werfen. Ein Teil der Pflanzen steht allerdings hinter einer genehmigten Mauer und überragt diese auch nicht. Balduin fordert die Beseitigung der gesamten Grenzbepflanzung. Als der Nebenerwerbslandwirt Balduin später einen Teil seines Grundstücks in einen Acker umwandelt, fordert er Viktor außerdem zur Einhaltung eines Abstands von 4 Meter entlang der gesamten Grundstücksgrenze der beiden auf.

Die genauen Grenzabstände sind von Bundesland zu Bundesland sehr unterschiedlich. Für den Regelfall ist dabei ein bestimmter **Mindestabstand** festgelegt. Im Übrigen ist maßgebliches Kriterium meist die **Höhe** der Pflanze. Teilweise wird auch noch nach ihrer

Art und ihren **Wuchseigenschaften** differenziert, etwa danach, ob es sich um stark wachsende Bäume handelt.

Wichtig!

Soweit dergestalt auf abstrakte Kriterien abgestellt wird, kann die Einhaltung des vorgeschriebenen Grenzabstandes unabhängig davon verlangt werden, ob eine tatsächliche Beeinträchtigung des Nachbargrundstücks vorliegt.

Im Beispielsfall kommt es daher nicht darauf an, ob die Pflanzen das Nachbargrundstück verschatten.

Unter speziellen Voraussetzungen ist oft auch ein **größerer** oder **geringerer Grenzabstand** einzuhalten als im Regelfall. Größere Abstände können etwa gegenüber landwirtschaftlich oder erwerbsgärtnerisch genutzten Grundstücken gelten. Spezielle Vorschriften bestehen auch für Wald, für den darüber hinaus die Landeswald- bzw. Landesforstgesetze zu beachten sind. Sondervorschriften gibt es ferner meist für Hecken sowie für den Wein- und Hopfenanbau, teilweise auch für andere Anpflanzungen wie Spaliervorrichtungen und Pergolen sowie für Baumschulen. Zum Teil kommt es für den einzuhaltenden Abstand auch darauf an, ob die Grundstücke im Innen- oder Außenbereich liegen. Unter bestimmten Voraussetzungen kann eine Grenzabstandspflicht schließlich völlig **entfallen.** So etwa für Anpflanzungen hinter Einfriedungen, wie der Mauer im Beispielsfall, entlang öffentlicher Straßen oder für bestimmte Schutzbepflanzungen.

Ändern sich die Verhältnisse und liegen deshalb nunmehr die Voraussetzungen für einen anderen Grenzabstand vor, so sind ab dieser **Änderung** die neuen Verhältnisse maßgeblich. Im Beispielsfall kann daher mit Beginn der landwirtschaftlichen Grundstücksnutzung auch der gegenüber landwirtschaftlichem Grund geltende Grenzabstand verlangt werden.

Für die **Messung des Grenzabstandes** ist die Mitte des Baumstammes maßgeblich, bei Sträuchern und Hecken meist ebenfalls deren Mitte, jeweils an der Austrittsstelle aus dem Boden. Von diesem Punkt aus ist die **kürzeste Verbindung** zwischen Pflanze und Grenze zu suchen. Soweit es auf die **Höhe** der Pflanze ankommt, wird diese von ihrer Austrittsstelle aus dem Boden bis zur obersten Spitze gemessen. Bei künstlichen **Niveauveränderungen** ist umstritten, ob die Höhe einer darauf gesetzten Anpflanzung vom ursprünglichen oder vom neuen Bodenniveau aus zu messen ist; das ursprüngliche Niveau ist jedenfalls dann maßgeblich, wenn die Erhöhung unzulässig war.

Wichtig!

Bei einer **Hanglage** ist in der Waagrechten zu messen.

Zur Feststellung des Grenzabstands einer Pflanze erfolgt dies waagrecht vom Bodenniveau an der Grenze aus. Zur Feststellung der abstandsrelevanten Höhe einer Pflanze richtigerweise von einer fiktiven waagrechten Linie zwischen Grenze und Pflanze; je nachdem, ob der Hang zur Pflanze hin abfällt oder ansteigt, ist deren zulässige Höhe daher hier absolut gesehen größer oder geringer als auf ebenem Terrain.

Die Abstände sind nicht nur bei einer gemeinsamen Grenzlinie einzuhalten, sondern gegenüber jedem **Nachbargrundstück,** das im Abstandsbereich liegt (z. B. auch Punktnachbarn). Bei mehreren gemeinsamen Grenzen zweier Grundstücke ist der Abstand zu jeder dieser Grenzen einzuhalten.

c. Inhalt des Anspruchs – Welche Rechte bestehen bei Grenzabstandsverstößen?

BEISPIEL: Viktor hat auf seinem Grundstück mit nur 2 Meter Abstand von der Grundstücksgrenze zu Balduin einen 4 Meter hohen Haselnussstrauch stehen. Balduin fordert am 1.8. dessen vollständige Entfernung. Außerdem fürchtet er, dass Viktor noch weitere Pflanzen an die Grenze setzt. Hiergegen will er Vorsorge treffen.

Bei Verletzung der Grenzabstandsvorschriften hat der betroffene Nachbar einen Anspruch auf Beseitigung des rechtswidrigen Zustandes. Je nach Landesrecht geht dieser auf **Beseitigung** der Pflanze und/oder deren **Rückschnitt.** Die Beseitigung kommt allerdings meist nur in Betracht, wenn nicht auch bereits durch Rückschnitt rechtmäßige Zustände hergestellt werden können. Ein Rückschnitt darf meist nur außerhalb der im jeweiligen Landesrecht zeitlich näher definierten Wachstumsperiode verlangt werden.

Nach vorangegangenen Verstößen besteht ferner ein Anspruch auf **Unterlassung,** bei drohendem erstmaligem Verstoß auch vorbeugend. Aufgrund der bereits erfolgten Grenzabstandsverletzung besteht daher im Beispielsfall neben dem Abwehranspruch auch ein Unterlassungsanspruch für die Zukunft.

Bei einer schuldhaften Verletzung der Abstandsvorschriften, durch die dem Nachbarn ein Schaden entsteht, kommt außerdem **Schadensersatz** in Betracht (§ 823 Abs. 2 BGB). Subsidiär dazu unter Umständen auch ein **nachbarrechtlicher Ausgleichsanspruch** analog § 906 Abs. 2 Satz 2 BGB, wenn der an sich bestehende Abwehranspruch aus tatsächlichen oder rechtlichen Gründen nicht oder nicht rechtzeitig geltend gemacht werden kann. Dies kann der Fall sein, wenn Naturschutzrecht einer Beseitigung der Pflanze entgegensteht. Unterschreiten Bäume den landesrechtlich vorgeschriebenen Grenzabstand, kann dies aber wegen Ablaufs der landesrechtlichen Verjährungs- oder Ausschlussfristen nicht mehr geltend gemacht werden, so kann ferner für den erhöhten Reinigungsaufwand infolge des Abfallens von Laub, Nadeln, Blüten und Zapfen von Bäumen eine „Laubrente" in Betracht kommen.

Die den Grenzabstand von Pflanzen betreffenden Ansprüche stehen dem **Nachbarn** zu. Das ist der Eigentümer bzw. Erbbauberechtigte des betroffenen Nachbargrundstücks, teils auch dessen unmittelbarer Besitzer. **Verpflichtet** sind meist der Eigentümer und die Nutzungsberechtigten des bepflanzten Grundstücks. Darauf, wer die Pflanzung vorgenommen hat, kommt es dagegen nicht an.

Im Verhältnis von **Wohnungseigentümern** untereinander gelten die Grenzabstandsvorschriften hinsichtlich der Bepflanzung von benachbarten Gartensondernutzungsflächen entsprechend. Gleiches gilt auch für **Bruchteileigentümer,** wenn diese vereinbart haben, dass sie räumlich abgegrenzte Teile des gemeinschaftlichen Grundstücks allein als Garten nutzen dürfen.

d. Ausschluss und Beschränkung des Anspruchs – Was kann der Nachbar einwenden?

BEISPIEL: Auf Viktors Grundstück steht ein prächtiger Ahorn mit einem Stammumfang von mehr als 2 Metern. Sein Grenzabstand zum Grundstück von Balduin beträgt allerdings nur 0,5 Meter. Nach der städtischen Baumschutzverordnung ist das Fällen des Ahorns verboten. Da Balduin durch den Ahorn in der Nutzung seines Grundstücks schwer beeinträchtigt wird, verklagt er Viktor dennoch auf Beseitigung.

Der Anspruch auf Einhaltung des Grenzabstandes kann unter bestimmten Voraussetzungen ausgeschlossen oder beschränkt sein.

Wichtig!

Für die tatsächlichen Voraussetzungen solcher Ausnahmetatbestände ist vor Gericht der Verpflichtete darlegungs- und **beweispflichtig.**

Ein Ausschluss oder eine Beschränkung des Anspruchs kommt etwa in Betracht, wenn die Beteiligten dies **vertraglich** vereinbaren. Gegenüber Einzelrechtsnachfolgern (z. B. Käufern) wirkt dies aber nur bei **dinglicher Sicherung** im Grundbuch, die deshalb auch sinnvoll ist!

Ein Ausschluss oder eine Beschränkung kann sich auch aus **öffentlichem Recht** ergeben. So nach öffentlichem Baurecht (z. B. Festsetzungen eines Bebauungsplans oder örtliche Bauvorschriften) oder nach Straßenrecht (z. B. bei Anpflanzungen, die straßenrechtliche Schutzmaßnahmen oder Schutzwaldungen darstellen). Schließlich sind in diesem Zusammenhang naturschutzrechtliche Verbote von Bedeutung, etwa in Natur- oder Landschaftsschutzgebieten oder aufgrund von **Baumschutzverordnungen** bzw. -satzungen.

Wichtig!

Kommt eine **Ausnahme** oder **Befreiung** von einem solchen öffentlich-rechtlichen Verbot in Betracht, so ist die Erholung einer entsprechenden Genehmigung Pflicht des Störers und steht seiner Inanspruchnahme nicht entgegen. Er wird dann unter dem Vorbehalt der Genehmigungserteilung zur Störungsbeseitigung verurteilt, bei entsprechendem Klageantrag ferner sogleich zur Beantragung der entsprechenden Genehmigung.

e. Verjährung, Ausschlussfrist – Wann verjähren/erlöschen Ansprüche aus Grenzabstandsverstößen?

BEISPIEL: Viktor hat auf seinem Grundstück direkt an der Grenze zu Balduins Grundstück einen 15 Meter hohen Baum stehen. Balduin hat an dem schattenspendenden Baum lange Jahre Gefallen gefunden. Als er nach zwölf Jahren dort aber ein Gemüsebeet anlegen will, fordert er Viktor zur Beseitigung des Baumes auf.

Die Nachbarrechtsgesetze treffen zum Teil Regelungen über die **Verjährung** von Ansprüchen aus Grenzabstandsverletzungen.

Wichtig!

Bei der Verjährung handelt es sich um eine **Einrede**, die vom Verpflichteten auch tatsächlich erhoben werden muss, damit sie die Durchsetzung des gegen ihn erhobenen Anspruchs verhindert.

In den meisten Ländern sind dagegen, teils nur für den Beseitigungs-, teils auch für den Rückschnittanspruch, **Ausschlussfristen** vorgesehen. Im Gegensatz zur Verjährung führt der Ablauf einer Ausschlussfrist zu einem – vor Gericht von Amts wegen zu berücksichtigenden – Erlöschen des Anspruchs. Im Beispielsfall ist der Fristablauf daher nur in den Ländern automatisch zu berücksichtigen, die eine Ausschussfrist festlegen. Neben den landesrechtlichen Ausschlussfristen gelten die allgemeinen Verjährungsvorschriften des BGB (§ 195 BGB: drei Jahre), sofern das Landesrecht nichts Abweichendes bestimmt.

Die **Frist** beträgt meist fünf Jahre, die Bandbreite liegt zwischen zwei und zehn Jahren. Der Fristbeginn richtet sich meist nach dem Zeitpunkt der Anpflanzung bzw. des Eintritts eines gesetzwidrigen Zustandes, etwa wenn es auf das Überschreiten einer bestimmten

Wuchshöhe ankommt; zum Teil wird auch auf den Schluss des jeweiligen Jahres oder einen anderen Zeitpunkt abgestellt. Im Beispielsfall ist die Frist damit unzweifelhaft abgelaufen.

Eine **Änderung der Eigentumsverhältnisse** an den beteiligten Grundstücken berührt den Fristlauf nicht. Gegen grenzabstandsverletzende **Ersatzpflanzungen** besteht ein eigener neuer Anspruch auf Einhaltung des Grenzabstandes, für diesen beginnt daher auch eine neue Frist zu laufen. Geht es allerdings um eine gärtnerische Funktionseinheit, wie eine Hecke, deren funktionelle Einheit durch den Wegfall einzelner Pflanzen gestört würde, so können diese Pflanzen nach Ablauf der Verjährungs- oder Ausschlussfrist mit dem bisherigen Abstand ersetzt werden.

f. Konkurrierende Ansprüche – Welche sonstigen Ansprüche bestehen bei Grenzabstandsverletzungen?

BEISPIEL: Viktor hat auf seinem Grundstück direkt an der Grenze zu Balduins Grundstück einen 20 Meter hohen Baum stehen. Nach fünfzehn Jahren will Balduin, dass dieser Baum beseitigt wird. Er argumentiert, der Baum sei zu nah an der Grenze, verschmutze im Herbst durch Blätterfall sein Grundstück massiv und verschatte dieses außerdem.

Die Ansprüche nach **§§ 903 ff., 1004 BGB** (dazu S. 166 ff.) sind grundsätzlich neben den landesrechtlichen Grenzabstandsvorschriften anwendbar. Sofern daher die jeweiligen Voraussetzungen vorliegen, kann ein betroffener Nachbar Ansprüche sowohl nach BGB als auch nach Landesrecht geltend machen. Dabei lässt auch der Ablauf der landesrechtlichen Verjährungs- oder Ausschlussfrist einen konkurrierenden Beseitigungsanspruch aus § 1004 BGB unberührt. Das bloße Unterschreiten des landesrechtlichen Grenzabstands bzw. das Überschreiten einer bestimmten Höhe durch Pflanzen ohne eine darüber hinausgehende **konkrete Beeinträchtigung** des Nachbargrundstücks führt allerdings noch nicht zu einem solchen Anspruch. Ein solcher Anspruch kann sich aber bei Unterschreiten der landesrechtlichen Grenzabstände aus dem Abfallen von Laub, Nadeln, Blüten und Zapfen von Bäumen und Sträuchern ergeben. Im Beispielsfall hängt ein Abwehranspruch von der Intensität der Beeinträchtigung ab; meist werden solche Beeinträchtigungen allerdings unwesentlich sein, zumindest aber ortsüblich und nicht vermeidbar, so dass ein Anspruch aus § 1004 BGB dann ausscheidet.

Auch unter dem Gesichtspunkt des **nachbarlichen Gemeinschaftsverhältnisses** kann eine Verpflichtung des Grundstückseigentümers in Betracht kommen, Bäume auf Verlangen des Nachbarn zurückzuschneiden. Auch dieser Anspruch bleibt von einem Ablauf der landesrechtlichen Verjährungs- oder Ausschlussfrist unberührt. Ein solcher Anspruch auf **Rückschnitt** ergibt sich aber nur in Ausnahmefällen, namentlich wenn der Nachbar wegen der Höhe der Bäume ungewöhnlich schweren und nicht mehr hinzunehmenden Beeinträchtigungen ausgesetzt ist; die bloße Beeinträchtigung des Lichteinfalls und der Windzirkulation reicht hierfür ebenso wenig wie Nadel- und Zapfenfall. Im Beispielsfall besteht daher ein solcher Anspruch nicht.

2. Überhang

BEISPIEL: Balduin und Viktor sind Grundstücksnachbarn. Viktor hat sein Grundstück entlang der gemeinsamen Grenze umfangreich mit Bäumen bepflanzt. Ihre Äste hängen mittlerweile weit in Balduins Grundstück, ein Baum wächst sogar schief direkt in den dortigen Luftraum. Ihre Wurzeln verzweigen sich ebenfalls dort; sie haben auch schon das Pflaster von Balduins Gartenweg und eine Zaunsäule gehoben. Außerdem behindern die Wurzeln und Äste den Bau eines Gartenhäuschens. Balduin weist deshalb die Baufirma an, Wurzeln und Äste im Zuge der Baumaßnahme zu beseitigen. Hierdurch entstehen zusätzliche Kosten in Höhe von 500 EUR. Kurz darauf geht einer der betroffenen Bäume ein.

a. Selbsthilfe – Wann ist sie zulässig?

§ 910 BGB gibt im Zusammenhang mit störendem Überhang ein Selbsthilferecht. Es besteht gegenüber **Wurzeln** eines Baumes, Strauches oder anderer Pflanzen, die von einem Nachbargrundstück eingedrungen sind. Ebenso gegenüber von dort herüberhängenden **Zweigen** solcher Pflanzen.

Wichtig!

Anders als bei Wurzeln setzt das Selbsthilferecht bei Zweigen voraus, dass der Eigentümer dem Besitzer des Nachbargrundstücks zuvor eine angemessene **Frist** zur Beseitigung bestimmt hat und die Beseitigung nicht innerhalb der Frist erfolgt.

Die Fristsetzung muss die Wachstums- und Erntezeit berücksichtigen. Wird eine zu kurze Frist gesetzt, so verlängert sich diese automatisch auf eine angemessene Dauer. Im Beispielsfall muss daher bezüglich der überhängenden Zweige zunächst eine entsprechende Fristsetzung erfolgen.

Das Selbsthilferecht besteht nicht, wenn und soweit die Wurzeln oder Zweige die Benutzung des betroffenen Grundstücks objektiv gesehen nicht **beeinträchtigen.** Diese Nutzung muss nicht notwendig eine wirtschaftliche sein, es reicht auch eine solche zu Wohn- oder Erholungszwecken. Eine Beeinträchtigung liegt etwa im Heben eines Wegebelages oder in der Beschädigung von baulichen Anlagen oder Leitungen durch Wurzelwerk oder der Behinderung von Baumaßnahmen. Sie kann ferner in der Verunreinigung von Wegen oder einem Verstopfen der Dachrinne durch den Blätter- und Blütenfall überhängender Zweige liegen. Stets muss die Beeinträchtigung allerdings die Bagatellgrenze überschreiten; der genaue Maßstab für die Grenzziehung ist streitig. Ihr Vorliegen kann etwa an der großen Höhe der überhängenden Äste scheitern.

Wichtig!

Im Prozess ist es Sache des **Störers** darzulegen und zu **beweisen**, dass **keine** Beeinträchtigung vorliegt.

Das Selbsthilferecht steht neben dem **Eigentümer** auch dem Erbbauberechtigten zu, nicht hingegen sonstigen dinglich oder schuldrechtlich Berechtigten, wie Inhabern einer Dienstbarkeit, Mietern oder Pächtern. Sie müssen sich an den Eigentümer halten oder sich von diesem zur Rechtsausübung ermächtigen lassen. Das Selbsthilferecht richtet sich **gegen den Nachbarn** als Eigentümer der

Pflanze. Das ist der Eigentümer des Grundstücks, auf dem die Pflanze wächst.

b. Rechtsfolgen – Wozu ermächtigt das Selbsthilferecht?

Das Selbsthilferecht, das zudem nicht der Verjährung unterliegt, beschränkt sich auf eine Beseitigung von Wurzeln und Zweigen **diesseits der Grundstücksgrenze.** Auf dem Grundstück des Störers darf dagegen nichts beseitigt werden, insbesondere dürfen Äste also nicht direkt am Stamm abgeschnitten werden.

Wichtig!

Das Nachbargrundstück darf für die Arbeiten nicht betreten werden!
Das rechtmäßig beseitigte Schnittgut darf und muss behalten werden; es kann nicht einfach auf das Grundstück des Störers geworfen werden!

Naturschutzrechtliche Beschränkungen (z. B. Baumschutzverordnungen) sind zu beachten; ist eine Ausnahme oder Befreiung hiervon nicht möglich, so ist der Überhang zu dulden. Sondervorschriften bestehen schließlich in Baden-Württemberg für Obstbäume.

c. Kostenaufwand und Schäden – Wer zahlt die Beseitigung des Überhangs und entstehende Schäden?

Der Selbsthilfe Übende hat gegen den an sich zur Beseitigung der Störung verpflichteten Nachbarn einen **Kostenerstattungsanspruch** für die Beseitigungskosten. Im Beispielsfall sind daher die zusätzlichen Kosten zu erstatten.

Sind durch den Überhang bereits Schäden am betroffenen Grundstück entstanden, z. B. an Leitungen, Wegen oder Fundamenten, so besteht bei Verschulden des Störers ein **Schadensersatzanspruch** aus unerlaubter Handlung. Bei fehlendem Verschulden kommt ein **nachbarrechtlicher Ausgleichsanspruch** in Betracht, wenn es dem Nachbarn aus tatsächlichen oder rechtlichen Gründen nicht möglich war, von seinem Anspruch nach § 1004 BGB oder seinem Selbsthilferecht nach § 910 BGB Gebrauch zu machen. Eine eventuelle Mitverursachung ist hier schadensmindernd zu berücksichtigen. So etwa, wenn ein Tennisplatz in unmittelbarer Nachbarschaft einer Pappelreihe angelegt wird, oder bei fehlerhaft verlegten Abwasserleitungen.

Umgekehrt kann aber auch der **Störer einen Schaden** erleiden, wenn etwa durch Ausübung des Selbsthilferechts sein Grundstück beschädigt wird oder die beschnittene Pflanze eingeht. Soweit berechtigt Selbsthilfe geübt wurde, scheidet hier allerdings ein Schadensersatzanspruch aus! Wenn im Beispielsfall daher alle Voraussetzungen des Selbsthilferechts erfüllt sind, muss Balduin keinen Schadensersatzanspruch für den eingegangenen Baum fürchten. Im Übrigen, etwa bei fehlender Fristsetzung betreffend überhängende Zweige oder unsachgemäßem Abschneiden des Überhangs, kommt dagegen bei Verschulden ein Schadensersatzanspruch in Betracht. Auch bei einem größeren Beschnitt des Wurzelwerks, für den das Gesetz an sich keine vorherige Fristsetzung vorsieht, kann es dennoch angezeigt sein, den Nachbarn hierüber rechtzeitig zu informieren, um ihm die Möglichkeit zu geben, größeren Schaden zu verhindern. Der Selbsthilfe Übende seinerseits muss allerdings keine Schutzmaßnahmen, wie etwa eine Behandlung der Schnittstellen, vornehmen.

d. Beseitigungsanspruch – Welche sonstigen Ansprüche bestehen bei Überhang?

Der betroffene Nachbar muss nicht unbedingt von seinem Selbsthilferecht Gebrauch machen. Neben diesem besteht auch ein gegen den Störer gerichteter **Anspruch auf Beseitigung des Überhangs** nach § 1004 BGB (dazu S. 167 f.). Auch insoweit gilt wie beim Selbsthilferecht, dass der Störer darlegen und beweisen muss, dass trotz Überhangs keine Beeinträchtigung vorliegt. Im Übrigen geht dieser Anspruch allerdings zeitlich (vorbeugender Unterlassungsanspruch) wie auch sachlich (Beseitigung jedweder Störungen) weiter als das Selbsthilferecht. Ragen nicht nur Äste auf das Nachbargrundstück, sondern aufgrund seines schiefen Wuchses der ganze Baum, so besteht hiergegen allein ein Anspruch aus § 1004 BGB.

Wichtig!

Der Anspruch nach § 1004 BGB unterliegt im Gegensatz zum Selbsthilferecht der **Verjährung** (§ 195 BGB: 3 Jahre).

3. Überfall

BEISPIEL: Viktor hat an der Grundstücksgrenze zu seinem Nachbarn Balduin einen Apfelbaum stehen. Bevor er Gelegenheit zur Ernte hatte, fallen die besten Äpfel ab und rollen über die Böschung zu Balduin hinüber. Viktor möchte sie sich wiederholen. Balduin dagegen beschwert sich, dass er wegen der abfallenden Äpfel sein Auto nicht mehr in Grenznähe auf seinem Grundstück parken könne.

Früchte, die von einem Baum oder Strauch auf ein Nachbargrundstück hinüber fallen, gelten nach § 911 BGB als Früchte dieses Grundstücks. Das gilt allerdings nicht, wenn das Nachbargrundstück dem öffentlichen Gebrauch dient. Die Vorschrift betrifft sog. **Fallobst.** Das ist Obst, das entweder unmittelbar vom Baum auf das Nachbargrundstück fällt oder aufgrund der Geländeverhältnisse dorthin rollt. Der Eigentümer des Nachbargrundstücks, im Beispielsfall also Balduin, erwirbt dann hieran kraft Gesetzes Eigentum.

Wichtig!

Er darf nicht durch Schütteln nachhelfen oder das Obst gar selbst pflücken; das wäre Diebstahl! Umgekehrt darf sich aber auch der Baumeigentümer Fallobst nicht einfach wieder holen.

Aus dem beschriebenen Eigentumserwerb folgt keine Duldungspflicht. Deshalb kann sich der betroffene Nachbar gegen den Überfall auch wehren. Er hat einen **Abwehranspruch** nach § 1004 BGB, wenn die Benutzung seines Grundstücks durch das Fallobst beeinträchtigt wird, z. B. durch Fäulnisbildung oder vermehrtes Anlocken von Insekten oder weil wie im Beispielsfall ein Stellplatz nicht mehr nutzbar ist.

Kommt es durch das Fallobst zu Schäden am Nachbargrundstück, etwa an einem dort geparkten Pkw, so kommt bei Verschulden ein **Schadensersatzanspruch** in Betracht. Die Folgen natürlichen Wachstums, zu denen die Fruchtbildung gehört, muss der Nachbar allerdings hinnehmen; allein hierin liegt noch keine Verletzung einer Verkehrssicherungspflicht.

3. Kapitel

Einwirkungen auf das Nachbargrundstück

I. Einwirkungen und Immissionen

BEISPIEL: Der Tennisclub von Kirchdorf errichtet im Wege der Selbsthilfe und mittels großzügiger Spenden drei Tennisplätze und ein Vereinsheim. Das Schlafzimmer des Nachbarn befindet sich an einer Stelle nur drei Meter vom Tennisplatz entfernt. Der Nachbar hat insbesondere in der Mittagszeit, in der er sich ausruhen möchte, und an Wochenenden, an denen die Wettbewerbe stattfinden, die Nase von dem ständigen „Ping-Pong" voll. Er verklagt deshalb den Verein auf Einstellung des Spielbetriebs, jedenfalls mittags von 12–14 Uhr und an Wochenenden. Der Tennisclub kennt sich nicht mehr aus. Schließlich weist der Bebauungsplan der Gemeinde für das betreffende Grundstück eine Sportanlage aus; außerdem verfügt der Verein über eine Baugenehmigung, die nicht angefochten wurde und deshalb „rechtkräftig" ist. Der Vorstand ist der Meinung, es gehe nicht an, dass ein Zivilgericht ein genehmigtes Bauvorhaben nunmehr untersage. Schließlich hätte der Nachbar seine Bedenken bereits im Bauleitplanverfahren oder spätestens im Baugenehmigungsverfahren geltend machen können. Wenn er dies unterlassen habe, sei das sein Problem und nicht dasjenige des Vereins.

Immissionen gehören zu den häufigsten Streitpunkten zwischen Nachbarn. § 3 Abs. 2 BImSchG definiert Immissionen als auf Menschen, Tiere und Pflanzen, den Boden, das Wasser, die Atmosphäre sowie Kultur- und sonstige Sachgüter einwirkende Luftverunreinigungen, Geräusche, Erschütterungen, Licht, Wärme, Strahlen und ähnliche Umwelteinwirkungen. Im Gegensatz dazu sind Emissionen die von einer Anlage ausgehenden Luftverunreinigungen, Geräusche, Erschütterungen, Licht, Wärme, Strahlen und ähnlichen Erscheinungen (§ 3 Abs. 3 BImSchG). Bei der Unterscheidung zwischen Immissionen und Emissionen kommt es auf die unterschiedliche Perspektive an. Beispiele für Luftverunreinigungen sind Rauch, Ruß, Staub, Aerosole, Dämpfe und Geruchsstoffe. Bei Geräuschen handelt es sich um hörbare Einwirkungen, die durch Schallwellen verbreitet werden. Zu den Immissionen gehören auch Funken, Luft, Samenflug, Krankheitserreger, Druckwellen und elektromagnetische Felder, wie sie von Funkmasten, anderen Sendeanlagen, Hochspannungsleitungen und Bahnstromleitungen ausgehen. Ärgerlich sind häufig auch immaterielle bzw. ideelle Einwirkungen. Hierzu gehören die Behinderung des Zutritts von Luft und Licht, die Beschattung und die Abschirmung des Fernsehempfangs. § 906 BGB zählt unter der Überschrift „Zuführung unwägbarer Stoffe" Gase, Dämpfe, Gerüche, Rauch, Ruß, Wärme, Geräusche, Erschütterungen und ähnliche vom Nachbargrundstück ausgehende Einwirkungen auf. Sämtlichen Begriffsbildungen ist gemeinsam, dass sie sich auf **Einwirkungen durch unwägbare Stoffe,** sog. Imponderabilien, beschränken. Nicht erfasst werden Einwirkungen durch wägbare Gegenstände (z. B. Bälle von einer Sportanlage, Kugeln von einem Schießstand, Blätter von einem Baum, Steine aus einem Steinbruch, Wasser und Sand). Vgl. dazu auch S. 57 f. Gleiches gilt für die „Zuführung" von Tieren, etwa von Katzen, Hunden, Ratten, Mäusen und Fliegen.

Das öffentlich-rechtliche Immissionsschutzrecht und das private Nachbarrecht zielen auf den Schutz des von schädlichen Einwirkungen Betroffenen. Damit hat dieser die Wahl, ob er seine Einwände vor der Behörde und anschließend beim Verwaltungsgericht vorbringt oder ob er gegen die Einwirkungen auf dem Zivilrechtsweg vorgeht. Pointiert ausgedrückt könnte er sich im Planungs- oder Genehmigungsverfahren zurücklehnen und dann vor dem Zivilgericht die Einwirkungen untersagen lassen. Dies hat zur Konsequenz, dass ein öffentlich-rechtlich zulässiges Vorhaben vom Zivilgericht verboten wird. Um diese schwer verständliche Konsequenz der

Doppelgleisigkeit des Rechtswegs zu vermeiden, wird in Planfeststellungsverfahren und in immissionsschutzrechtlichen Genehmigungsverfahren eine materielle Präklusion von Einwendungen angeordnet.

Wichtig!

Dem Nachbarn wird die Möglichkeit der Teilnahme an dem planungs- und immissionsschutzrechtlichen Verwaltungsverfahren eröffnet. Deshalb kann er dieselben Einwendungen gegen das Vorhaben oder dessen späteren Betrieb nicht nochmals vor den Zivilgerichten geltend machen.

Mitunter sind auch nur zivilrechtliche Abwehransprüche gegen das genehmigte Vorhaben ausgeschlossen. Der Nachbar ist in diesem Fall auf Schutzmaßnahmen und Entschädigungsansprüche beschränkt. Die Einstellung des Betriebs der Anlage vor dem Zivilgericht kann er jedoch nicht mehr verlangen. Gleiches gilt nach der Rechtsprechung bei Betrieben, die für die Allgemeinheit besonders wichtig sind. Auch bei ihnen ist ein Nachbar auf Schutzmaßnahmen beschränkt, die den Betrieb der Einrichtung weder untersagen noch erheblich behindern dürfen. Der Ausschluss von Abwehransprüchen betrifft jedoch regelmäßig nicht solche, die auf besonderen privatrechtlichen Titeln beruhen. Es handelt sich dabei um vertragliche Ansprüche beispielsweise aus einer Vereinbarung, die im Vorfeld zur Konfliktbereinigung geschlossen wurde, und um dingliche Rechte am emittierenden Grundstück. Beispiel ist eine Grunddienstbarkeit an diesem Grundstück, die bestimmte Emissionen oder Betätigungen ausdrücklich untersagt. Auch eine bereits vorliegende rechtskräftige Gerichtsentscheidung dürfte in einem anschließenden Verwaltungsstreitverfahren nicht präkludiert werden.

§ 906 BGB, der die Duldungspflicht eines Grundstückseigentümers hinsichtlich unwesentlicher Beeinträchtigungen regelt, verweist bezüglich des Maßstabs auf das öffentliche Immissionsschutzrecht. Insofern besteht eine Harmonie zwischen den Duldungspflichten und Richtwerten zur Bestimmung des Vorliegens einer Beeinträchtigung. Hält ein Vorhaben die in den öffentlich-rechtlichen Gesetzen und Verwaltungsvorschriften enthaltenen **Grenz- und Richtwerte** ein, handelt es sich auch zivilrechtlich um unwesentliche Beeinträchtigungen. Allerdings zeigen ältere Gerichtsentscheidungen zum Kinderlärm, der von Kindertagesstätten ausgeht, dass eine völlige Harmonisierung trotz der gesetzlichen Regelungen nicht erreicht wurde. Bei Kindertagesstätten handelt es sich nämlich um keine Anlagen, die eine immissionsschutzrechtliche Genehmigung benötigen. Deshalb galt für sie, dass „schädliche Umwelteinwirkungen" zu vermeiden waren, wenn dies nach dem Stand der Technik möglich war; andernfalls waren sie auf das unvermeidbare Mindestmaß zu beschränken.

Wichtig!

Geräuscheinwirkungen, die von Kindertageseinrichtungen, Kinderspielplätzen und ähnlichen Einrichtungen durch Kinder hervorgerufen werden, sind bereits seit Juli 2011 im Regelfall keine schädlichen Umwelteinwirkungen (§ 22 Abs. 1a BImSchG). Bei der Beurteilung der Geräuscheinwirkungen dürfen Immissionsgrenz- und -richtwerte nicht herangezogen werden. Ausnahmen gelten für Einrichtungen in unmittelbarer Nachbarschaft zu sonstigen sensiblen Nutzungen wie Krankenhäusern und Pflegeanstalten. Landesrechtliche Lärmschutzgesetze untersagen den Betrieb von Jugendspieleinrichtungen meist in der Zeit zwischen 22 und 7 Uhr.

LÖSUNG: Aufgrund der Übereinstimmung von § 906 BGB mit dem öffentlichen Recht soll die Nutzung baurechtlich genehmigter Anlagen nicht mehr zivilrechtlich untersagt werden können. Es ist allerdings abwägungsrechtlich ein Unfug, neben einem Wohnhaus einen Tennisplatz zu planen. Der entsprechende Bebauungsplan dürfte rechtswidrig sein. Deshalb besteht auch zivilrechtlich keine unbeschränkte Duldungspflicht des Hauseigentümers. Diesem ist allerdings zu raten, seine Bedenken bereits im Bauleitplanverfahren vorzutragen.

BEISPIEL: Norbert ist Langschläfer. Täglich, außer sonntags, wird er vom Glockengeläut der nahegelegenen katholischen Theatinerkirche geweckt, die zum 7 Uhr-Gottesdienst läutet. Er möchte der Kirche den Lärm verbieten. Es handele sich im Computer- und Handyzeitalter um einen alten Zopf, da niemand mehr auf die zum Gottesdienst rufende Glocke höre. Außerdem seien die Interessen der wenigen Gottesdienstbesucher gegenüber seinem Ruhebedürfnis wesentlich geringer einzustufen. Er reicht beim Amtsgericht Klage mit dem Antrag ein, das liturgische Glockengeläut in der Zeit bis 9 Uhr zu untersagen. Der Richter meint, es handele sich um eine kirchliche Angelegenheit. Dies bestreitet Norbert, da er aus der Kirche ausgetreten ist.

Die **Qualifizierung** einer Emission **als zivilrechtlich oder öffentlich-rechtlich** hat Bedeutung für den Rechtsweg. Für den privatrechtlichen Immissionsschutz sind die Zivilgerichte zuständig. Je nach dem Streitwert ist die Klage beim Amtsgericht oder Landgericht einzureichen. Wird dagegen das emittierende Grundstück im Rahmen der hoheitlichen Aufgabenerfüllung genutzt, müssen Ansprüche, die auf Beseitigung einer davon ausgehenden Störung gerichtet sind, im Verwaltungsrechtsweg verfolgt werden. Entscheidend ist, ob eine hoheitliche Aufgabenerfüllung vorliegt oder der Staat oder eine sonstige Behörde wie ein Privater handelt. Typische hoheitliche Tätigkeiten sind militärische Angelegenheiten (z. B. Militärflughafen), ein kommunaler Sportplatz oder Kinderspielplatz, öffentlich gewidmete Straßen und die gemeindliche Abwasserbeseitigung einschließlich der Kläranlage. Auch das liturgische Glockengeläut einer als öffentlich-rechtlicher Körperschaft organisierten Kirche erfolgt hoheitlich, anders als der Stundenschlag der Kirchturmuhr. Nicht hoheitlich sind dagegen beispielsweise der gemeindliche Stadtpark und die von der Kommune betriebene Freilichtbühne, der Gemeindesaal, ein zu einer kirchlichen Einrichtung gehörender Sportplatz und ein Zivilflughafen. Der sich gegen Beeinträchtigungen wendende Nachbar muss, um nicht eine Klageabweisung oder zumindest eine Verweisung zu riskieren, genau prüfen, gegen welche Art der Tätigkeit einer juristischen Person des öffentlichen Rechts er vorgeht.

LÖSUNG: Das liturgische Glockenläuten ist – anders als die Stundenuhr – öffentlich-rechtlich. Allerdings muss auch bei einem „hoheitlich verursachten" Lärm Rücksicht genommen werden. Deshalb kommt es auf die Lautstärke und Lästigkeit des Einzelgeräusches und den Wirkpegel an. Hierbei ist eine Güterabwägung im Einzelfall durchzuführen.

II. Immissionsschutz vor den Zivilgerichten

1. Abwehransprüche gegen Beeinträchtigungen

BEISPIEL: Nicole stört es, dass ihre Nachbarin Elfriede im Garten als Kunstwerk eine elektronische Uhr aufgestellt hat, die laut zu jeder vollen Stunde schlägt, auch in den Nachtstunden. Elfriede findet den Glockenschlag beruhigend; außerdem gehört er zu dem teuren Kunstwerk, das nach der Beschreibung des Künstlers nur so zur vollen Geltung kommt. Außerdem würde Nicole im Garten häufig ihr Handy benutzen, das als Klingelton das laut vernehmliche Lied aus der pervertierten Volksmusikszene „Lebt denn der alte Holzmichel noch?" hätte. Dies sei weder Kunst noch irgendwie zu ertragen. Ihr Glockengeläut eines anerkannten Künstlers komme deshalb einer Art Notwehr gleich.

Gegen privatrechtliche Beeinträchtigungen kann sich ein Nachbar wehren. Hierzu sieht § 1004 BGB für den Fall einer Eigentumsbeeinträchtigung durch Immissionen vor, dass der Eigentümer von dem Störer die **Beseitigung der Beeinträchtigung** verlangen kann. Sind weitere Störungen zu besorgen, so kann der Eigentümer auf **Unterlassung** klagen. Erfolg hat er hiermit jedoch nur, wenn er nicht zur **Duldung** der Immissionen, insbesondere aufgrund der Bestimmung des § 906 BGB, verpflichtet ist. Besteht ein spezielles Schutzgesetz, kann der betroffene Grundstückseigentümer auch darauf seinen Störungsabwehranspruch stützen (§§ 1004, 823 Abs. 2 BGB); eine Einschränkung durch § 906 BGB findet insoweit nicht statt. Teilweise ergeben sich auch aus dem öffentlichen Recht Abwehransprüche gegen privatrechtliche Beeinträchtigungen.

Wichtig!

Geräusche des Nachbarn sind zu dulden, wenn sie unwesentlich sind. Andernfalls muss der lärmende Nachbar Rücksicht nehmen und seinen Lärm reduzieren. Dies gilt für Glocken ebenso wie für Handys.

2. Duldungspflichten und Ausgleichsansprüche – Was muss ein Nachbar hinnehmen?

a. Duldungspflicht hinsichtlich einer unwesentlichen Beeinträchtigung

BEISPIEL: Martins Haus befindet sich neben einem Wohnheim für behinderte Kinder. In den Sommermonaten halten sich diese manchmal im Garten auf. Martin findet es unerträglich, wenn die Kinder unartikulierte Laute ausstoßen. Er hat nichts gegen Behinderte, da er selbst an den Rollstuhl gebunden ist. Da er wegen seiner Behinderung aber selbst kaum aus dem Haus kommt, möchte er wenigstens die Zeit im Garten ungestört verbringen. Er bittet hierfür um Verständnis. Gegebenenfalls ist er bereit, sein Recht auch zu erstreiten.

aa. Systematik:

Die Systematik der Duldungspflichten nach § 906 BGB ist klar:

- Unwesentliche Beeinträchtigungen sind zulässig und müssen vom betroffenen Nachbarn ohne Ausgleich geduldet werden (§ 906 Abs. 1 BGB).
- Wesentliche Beeinträchtigungen, die ortsüblich sind und nicht durch wirtschaftlich zumutbare Maßnahmen verhindert werden können, sind ebenfalls zu dulden. Hierfür ist allerdings einen Ausgleich in Geld zu leisten, wenn die zu duldenden Einwirkungen eine ortsübliche Benutzung des betroffenen Grundstücks oder dessen Ertrag über das zumutbare Maß hinaus beeinträchtigen (§ 906 Abs. 2 BGB).
- Keine Duldungspflicht besteht, wenn die Zuführung der unwägbaren Stoffe durch eine besondere Leitung erfolgt. Dies wird vom Gesetz ausdrücklich verboten (§ 906 Abs. 3 BGB).

bb. Einwirkungen: Einwirkungen, die vom benachbarten Eigentümer bei ihrer Unwesentlichkeit geduldet werden müssen, sind vor allem Imponderabilien. Hierzu gehören die vom Gesetz ausdrücklich genannten Gase, Dämpfe, Gerüche, Wärme, Geräusche und Erschütterungen. Dagegen handelt es sich bei den ebenfalls in der Aufzählung enthaltenen Beispielen Rauch und Ruß um keine unwägbaren Stoffe. Grobimmissionen scheiden allerdings aus und sind deshalb vom Nachbarn nicht zu dulden. Es handelt sich bei ihnen um solche, die die im Gesetz genannten Beispielsfälle überschreiten (z. B. Steine, Bälle und Unrat). Auch Wasser, und zwar Oberflächenwasser und Grundwasser, gehört nicht zu den **Einwirkungen,** die den im Gesetz genannten ähnlich sind. Bei eindringenden Tieren unterscheiden die Gerichte zwischen Kleinsttieren (z. B. Bienen und Fliegen, die nicht kontrollierbar sind) und größeren Tieren (z. B. Katzen, Hunde, Hasen, Kaninchen, Hühner und Schafe), die nicht unter den Begriff der Einwirkungen fallen. Nicht klar ist, ob es sich um sinnlich wahrnehmbare Einwirkungen handeln muss, so dass nicht sichtbare Strahlungen ausscheiden würden. Die Gerichte stellen hier überwiegend nicht auf die Wahrnehmbarkeit durch den Menschen, sondern auf die Messbarkeit mittels eines Geräts ab.

LÖSUNG: Lärm behinderter Menschen ist wegen des grundrechtlichen Schutzes besonders hinzunehmen. Allerdings besteht – wie der obige Fall zeigt – auch hierfür eine Grenze. Wo diese genau verläuft, kann nur im Einzelfall beurteilt werden. Die Gerichte entscheiden derzeit noch unterschiedlich.

cc. Ideelle und negative Immissionen:

BEISPIEL: Martin ist stocksauer. Seine Nachbarin Elfriede lässt auf ihrem Grundstück jede Menge Gerümpel liegen, während er seinen Garten sauber pflegt. Auf seinen Vorwurf, der Nachbargarten sehe wie eine Mülldeponie aus, hat ihm Elfriede nur geantwortet, sie lege ihm keine Steine in den Weg, wenn er sich auch um ihren Garten kümmern wolle. Außerdem brauche er nicht ständig in ihren Garten zu schauen. Martin traut sich schon nicht mehr, Gäste einzuladen. Als Elfriede nunmehr noch ein Windrad im Garten aufstellt, das die Sonne von Martins Terrasse abhält und pfeift, möchte er umgehend Klage erheben. Dagegen stört ihn das Sonnen von Elfriede in gänzlich unbekleidetem Zustand nicht, wohl aber Martins Frau.

Einwirkungen ästhetischer und optischer Art können die Nutzung des Nachbargrundstücks erheblich beeinträchtigen. Der Anblick eines Schrottplatzes, eines Kontakthofs für Freier, eines Lagerplatzes, eines großen Komposthaufens in der Nähe einer Terrasse und hässlicher Bauwerke (z. B. Verteilerkasten, Geräteschuppen und Blechgarage), aber auch Kolonien von Gartenzwergen und wenig geschmackvolle Zäune können sogar zu einer Wertminderung für das Nachbargrundstück führen. Gleichwohl geht die Rechtsprechung davon aus, dass diesbezüglich keine Unterlassungsansprüche bestehen. Nur in ganz besonderen Ausnahmefällen soll hiervon eine Ausnahme gelten. Ob allerdings das häufig in diesem Zusammenhang genannte Beispiel des schamverletzenden Anblicks Nacktbadender noch zutrifft, ist fraglich.

Auch gegen **negative Einwirkungen** kann sich der Nachbar nicht wehren. Es handelt sich um den Entzug von Licht und Luft und die Beeinträchtigung der Aussicht (z. B. durch ein Hochhaus oder hohe Bäume). Es fehlt bereits an einer „Zuführung". Gleiches soll für die Störung des Fernsehempfangs durch die Abschattung der Funkwellen gelten und auch für die Blendwirkung von Bauteilen (z. B. einem Glasdach oder einem Aluminiumstreifen). Die letztgenannten Beispiele zeigen, dass es nicht nur um das Vorenthalten positiver Umweltgegebenheiten geht, sondern erhebliche Beeinträchtigungen vorliegen können. Gleichwohl gewährt die Rechtsprechung nur in Ausnahmefällen Abwehransprüche aus dem nachbarlichen Gemeinschaftsverhältnis.

Wichtig!

Einwirkungen ästhetischer Art können den Nachbar mehr stören als beispielsweise Lärm. Gleichwohl sind sie grundsätzlich hinzunehmen. Gleiches gilt für negative Einwirkungen, wie beispielsweise Entzug von Sonne (Schattenbildung). Das Pfeifen des Windrads als Geräusch kann dagegen bei zu hoher Lautstärke untersagt werden. Ob das nackte Sonnen im Garten heute noch untersagt werden kann, wie dies nach älteren Gerichtsentscheidungen der Fall war, ist fraglich.

dd. Wesentlichkeit und Unwesentlichkeit:

BEISPIEL: Konrad ist Musiker und benötigt zur Vorbereitung auf Konzerte seine Ruhe. Er und seine Frau haben keine Kinder. Dagegen wohnt auf dem Nachbargrundstück die „kinderreiche Familie" Gustav und Elfriede Maier; zu den drei gemeinschaftlichen Kindern kommen noch jeweils ein voreheliches Kind sowie die diversen Spielkameraden und Freunde hinzu. Deshalb ist im Garten häufig „richtig was los". Konrad möchte den Kinderlärm nicht mehr länger hinnehmen; er hält ihn für rücksichtslos. Das Nachbarehepaar meint, man könne Kindern doch das Spielen nicht verbieten. Außerdem wenden sie sich nun gegen das Üben von Konrad, der täglich bis zu drei Stunden sein Blasinstrument spielt.

Eine **Beeinträchtigung** des Grundstückseigentümers durch Einwirkungen liegt bei jeder Schädigung der auf seinem Grundstück befindlichen Sachen unter Einschluss von Tieren (z. B. Gebäude, Auto, Pflanzen, Zuchthunde etc.) und einer Störung des gesundheitlichen Wohlbefindens der auf dem betroffenen Grundstück lebenden Personen vor. Dulden muss er diese nur, wenn er hierdurch in der Benutzung seines Grundstücks nicht oder nur unwesentlich beeinträchtigt wird (§ 906 Abs. 1 Satz 1 BGB). Zur Grundstücksnutzung gehört auch die „Wohnqualität", die Einfluss auf den Grundstückswert hat.

Unwesentlich und damit zu dulden ist eine Beeinträchtigung, wenn die in den in § 906 Abs. 1 Satz 2 und 3 BGB genannten Gesetzen und Rechtsverordnungen sowie den immissionsrechtlichen Verwaltungsvorschriften, die den Stand der Technik wiedergeben, festgelegten **Grenz- oder Richtwerte** eingehalten werden. Von Bedeutung sind die Sportanlagenlärmschutzverordnung, die Verkehrslärmschutzverordnung, die Freizeitlärmrichtlinie, die Geräte-und Maschinenlärmschutzverordnung und die TA Lärm.

Wichtig!

Bei Unterschreiten der in den Regelwerken enthaltenen Immissionsgrenz- und -richtwerte ist die Beeinträchtigung grundsätzlich unwesentlich. Umgekehrt wird bei einem Überschreiten regelmäßig die Wesentlichkeit gegeben sein.

Umweltstandards privater Regelsetzer wie DIN-, VDI- und VDE-Normen begründen keine Regelfälle; ihre Einhaltung hat jedoch nach der Rechtsprechung Indizwirkung. Zudem werden sie als Entscheidungshilfen für die Beurteilung der Wesentlichkeit herangezogen. Geräusche werden nach dem Schallpegel in dB(A) gemessen. Dabei werden die VDI-Richtlinie 2058 und die TA Lärm über ihren Geltungsbereich hinaus auf anderweitig verursachten Lärm als Entscheidungshilfen angewandt. Beweispflichtig für das Vorliegen einer lediglich unwesentlichen Beeinträchtigung ist der Emittent.

Wichtig!

Kinderlärm ist gesetzlich als nicht störend zu dulden. Hierzu gehört auch das Spielen unabhängig von konkreten Zeiten. Auch das häusliche Musizieren einschließlich des dazugehörigen Übens gehört zu den sozialadäquaten und üblichen Formen der Freizeitbeschäftigung, und zwar sowohl bei Berufs- als auch bei Hobbymusikern, wenn dies zwei bis drei Stunden an Werktagen und ein bis zwei Stunden an Sonn- und Feiertagen, unter Einhaltung der üblichen Ruhezeiten in der Mittags- und Nachtzeit, erfolgt.

BEISPIEL: Herr Maier schlägt seinem Nachbarn Konrad vor, er könne sich, wenn er besonders empfindlich sei, doch Schallschutzfenster einbauen lassen. Konrad meint, dass die Rücksichtslosigkeit nicht auch noch triumphieren solle. Er lehnt deshalb den Einbau von Schallschutzfenstern kategorisch ab.

Maßgeblich dafür, ob eine wesentliche Beeinträchtigung vorliegt, ist nicht die möglicherweise besondere Empfindlichkeit des betroffenen Nachbarn. Vielmehr kommt es auf das **Verständnis eines verständigen Durchschnittsmenschen** an. Dieser berücksichtigt auch Allgemeininteressen, soziale Aspekte und Belange der Umwelt. In die richterliche Beurteilung fließen somit wertende Gesichtspunkte ein. Von Bedeutung sind insoweit auch die Wertentscheidungen des Grundgesetzes. Der moderne verständige Durchschnittsmensch hält mehr Lärm aus als ein „normaler“ Mensch. Er toleriert Kinderlärm, berücksichtigt die Belange der Menschen mit Behinderungen und nimmt Rücksicht auf die Umwelt. Deshalb ist beispielsweise Kinderlärm regelmäßig als sozialadäquat hinzunehmen. Wen er stört, der muss eben umziehen oder sich selbst etwa durch den Einbau von Schallschutzfenstern vom Lärm „abschirmen“. Dies kann auch für das Anstrahlen eines benachbarten Kirchturms mit Scheinwerfern, die zu einem Lichteinfall im Schlafraum und auf der Dachterrasse des Nachbarn führen, gelten. Handelt es sich dagegen um keine hinzunehmenden Beeinträchtigungen, so kommt es auch nicht darauf an, ob der betroffene Nachbar durch eine Nutzungsänderung selbst dafür sorgen kann, dass diese von einer wesentlichen zu einer unwesentlichen und damit zu duldenden Beeinträchtigung wird. Deshalb kann vom Nachbarn nicht der Einbau schalldichter Fenster, das Pflanzen einer Hecke zur Abschirmung, die Verlegung seiner Terrasse und der Verzicht auf den Mittagsschlaf bzw. den Schlaf bei offenem Fenster im Sommer verlangt werden. Der Störer und nicht der betroffene Nachbar muss für eine Reduzierung seiner Emissionen sorgen.

Wichtig!

Ist Lärm als sozialadäquat hinzunehmen (z. B. Kinderlärm), ist es Sache des (besonders) empfindlichen Nachbarn sich hiervor selbst durch passiven Schallschutz abzuschirmen. Die Kosten hat er ebenfalls selbst zu tragen.

BEISPIEL: Außerdem hat die Familie Maier auf ihrem Grundstück einen riesigen Misthaufen errichtet. Von diesem gehen nicht nur unangenehme Gerüche, sondern aufgrund des besonders ökologischen Verhaltens, das die Kompostierung von Speiseresten beinhaltet, auch Mäuse und Ratten sowie Ungeziefer aus. Konrad möchte zumindest dieses Übel entfernt oder auf das zulässige Maß reduziert haben. Herr Maier erklärte, dass der Misthaufen zuerst dagewesen sei, die Nachbarn seien erst in Kenntnis von ihm zugezogen. Wer zuerst komme, male zuerst. Außer diesem alten deutschen Rechtssprichwort gibt er Konrad noch die Empfehlung, seine Fenster auch wegen der Gerüche geschlossen zu halten, was er wegen des Kinderlärms ja ohnehin tue.

Bei der Beurteilung der **Wesentlichkeit einer Beeinträchtigung** kommt es nicht auf die Frage an, wer zuerst da war, der Störer oder der betroffene Nachbar. Der Störer hatte nämlich bisher nur Glück, dass sich sein Verhalten nicht ausgewirkt hat. Wer bisher mangels Nachbarn ohne Beachtung von Uhrzeiten sein Radio in voller Lautstärke spielen ließ, muss auf den neuen Nachbarn Rücksicht nehmen und kann nicht auf sein bisheriges (scheinbares) Recht pochen.

Wichtig!

Eine **Nutzungspriorität** ist im Rahmen der Beurteilung der Wesentlichkeit einer Beeinträchtigung nicht anzuerkennen.

Anders ist dies bei einer **Vorbelastung.** Bei der Ermittlung, ob eine Beeinträchtigung wesentlich ist oder nicht, sind nämlich die örtlichen Verhältnisse zu berücksichtigen. Dies betrifft zum einen die konkrete Nutzung des betroffenen Grundstücks. Ein Gewerbegrundstück muss deshalb mehr Beeinträchtigungen hinnehmen als ein Wohngrundstück. Dies gilt ferner hinsichtlich der Umgebung des von Immissionen betroffenen Grundstücks. Liegt es in einem reinen Wohngebiet, sind die Grenzen des hinzunehmenden Lärms niedriger als im Gewerbegebiet. Aber nicht nur die baurechtliche Gebietsfestsetzung ist von Bedeutung, auch tatsächlich vorhandene Vorbelastungen können die Schwelle, ab der eine Wesentlichkeit anzunehmen ist, erhöhen. Dem Eigentümer, dessen Haus an einer Schnellstraße steht, ist mehr Lärm zuzumuten als dem Eigentümer einer Villa in einer ruhigen und exklusiven Wohngegend. Deshalb kann sich der Villenbesitzer eher mit Erfolg gegen die Abhaltung eines Volksfestes in seiner Nachbarschaft wehren als der an einer viel befahrenen Straße gelegene Hauseigentümer. Dies darf allerdings nicht zu dem Missverständnis verleiten, einem ohnehin lärmgeplagten Grundstückseigentümer könne nahezu unbegrenzt weiterer Lärm zugemutet werden. Trotz einer Vorbelastung sind nämlich weitere Beeinträchtigungen, die zu Gesundheitsschäden führen, nicht unwesentlich und müssen deshalb auch von einem „lärmerfahrenen" Eigentümer nicht geduldet werden. Gleiches gilt bei erheblichen Sachschäden.

Bleiben einzelne Immissionen jeweils unter der Schwelle der Wesentlichkeit, ergibt sich aber aus ihrer **Addition** eine nicht mehr hinnehmbare Beeinträchtigung, ist eine Gesamtschau anzustellen. Häufiges Beispiel sind Lärmkonkurrenzen, d. h. das Zusammentreffen unterschiedlicher Lärmquellen, wie etwa Straßen-, Flug- und Sportstättenlärm. Jede Lärmquelle ist in dieser Konstellation auch isoliert zu beurteilen. Die lautstärkste Lärmquelle (z. B. der Straßenlärm) überdeckt nämlich nicht ohne weiteres die weniger starken

Geräusche. Außerdem können von unterschiedlichen Geräuschen verschiedene Wirkungen ausgehen. Zudem darf die gegenseitige Beeinflussung verschiedener Geräuschquellen nicht unberücksichtigt bleiben.

Wichtig!

Grundsätzlich bleibt es dabei: Eine Beeinträchtigung bleibt eine Beeinträchtigung, auch wenn der Nachbar in Kenntnis von ihr das Grundstück erworben hat. Nur hinsichtlich der örtlichen Verhältnisse kann die Vorbelastung (z. B. ländliche Gegend) eine Rolle spielen. Ein stinkender Misthaufen, der Ungeziefer anzieht, genießt keinen „Bestandsschutz".

b. Wesentliche Beeinträchtigung und Ausgleichsanspruch – Was muss der Nachbar als ortsüblich dulden?

aa. Wesentliche, aber ortsübliche Beeinträchtigung:

BEISPIEL: Norbert und Nora sind Eigentümer von Grundstücken, die sich in der Nähe eines bekannten, unter Denkmalschutz stehenden Gebäudes befinden. Dieses lockt zahlreiche Touristen an, sodass der Lärmpegel erheblich über dem anderer Wohngebiete liegt. Die Terrassen- und Gartennutzung ist deshalb in Sommermonaten nur eingeschränkt möglich. Außerdem wird auf dem zugehörigen öffentlichen Parkplatz jährlich das traditionelle, fünftägige Volksfest abgehalten. Auch hierbei kommt es zu Lärmbeeinträchtigungen. Norbert und Nora möchten deshalb, dass um 23 Uhr der Festbetrieb enden soll.

Ein Nachbar muss auch wesentliche Beeinträchtigungen hinnehmen, wenn sie auf einer ortsüblichen Benutzung des emittierenden Grundstücks beruhen. Hintergrund dieser Regelung ist, dass der Gesetzgeber davon ausging, dass sich Vor-und Nachteile von Immissionen in einem Gebiet ausgleichen. Dies trifft allerdings nur bei einer einheitlichen Nutzungsstruktur zu, gilt also bereits nicht mehr, wenn eine gewerbliche Nutzung an ein Wohngebiet angrenzt. Für die **Beurteilung der Ortsüblichkeit** kommt es auf das emittierende und nicht auf das betroffene Grundstück an. Ortsüblichkeit ist gegeben, wenn die Immissionen sich nach Intensität und Wirkungsdauer im Rahmen der von den anderen Grundstücken eines räumlichen Vergleichsbezirks ausgehenden Einwirkungen halten. Entscheidend ist somit, ob in dem betreffenden Gebiet eine Mehrzahl von Grundstücken mit nach Art und Umfang annähernd gleich beeinträchtigender Wirkung auf andere Grundstücke benutzt wird. Der danach anzulegende Beurteilungsmaßstab ist in städtischen Gebieten anders als in ländlichen, in Gewerbegebieten anders als in Wohnvierteln und bei unbebauten Grundstücken anders als bei bebauten. Die Abgrenzung des Vergleichsgebietes erfolgt durch den Richter, der in der Regel vom ganzen Gemeindegebiet ausgehen wird. Eine Beschränkung auf ein engeres Gebiet erfolgt, wenn sich Ortsteile hinsichtlich der Art der Bebauung oder der wirtschaftlichen Nutzung unterscheiden. Umgekehrt können einzelne emittierende Betriebe gebietsprägend sein. Beispiele sind der Kohleabbau, ein Kraftwerk, ein Schweinemastbetrieb, eine gemeindliche Kläranlage, Sportanlagen, Volksfestplätze, ein Denkmal von überregionaler Bedeutung und überörtliche Verkehrsanlagen (z. B. Autobahnen, Eisenbahnen, Straßenbahn, Omnibusbetrieb und Flughäfen). Bei der Beurteilung der Ortsüblichkeit von Störungen kommt es auf deren Gleichartigkeit an. Deshalb kann Lärm nicht mit Gerüchen verglichen werden. Aber auch gleichartige Störungen (z. B. Tier- und Kompostgerüche) können als ungleichartig beurteilt werden. Die Immissionsquelle (z. B. Sportanlage oder Gewerbebetrieb) ist dagegen nicht entscheidend. Grundsätzlich kommt es hinsichtlich der Ortsüblichkeit auf die tatsächliche Nutzung an. Umstritten ist, inwieweit eine planerische Festsetzung insbesondere in einem Bebauungsplan zu berücksichtigen ist. Jedenfalls als Indiz für die Ortsüblichkeit kann sie herangezogen werden. Unklar ist ferner, inwieweit eine zeitliche Priorität hinsichtlich der Nutzung bei der Beurteilung der Ortsüblichkeit zu berücksichtigen ist. Die Gerichte haben dies zunächst abgelehnt, sodass der emittierende landwirtschaftliche Betrieb einer späteren benachbarten Wohnbebauung weichen musste. Wer sich neu ansiedelt, weiß allerdings, in welches Gebiet er zieht und womit er leben muss. Von ihm kann zumindest im Rahmen des nachbarlichen Rücksichtnahmegebots eine gewisse Anpassung an ortsübliche Immissionen, die die für den emittierenden Betrieb maßgeblichen Richtwerte nicht überschreiten, gefordert werden. Die genauen Grenzen sind allerdings noch unklar. Im Prozess ist maßgeblicher Zeitpunkt für die Beurteilung der Ortsüblichkeit die letzte mündliche Tatsachenverhandlung.

Für die Beurteilung der Ortsüblichkeit einer Störung ist deren Regelmäßigkeit grundsätzlich nicht erforderlich. Umgekehrt wird eine einmalige Ausnahme im Normalfall nicht ausreichen. Vielmehr ist die **ortsübliche Benutzung des störenden Grundstücks** zu bejahen, wenn eine Mehrheit von Grundstücken im maßgeblichen Bezirk in annähernd gleicher Weise, d. h. mit einer Art und dem Maß der Benutzung nach einigermaßen gleichen beeinträchtigenden Einwirkung auf fremde Grundstücke, benutzt wird. Sind danach Immissionen als ortsüblich anzusehen, kann dennoch eine besondere schädigende Benutzungsweise gegeben sein, die für einzelne betroffene Grundstücke die Ortsüblichkeit entfallen lässt. Beispiele sind besonders massive Einwirkungen auf ein nahe gelegenes Grundstück, das stärker als die entfernteren betroffen ist, und eine Art der Benutzung, welche die gebotene Rücksichtnahme auf den Nachbarn unterlässt. In diesem Zusammenhang ist bereits zu prüfen, ob die Emission unter Berücksichtigung moderner technischer Methoden nicht zu vermeiden oder zumindest zu verringern wäre. Ist eine Einwirkung ortüblich, sind auch kurzzeitige Erhöhungen der Beeinträchtigungen hinzunehmen (z. B. Unterhaltungsarbeiten, Renovierungsmaßnahmen etc.). Ortsüblich soll aber auch die Steigerung der Emission aufgrund einer normalen Entwicklung sein. Deshalb bleiben Steigerungen des Straßenverkehrs im Normalfall ortsüblich. Bei einem Wechsel der Betriebsart ist zu prüfen, ob sich diese im Rahmen der bisherigen Nutzung hält oder eine andere Art Störungsquelle geschaffen wird. Dies ist beispielsweise dann der Fall, wenn ein bäuerlicher Betrieb mit einer Schweinemast oder einer Hühnerhaltung in einen gewerblichen Mast- bzw. Legehennenbetrieb umgewandelt wird.

LÖSUNG: Ein bekanntes Denkmal kann ortsüblich sein. Auch Beeinträchtigungen von kurzzeitigen Volksfesten können ebenfalls ortsüblich sein. Entscheidend ist, ob eine Vermeidung durch den Einsatz moderner technischer Methoden möglich ist. Auch bei Ortsüblichkeit sind die Zeiten der Nachtruhe zu beachten.

bb. Verhinderung durch wirtschaftlich zumutbare Maßnahmen:

BEISPIEL: Norbert erträgt das Krähen des Hahnes seiner Nachbarin bei Sonnenaufgang nicht mehr. Er fordert deshalb Gerda auf, den Hahn in den Morgenstunden, nämlich eine halbe Stunde vor Sonnenaufgang und bis 7 Uhr, „schallsicher zu verwahren". Gerda lehnt dies ab, da sie zur Finanzierung eines artgerechten schalldichten Käfigs einen Kredit aufnehmen müsste und sich ihr Biobauernhof dann nicht mehr tragen würde. Norbert meint, dann müsse sie eben „ihren ökologischen Quatsch" bleiben lassen und wie andere Landwirte kostendeckend arbeiten. Außerdem sei ihr Biohof mit einem Hahn und zwölf Hennen reine Liebhaberei, die er nicht dulden müsse. Gerda hält dies dagegen für die Produktionsform der Zukunft.

Auch ortsübliche Beeinträchtigungen müssen nicht geduldet werden, wenn sie durch Maßnahmen verhindert werden können, die dem Benutzer des störenden Grundstücks zumutbar sind. Ob eine **Zumutbarkeit** in diesem Sinne gegeben ist, prüfen die Gerichte unter Berücksichtigung des nachbarschaftlichen Rücksichtnahmegebots, der Vor- und Nachteile der Abhilfemaßnahmen, der technisch-organisatorischen Möglichkeiten sowie der Leistungsfähigkeit eines durchschnittlichen Benutzers des emittierenden Grundstücks. Hinsichtlich der wirtschaftlichen Zumutbarkeit kommt es nicht auf den konkreten Betrieb an, sondern auf einen Durchschnittsbetrieb der betreffenden Branche. Diese ist dann nicht mehr gegeben, wenn die finanzielle Belastung dazu führt, dass ein angemessener Gewinn nachhaltig nicht mehr erzielt werden kann. Unerheblich ist dagegen, ob die Kosten der Maßnahmen aus laufenden Mitteln bestritten werden können oder eine Kreditaufnahme erforderlich ist. Gegebenenfalls kann eine zeitliche Streckung der Maßnahme vorgesehen werden (z. B. Einbau von geschlossenen Toiletten in Eisenbahnwaggons innerhalb von fünf Jahren).

Wichtig!

Bei einer Nutzung aus Liebhaberei können Wirtschaftlichkeitserwägungen keine Rolle spielen.

Deshalb sind bei einer hobbymäßigen Nutzung dem Störer größere wirtschaftliche Belastungen zumutbar. Gleiches soll für Freizeitveranstaltungen gelten. Auch wirtschaftlich unrentable Abhilfemöglichkeiten müssen ergriffen werden. Dies ist erst dann nicht mehr der Fall, wenn die Betätigung oder die Veranstaltung unterbleiben müsste. Beispiele sind das Musizieren in der Freizeit, das Feiern in einem Gemeinschaftssaal und eine hobbymäßig betriebene Tierhaltung.

Bei wirtschaftlich zumutbaren Maßnahmen sind deren Durchführung und Wirksamkeit zu prüfen. Die **Durchführbarkei**t betrifft nicht nur die technische Machbarkeit, sondern auch die rechtliche Zulässigkeit. Deshalb ist beispielsweise bei einem Froschteich zu prüfen, ob dessen Trockenlegung naturschutzrechtlich ausnahmsweise möglich ist. Zusätzlich muss die konkrete Maßnahme auch unter Beachtung der Pflicht zur gegenseitigen Rücksichtnahme verhältnismäßig sein. Bei Tieren ist zudem zu beachten, dass durch die Maßnahme eine artgerechte Haltung bestehen bleibt. Denkbaren Maßnahmen zur Vermeidung von Beeinträchtigungen sind der Einbau von Filteranlagen, schalldämmende Maßnahmen, eine Umorganisation (z. B. Verlegung der Parkplätze oder der Anfahrtsrampe, Ausrichtung der Bühne bei einem Konzert in eine bestimmte Richtung) und zeitliche Beschränkungen der störenden Tätigkeit (z. B. Musizieren nicht während der Mittags- und Nachtstunden, Verwahrung des Hahns in einem schalldichten Käfig während der Morgenstunden, Einbau einer Pumpe in eine Holzhütte, Veranstaltungsende vor Mitternacht).

Prozessual ist zu beachten, dass der störende Eigentümer, der mit einem Unterlassungsanspruch konfrontiert wird, **behauptungs- und beweispflichtig** dafür ist, dass die Einwirkungen von ihm nicht mit wirtschaftlich zumutbaren Maßnahmen verhindert werden können.

LÖSUNG: Bei zwölf Hennen und einem Hahn dürfte es sich um Liebhaberei und nicht um einen Biobauernhof handeln. Die Gerichte haben in Wohngegenden die schalldichte Verwahrung des Hahns während der Abend- und Morgenstunden als zumutbare Maßnahme angesehen.

cc. Ausgleich statt Abwehr:

BEISPIEL 1: Norbert besitzt ein Grundstück, das neben einem städtischen Grundstück liegt. Auf diesem errichtet die Gemeinde ein Gebäude, in dem sich auch ein Drogenhilfezentrum für Suchtkranke befindet. Es herrscht nicht nur ein reger Zu- und Abfahrtsbetrieb; auf dem Grundstück von Norbert finden sich mitunter auch gebrauchte Spritzen. Außerdem wird eine Musiktherapie durchgeführt, die mit lauten Geräuschen verbunden ist. Gleiches gilt für mitunter abgehaltene Veranstaltungen. Die Gemeinde hat bereits Schallschutzfenster eingebaut. Norbert möchte am liebsten das Drogenhilfezentrum aus seiner Nachbarschaft weghaben. Hilfsweise begehrt er eine Entschädigung für den Wertverlust seines Grundstücks. Dieses ist unverkäuflich, da zwar alle Interessenten größtes Verständnis für das Anliegen und das Engagement der Gemeinde haben, aber die Immobilie nicht kaufen wollen. Die Gemeinde wendet ein, sie sei weder am Drogenproblem schuld noch treffe sie eine Verantwortung für die Verunreinigung des Nachbargrundstücks.

BEISPIEL 2: Gerhard hat sich ein Reihenhaus mit einem ca. 100 qm großen Garten gekauft. Auf dem Nachbargrundstück stehen 25 m hohe Eschen, die teilweise den landesrechtlich vorgeschriebenen Grenzabstand nicht einhalten. Sie verschatten im Sommer den Garten von Gerhard. Dessen Bonsai-Kulturen gedeihen nicht. Beim Pollenflug bildet sich Gerhard jedenfalls ein, allergisch zu reagieren. Und im Herbst wird sein Grundstück von Laub geradezu zugedeckt. Gerhard verlangt von seinem Nachbarn das Fällen der (gesunden) Bäume. Dieser bezeichnet Gerhard als „Baum-Mörder", weist darauf hin, dass der Voreigentümer die Bäume geliebt habe und der Anspruch auf Beseitigung längst verjährt sei. Auch an der Laubbeseitigung möchte er sich nicht beteiligen.

Ist der Nachbar zur Duldung einer Immission verpflichtet, kann er nicht die Unterlassung der Einwirkung verlangen. Auch ein Schadensersatzanspruch steht ihm wegen der Beeinträchtigung seines Eigentums nicht zu. Als Ausgleich gibt ihm das Gesetz einen verschuldensunabhängigen **Ausgleichsanspruch in Geld,** wenn die zu duldende Einwirkung eine ortsübliche Benutzung des beeinträchtigten Grundstücks oder dessen Ertrag (z. B. Mieteinnahmen) unzumutbar beschränkt (§ 906 Abs. 2 Satz 2 BGB). Entsprechend dieser Vorschrift gibt die Rechtsprechung auch einen Ausgleichsanspruch (Aufopferungsanspruch), wenn ein Abwehranspruch gegen eine Beeinträchtigung trotz Wesentlichkeit und fehlender Ortsüblichkeit ausnahmsweise wegen der Allgemeininteressen hinsichtlich der störenden Anlage oder aufgrund des nachbarlichen Gemeinschaftsverhältnisses ausgeschlossen ist. Gleiches gilt, wenn die Duldungspflicht nicht auf § 906 BGB, sondern auf dem Naturschutzrecht (z. B. Baumschutzsatzung, Artenschutz etc.) beruht. Ferner wird der Ausgleich auch bei anderen Beeinträchtigungen als den in § 906 Abs. 1 BGB genannten gewährt, insbesondere auch für Grobimmissionen. Für nach dem Bundesimmissionsschutzgesetz genehmigungsbedürftige Anlagen enthält § 14 BImSchG eine Sonderregelung, nach der bestehende Genehmigungen privatrechtliche Abwehransprüche ausschließen; zum Ausgleich wird ein Anspruch auf Schutzvorkehrungen, hilfsweise auf Schadensersatz gewährt. Zweck der Regelung ist der Schutz des Anlagenbetreibers in seinem Vertrauen auf die erteilte Genehmigung. Sind Abwehransprüche bereits nach § 906 BGB ausgeschlossen, bleibt es dabei und der Ausgleich bestimmt sich nach § 906 Abs. 2 Satz 2 BGB.

Geschuldet wird ein **angemessener Ausgleich** in Geld. Dieser orientiert sich an den Grundsätzen der öffentlich-rechtlichen Enteignungsentschädigung. Es findet deshalb – anders als beim Schadensersatz – kein voller Ersatz aller entstandenen und zukünftigen Vermögenseinbußen statt.

Wichtig!

Der Ausgleich ist regelmäßig niedriger als der Ersatz, der bei einem Schadensersatzanspruch bezahlt wird. Allerdings werden auch Schäden ausgeglichen, die im Schadensersatzrecht nicht erstattungsfähig sind.

Beispiel ist die Beeinträchtigung der Nutzungsmöglichkeit des Hauses, wenn der Eigentümer dieses weiterhin selbst bewohnt. Im Rahmen eines Schadensersatzanspruches würde er keinen Ersatz erhalten, anders ist dies beim Ausgleichanspruch. Allerdings hat sich auch dieser am Verkehrswert der entzogenen Substanz und nicht an einer nur theoretischen Vermögensentwicklung zu orientieren. Ausgleichspflichtig ist die Wertminderung des beeinträchtigten Grundstücks. Besteht nur eine vorübergehende Nutzungsbeschränkung, so ist eine Rente für die Dauer der Beeinträchtigung geschuldet. Auszugleichen ist nur der unzumutbare Teil der Beeinträchtigung, also nur die Vermögenseinbuße, die durch das Überschreiten der Zumutbarkeitsgrenze verbleibt. Zu ersetzen sind aber auch die Aufwendungen für die Beseitigung der Beeinträchtigungen. Der nachbarliche Ausgleichsanspruch umfasst auch die Beschädigung sich auf dem Grundstück befindlicher beweglicher Sachen. Bei einem Unternehmen wird ferner der Betriebsunterbrechungsschaden ersetzt. Eine Nutzungsentschädigung wird regelmäßig auch bei einem selbst genutzten Haus nach der hypothetischen Mietzinsminderung berechnet. Ein Schmerzensgeld gewährt das Gesetz dem betroffenen Nachbarn auch bei Gesundheitsbeeinträchtigungen nicht.

Ein etwaiges **Mitverschulden** des Eigentümers des betroffenen Grundstücks ist beim Ausgleichsanspruch nach überwiegender Ansicht nicht mehr zu berücksichtigen. Dieser muss nicht einen in seine Sphäre fallenden Anteil mit der Konsequenz in die Berechnung einstellen, dass nur der Rest zur Ausgleichung kommt. Ein etwaiges Mitverschulden ist nämlich bereits im Rahmen der Zumutbarkeit zu berücksichtigen. Der Ausgleichsanspruch verjährt in der dreijährigen Regelfrist (§§ 195, 199 BGB). Die Verjährung des Ausgleichsanspruchs wird durch die Erhebung einer zunächst auf Beseitigung gerichteten Klage gehemmt.

Der beeinträchtigte Eigentümer hat bei Geltendmachung des Ausgleichsanspruchs die **Behauptungs- und Beweislast** für die Emission, die Beeinträchtigung der ortsüblichen Benutzung seines Grundstücks, für die Kausalität zwischen Emissionen und Beeinträchtigung sowie für das Vorliegen der Beeinträchtigung seines Grundstücks oder dessen Ertrag über das zumutbare Maß hinaus. Der ausgleichspflichtige Störer hat dagegen die Unwesentlichkeit, die Ortsüblichkeit und die fehlende Möglichkeit der Verhinderung durch wirtschaftlich zumutbare Maßnahmen zu beweisen.

LÖSUNG 1: Die Beeinträchtigungen durch das Drogenhilfezentrum, die mit dessen Betrieb typischerweise verbunden sind (z. B. die Verunreinigung des Gehsteigs durch Fixerutensilien, Blut und Fäkalien), sind adäquate Folgen des Betriebs und ihm zuzurechnen. Eine Einstellung des Betriebs kann der Nachbar wegen des öffentlichen Interesses an dieser im öffentlichen Interesse wichtigen Einrichtung nicht erreichen. Die Nutzungsbeeinträchtigung des Nachbargrundstücks durch einen Ertragsverlust ist auszugleichen. Obergrenze der Ertragsminderung ist der Wert des Objekts. Bei der Wertminderung ist der Lage des Objekts (z. B. Bahnhofs- bzw. Rotlichtviertel) Rechnung zu tragen.

LÖSUNG 2: Ein Ausgleich kann auch für den erhöhten Reinigungsaufwand infolge des Abfallens von Laub, Nadeln, Blüten und Zapfen von Bäumen, die den nachbarrechtlichen Grenzabstand nicht einhalten, deren Beseitigung oder Zurückschneiden aber wegen des Ablaufs der gesetzlichen Ausschlussfrist nicht mehr verlangt werden kann, vom Eigentümer der Bäume verlangt werden.

3. Zuführung durch eine besondere Leitung

BEISPIEL: Anton ist Autonarr. Mehrmals in der Woche bastelt er an seinem eigenen Auto und an Fahrzeugen von Freunden herum. Dabei lässt er häufig den Motor laufen. Den Auspuff richtet er immer in Richtung auf das Nachbargrundstück von Gerhard. Dieser bittet ihn, die Autos doch anders hinzustellen. Anton hat keine Lust, schließlich müsse er auch auf den wenig ansehnlichen Wäscheständer von Gerhard blicken und außerdem lasse er den Motor nur kurzzeitig laufen. Die Beeinträchtigung wäre unwesentlich. Gerhard stören die Autoauspuffgase beim Grillen.

Die Zuführung von Emissionen durch eine besondere Leitung ist stets unzulässig. Deshalb müssen derartige Zuführungen nicht geduldet zu werden. Dies gilt auch dann, wenn sie unwesentlich sind. Das Gesetz enthält selbst die Wertung, dass die **gezielte Zuleitung** von Imponderabilien stets eine wesentliche Beeinträchtigung ist. Die Leitung muss nicht bis direkt an die Grundstücksgrenze reichen. Ausreichend ist, wenn sie durch ihre Ausrichtung das Eindringen ermöglicht. Beispiele für derartige Leitungen sind Lüftungsanlagen und Auspuffrohre. Dagegen ist eine Rundfunk- oder Fernsehantenne, die den Empfang des Nachbarn stört, keine besondere Leitung.

Wichtig!

Die Zuführung von Emissionen durch eine Leitung ist unzulässig und kann deshalb vom Nachbarn abgelehnt werden. Beim Auspuffrohr des Autos handelt es sich um eine derartige Leitung. Grillgerüche werden dagegen üblicherweise nicht mittels einer Leitung zugeführt.

4. Typische Beeinträchtigungen durch Immissionen nach der Rechtsprechung

- **Dämpfe**: Beispiele sind Teerdämpfe bei Straßenbauarbeiten, Ausdampfungen bei chemisch behandelten Bahnschwellen, Ammoniakabgase durch eine Gülledüngung und Motorabgase. Es gelten im Wesentlichen die Richtwerte der TA Luft.
- **Erschütterungen**: Die DIN-Normen zu mechanischen Schwingungen von Maschinen und Erschütterungen im Bauwesen können insoweit einen Anhaltspunkt bieten. Beispiele sind Bauarbeiten, insbesondere beim Straßenbau, ein Straßenbahnbetrieb und Sprengungen.
- **Gase**: Beispiele sind Industrieabgase, aber auch Ölgerüche, die sich von der Heizung des Nachbarn auf das angrenzende Grundstück auswirken. Auch hier gelten die Grenzwerte der TA Luft, soweit nicht spezielle Richtwerte für bestimmte Anlagen existieren. Die Auswirkungen der benachbarten Ölheizung sind danach im Normalfall hinzunehmen.
- **Gentechnische Immissionen**: Für gentechnische Immissionen, insbesondere für die Freisetzung von gentechnisch veränderten Organismen und Produkten, gelten die Bestimmungen des Gentechnikgesetzes (GenTG). Danach kommt es für die Beurteilung

der Ortsüblichkeit nicht darauf an, ob die Gewinnung von Erzeugnissen mit oder ohne gentechnisch veränderten Organismen erfolgt (§ 36a Abs. 3 GenTG). Bei der wirtschaftlichen Zumutbarkeit gilt die Einhaltung der guten fachlichen Praxis als wirtschaftlich zumutbar (§§ 36a Abs. 2, 16b Abs. 2 und 3 GenTG).

– **Geräuschimmissionen:** Die Feststellung des Ausmaßes von Geräuschimmissionen erfolgt in der Regel durch Messung des Schalldrucks, von dem ausgehend durch Vergleich der sog. Schalldruckpegel in dB(A) errechnet wird. Ermittelt wird der Dauerschallpegel. Gemessen wird bei angrenzenden Wohngebäuden 0,50 Meter vor dem geöffneten und vom Lärm am stärksten betroffenen Fenster. Dabei sind auch die Wetterlage, Windverhältnisse und sonstige Umstände zu berücksichtigen. Die TA Lärm stellt Immissionsrichtwerte auf. Sie orientieren sich am Charakter des von der Immission betroffenen Gebietes. Die Richtwerte der TA Lärm enthalten keine unverrückbaren Zahlenvorgaben für den Richter; er kann auch die Empfindung der Geräuschimmissionen mitberücksichtigen. Die in der TA Lärm festgelegten Grenzwerte sind zudem auf Lärmimmissionen technischer Anlagen zugeschnitten; für Einwirkungen, die nicht von technischen Anlagen herrühren (z. B. Sport- und Musikveranstaltungen) enthält sie keinen adäquaten Maßstab. Sie hat freilich Indizwirkung, wobei das Auftreten von Geräuschen in der Tages- oder Nachtzeit unterschieden wird. Die Nachtzeit beträgt acht Stunden; sie beginnt grundsätzlich um 22 Uhr und endet um 6 Uhr. Zusätzlich ist in Wohngebieten die Mittagszeit zwischen 13 und 15 Uhr zu berücksichtigen, für die ein gesteigertes Ruhebedürfnis anerkannt wird. Für Gebiete, in denen vorwiegend Wohnungen untergebracht sind, gilt danach ein Richtwert von tagsüber 55 dB(A) und nachts 40 dB(A). Für Gebiete, in denen ausschließlich Wohnungen untergebracht sind, betragen sie tagsüber 50 dB(A) und nachts 35 dB(A). In urbanen Gebieten gelten die Richtwerte von 63 dB(A) tagsüber und 45 dB(A) nachts. Von Bedeutung sind neben der TA Lärm auch die Geräte- und Maschinenlärmverordnung (frühere Baumaschinenlärmverordnung und Rasenmäherlärmverordnung), die AVV Baulärm, das Fluglärmgesetz, die Sportanlagenlärmschutzverordnung, die Verkehrslärmschutzverordnung und die Landesimmissionsschutzgesetze. Für spezielle Tage enthalten zusätzlich die Feiertagsgesetze der Länder weitere Schutzvorschriften, die Verbote für die Störung der Sonn- und Feiertagsruhe regeln. Sie werden an sog. stillen Feiertagen wie dem Karfreitag, dem Volkstrauertag und dem Totensonntag nochmals verschärft.

Beispiele in der Praxis relevanter Lärmimmissionen:

- **Altglascontainer**: Maßstab ist § 22 BImSchG. Betroffen sind Geräusche durch das Einwerfen der Flaschen, das Leeren der Container und Anlieferfahrzeuge. Sie sind grundsätzlich hinzunehmen, insbesondere, wenn es sich um lärmgeminderte Sammelbehälter handelt. Nur bei außergewöhnlichen Beeinträchtigungen kann der Sammelplatz unzulässig sein. Jedoch können zeitliche Einschränkungen, insbesondere wenn der Abstand weniger als 12 Meter von Wohnhäusern beträgt, geboten sein.
- **Arbeits-/Industrielärm**: Maßgeblich sind die Werte in der TA Lärm und der VDI-Richtlinie Nr. 2058 über die Auswirkungen von Arbeitslärm in der Nachbarschaft. Praktisch relevante Fälle sind Autowaschanlagen, Druckereien, Schreinereien, Tischlereien und Wäschereien.
- **Baulärm:** Richtlinien enthält die Geräte-und Maschinenlärmschutzverordnung. Häufige Streitpunkte sind der Einsatz von Presslufthämmern, das Einrammen von Spundwänden und die Verwendung von Kompressoren.
- **Behinderte**: Bei der Beurteilung von Lärm behinderter Menschen ist auch das Diskriminierungsverbot des Art. 3 Abs. 3 Satz 2 GG zu berücksichtigen. Gleichwohl werden Lautäußerungen behinderter Menschen häufig als belastend empfunden. Das Toleranzgebot fordert allerdings im Zusammenleben mit Behinderten eine Anhebung der Zumutbarkeitsschwelle, um Behinderten ein Leben frei von vermeidbaren Beschränkungen zu ermöglichen. Die Grenze der Duldungspflicht ist erst dann erreicht, wenn dem Nachbarn die Belästigung billigerweise nicht mehr zuzumuten ist.
- **Biergarten**: siehe Gastwirtschaft.
- **Feste im Freien**: Feiern im Freien müssen bis ca. viermal im Jahr vom Nachbarn geduldet werden.
- **Fluglärm**: Das Fluglärmschutzgesetz (Gesetz zum Schutz gegen Fluglärm) dient zur Festlegung von Lärmschutzzonen, enthält aber keine Kriterien für die Beurteilung individueller Lärmbelästigungen. Die dort genannten Vorgaben können jedoch bei der Bemessung der Zumutbar-

keitsschwelle Berücksichtigung finden. Flughäfen sind allerdings durch die Planfeststellung gegen spätere Ansprüche auf Erstattung der Kosten für passive Schallschutzmaßnahmen und auf Ausgleich eines Grundstücksminderwertes geschützt. Eine Einstellung des genehmigten Flugbetriebs kann nicht verlangt werden. Die Untersagung von Tiefflügen richtet sich nach § 5 LuftVO.

- **Freibad:** Der Betreiber hat dafür zu sorgen, dass besonders störender Lärm unterbleibt. Den Sportanlagenbegriff erfüllt ein Freibad, wenn es auch für die Durchführung von Wettkämpfen (z. B. für den Schul- oder Vereinssport) geeignet ist und regelmäßig dafür genutzt wird. Ein Einschreiten gegen den Betreiber eines Freibads ist dann abzulehnen, wenn die in Betracht kommenden Abwehrmaßnahmen im Verhältnis zu Art, Ausmaß und Dauer der Lärmeinwirkungen unverhältnismäßig wären (z. B. gelegentliches Überschreiten des Richtwerts).
- **Freizeitanlagen:** Beurteilungsmaßstab ist die Freizeitlärmrichtlinie, ausgenommen sind Kinderspielplätze und ähnliche Einrichtungen, wie z. B. Ballspielplätze.
- **Gastwirtschaft**: Zu berücksichtigen sind neben dem von den Gasträumen ausgehendem Lärm (z. B. Musik) auch der An- und Abfahrtsverkehr, vor dem Lokal lärmende Gäste und wohl auch der Lärm der vor dem Lokal rauchenden Gäste. Zudem sind Außensitzplätze und insbesondere auch ein Biergarten mit einzubeziehen. Maßgeblich sind die TA Lärm, die VDI-Richtlinie Nr. 2058 und ggf. eine bestehende Biergartenverordnung. Auch hier gelten ab 22 Uhr strengere Anforderungen. Eine besondere Störintensität der durch die Gäste verursachten Außengeräusche kann Anlass für eine Verlängerung der Sperrzeit sein.
- **Grillen im Garten**: Die damit verbundenen Geräusche sind, sofern sie sich im Rahmen des Üblichen halten, hinzunehmen. Ab 22 Uhr bzw. an Wochenenden ab 23 Uhr ist allerdings Ruhezeit. Dringen Qualm und Gerüche vom Grillen direkt in das Schlafzimmer des Nachbarhauses (sog. Kampfgrillen), kann die Nutzung des Grills auf zweimal monatlich und zehnmal im Jahr beschränkt werden.
- **Islamisches Gebetshaus**: Der Lärm, der typischerweise zur Nachtzeit von einem islamischen Gebetshaus ausgeht, insbesondere der Gebetsruf des Muezzin über Lautsprecher, muss nach den Maßstäben, die für liturgisches Glockengeläut gelten, beurteilt werden. Maßgeblich sind die Gebietsart und die Schutzwürdigkeit bzw. -bedürftigkeit, wobei diesbezüglich eine Gesamtbetrachtung unter Berücksichtigung der betroffenen Interessen im Einzelfall vorzunehmen ist.

- **Kinderlärm**: Lärmimmissionen, die von spielenden Kindern, Bolz- und Kinderspielplätzen, Kindergärten und Schulen ausgehen, sind im Regelfall keine schädlichen Umwelteinwirkungen. Immissionsgrenz- und -richtwerte dürfen zur Beurteilung nicht herangezogen werden. Auch bei Vorliegen eines Sonderfalls ergibt sich ein Abwehranspruch nur in Ausnahmefällen. Sogar beim Lärm eines Bolzplatzes wird im Normalfall keine Beseitigung möglich sein. Bei starken Lärmbelästigungen kann jedoch in den genannten Sonderfällen ein Anspruch auf Errichtung von Schutzvorkehrungen (z. B. Lärmwall oder -mauer) oder auf eine Verkürzung der Nutzungszeiten bestehen. Allerdings kann die Einhaltung einer von Kinderlärm freien Mittagspause im Hinblick auf die Spielgewohnheiten und die Arbeits- und Ruhezeiten nicht gefordert werden.
- **Kirchenglocken**: Bei ihnen ist zwischen dem privilegierten liturgischen Läuten (z. B. zum Gottesdienst und zu Gebeten) und dem einfachen Stundenschlag der Kirchturmuhr zu unterscheiden. Das kultische Glockengeläut findet seine Grenze im allgemeinen Immissionsschutzrecht (§ 22 BImSchG). Gleichzeitig ist dessen Tradition und Herkommen zu beachten. Es soll erst nach 6 Uhr stattfinden (also nicht zum Rorateamt um 5 Uhr) und nicht mehr nach 22 Uhr. Ein dreimaliges Läuten unter Einhaltung dieser zeitlichen Grenzen ist in der Regel hinzunehmen. Ein Glockenspiel, das nach seiner Bauart über die Grenzen von Baugebieten hinweg schallt, ist in allgemeinen Wohngebieten unzulässig.
- **Liebesgestöhn:** Vom Nachbarn kann verlangt werden, dass dieser auch tagsüber Geräusche durch lautes Stöhnen sowie „Yippie-Rufe" beim Sexualverkehr auf Zimmerlautstärke hält.
- **Musik**: Das Musizieren in der eigenen Wohnung ist grundsätzlich auch in den Wohn- und nicht nur in den Kellerräumen zulässig. Hausmusik darf den Nachbarn aber nicht stören; andererseits ist diese sowohl bei einem Hobby- als auch bei einem Berufsmusiker außerhalb der Ruhezeiten nicht unzulässig. Hinsichtlich der Empfindung der erheblichen Ruhestörung kommt es nicht allein auf den sich in seiner Ruhe gestört fühlenden Nachbarn an. Zwei bis drei Stunden an Werktagen und ein bis zwei Stunden an Sonn- und Feiertagen, jeweils unter Einhaltung der Ruhezeiten, können als grober Richtwert dienen. Für den Lärm einer Diskothek gilt dagegen die TA Lärm.
- **Open-Air-Konzert:** Es gelten die Richtlinien und Hinweise für Freizeitveranstaltungen. Zusätzlich sind die Häufigkeit der Veranstaltung und ihre Bedeutung zu berücksichtigen. Zeitlich besteht eine Duldungspflicht grundsätzlich nicht mehr nach Mitternacht.

- **Radio-/Fernseh- und sonstige Tonwiedergabegeräte** (Plattenspieler, CD- bzw. DVD-Player, Bluetooth-Lautsprecher): Im Immissionsschutzrecht (Land bzw. Gemeinde) sind die Einzelheiten geregelt. Grundsätzlich dürfen sie nur in einer Lautstärke genutzt werden, die den Nachbarn nicht belästigt. Ob eine Nutzung außerhalb umschlossener Räume zulässig sein kann („Public Viewing"), ist umstritten.
- **Rasenmähen**: Der Rasenmäherlärm ist bundeseinheitlich geregelt, und zwar in der Geräte- und Maschinenlärmschutzverordnung (früher: Rasenmäherlärmverordnung). Motorbetriebene Rasenmäher dürfen in der Zeit von 20 Uhr bis 7 Uhr an Werktagen und an Sonn- und Feiertagen ganztätig nicht betrieben werden. Das bedeutet: Samstag ist von 7 bis 20 Uhr in ganz Deutschland Rasenmähertag! Handbetriebene Sensen sind auch in den vorgenannten Rasenmäher-Sperrzeiten einsetzbar.
- **Sportlärm**: Es sind die TA Lärm und die Sportanlagenlärmschutzverordnung maßgeblich. Allerdings kommt es auch auf die Art der sportlichen Betätigung an. So ist beispielsweise der Lärm, der von Tennisplätzen oder Schießanlagen ausgeht, anders zu beurteilen als Gymnastik und Yogaübungen im Freien. Es kommt auch auf die Auffälligkeit und Lästigkeit des Lärms an (z. B. Impulscharakter des Tennisspiels, Lärm durch Tischtennisplatte). Maßgeblich ist ferner, wo die Sportstätte liegt (z. B. Wohn-, Gewerbe- oder Sondergebiet) und ob sie lediglich den Bedürfnissen der Bewohner dieses Gebiets dient oder darüber hinausgehende Bedeutung hat.
- **Tierlärm**: Eine Tierhaltung im Rahmen der Landwirtschaft ist hinsichtlich der damit verbundenen Geräusche (z. B. Tierlaute und Kuhglocken) regelmäßig zu dulden. Lärmemissionen, die von einer Tierpension ausgehen, sind anhand der TA Lärm zu bewerten und nicht nach der Freizeitlärmrichtlinie. Bei nicht gewerblicher Tierhaltung gelten strengere Anforderungen. Dies gilt insbesondere für Hähne (samt weniger störender Hennen). Sie müssen im städtischen Umfeld während der Nachtruhe (19 bis 8 bzw. 9 Uhr) und teilweise auch darüber hinaus in schallgedämpften Ställen gehalten werden. Tauben und Papageien in Volieren müssen bei starkem Lärm ebenfalls nicht geduldet werden. Auch Hunde haben es in städtischen Gebieten nicht leicht. Ein Hund, der kein besonderer Kläffer ist, muss grundsätzlich geduldet werden. Das Gebell von mehreren Hunden auf dem Nachbargrundstück muss – ausgenommen in einer ländlichen Gegend – dagegen nicht hingenommen werden. Gerichte nehmen ferner an, dass sich das tägliche Hundegebell auf dem Nachbargrundstück auf eine halbe Stunde insgesamt und ununterbrochen auf 10 Minuten beschränken soll. Eine Sondersituation gilt bei (männlichen) Fröschen. Ihr Quaken ist störend, kann allerdings, da sie unter Naturschutz stehen,

nicht abgewehrt werden. Sonderfall: wenn eine Ausnahmegenehmigung in Betracht kommt, kann der Abwehranspruch durchgesetzt werden. Es wird diskutiert, ob dem betroffenen Nachbarn ein Ausgleichsanspruch zusteht; der BGH hat dies verneint.
- **Verkehrslärm**: Einschlägig für die Beurteilung von Verkehrslärm ist die Verkehrslärmschutzverordnung. Die Grenzwerte betragen in Wohngebieten tagsüber 59 dB(A), nachts 49 dB(A). Bleibt die Beeinträchtigung unterhalb dieser Werte, ist sie unwesentlich. Oberhalb der Grenzwerte können sich Entschädigungsansprüche ergeben; ein Abwehranspruch ist wegen der Duldungspflicht bei einer planfestgestellten Straße, aber auch bei einer lediglich gewidmeten, ausgeschlossen. Werden im Rahmen des Straßenbaus die Immissionsgrenzwerte der Verkehrslärmschutzverordnung überschritten, hat der Träger der Straßenbaulast den betroffenen Anlieger grundsätzlich in Geld zu entschädigen. Die Entschädigung ist in Höhe der Aufwendungen für Schallschutzmaßnahmen zu leisten, deren Umfang in der Verkehrswegeschallschutzmaßnahmenverordnung geregelt ist. Soweit die Schallschutzmaßnahmen den Lärm nicht auf ein zumutbares Maß verringern können, besteht ein Anspruch auf Ersatz der Wertminderung des Grundstücks, sofern die Lärmbelästigung schwer und unerträglich ist.
- **Volksfeste**: Maßgeblich sind die TA Lärm und die für Freizeitanlagen bestehenden Richtlinien und Hinweise. Inwieweit weitergehende Duldungspflichten, insbesondere aus dem nachbarlichen Gemeinschaftsverhältnis bestehen, ist umstritten. In der Nachtzeit nach 22 Uhr sollten wenigstens die Tagrichtwerte der Freizeitlärm-Richtlinie für seltene Ereignisse eingehalten werden. Nach Mitternacht sollte der Volksfestbetrieb regelmäßig enden. Allerdings kann bei einem mehrtägigen Fest ein einmaliges Überschreiten der Immissionsrichtwerte gestattet werden.
- **Windkraftanlage**: Im Rahmen der immissionsschutzrechtlichen Genehmigung wird geprüft, ob die Bestimmungen der TA Lärm in Verbindung mit der DIN ISO 9613–2 hinsichtlich der üblicherweise tieffrequenten Geräusche (Infraschall) eingehalten werden.

- **Gerüche**: Auch für die Beurteilung von Gerüchen gilt grundsätzlich die TA Luft. Zusätzlich gibt es für bestimmte Geruchsarten spezielle Richtwerte (z. B. für eine Tierhaltung die VDI-Richtlinie „Emmissionsminderung Tierhaltung Geruchsstoffe“ und Geruchsimmissions-Richtlinien, z. B. für Schweinemästereien). Schließlich kommt es auch auf das durch den Geruch hervorgerufene Ekelgefühl an. Beispiele für Geruchsbeeinträchtigungen sind solche aus einer Gaststätte, einer Kläranlage, einem Futtersilo, einer Güllegrube, einer Hühner-, Rinder- und Schweinehaltung, einem Komposthaufen, einer Biogasanlage und einem Müllplatz sowie von Katzen und Hunden. Dabei ist in ländlichen Gebieten eine Viehhaltung regelmäßig ortsüblich. Besonderheiten können sich allerdings bei Mastbetrieben oder einer Nerzfarm mit besonders intensiven Gerüchen ergeben. Allerdings ist ein für sich genommen unauffälliger Geruch, der durch die Verbrennung von Tierkörpern in einem Kleintierkrematorium hervorgerufen wird, nicht bereits deshalb unzumutbar, weil er von Anwohnern mit dem Krematorium in Verbindung gebracht und allein wegen der Kenntnis seiner möglichen Herkunft als Ekel erregend empfunden wird.

- **Kran**: Das Eindringen von Kranauslegern von einem großstädtischen Bauvorhaben in den Luftraum eines Nachbargrundstücks ist entschädigungslos hinzunehmen, wenn keine Lasten über das Nachbargrundstück geschwenkt werden und nicht ersichtlich ist, dass der Nachbar den Luftraum über seinem Grundstück während der Inanspruchnahme für eigene Zwecke nutzen will. Teilweise werden die Vorschriften über Hammerschlags- und Leiterrechte entsprechend angewandt.
- **Laub, Pollen**: Das Herabfallen von Laub und Nadeln sowie der Blüten- und Pollenflug müssen geduldet werden, wenn sich die Nutzung des störenden Grundstücks im Rahmen ordnungsgemäßer Bewirtschaftung hält. Dies ist sicher nicht mehr bei einer Verwilderung und damit zusammenhängender Unkrautbildung der Fall, und zwar auch dann, wenn der Nachbar dies als Ökogarten bezeichnet. Anders ist dies, wenn es sich um eine naturschutzrechtliche Ausgleichsfläche handelt, deren Pflege bzw. Nicht-Pflege von der Naturschutzbehörde vorgegeben ist. Etwa bestehende landesrechtliche Unkrautbekämpfungsverordnungen sind zu beachten.
- **Ruß**: Für Rußimmissionen gilt die TA Luft. Praktische Beispiele sind nur noch die Kohlefeuerung und das Sonnwend- sowie Osterfeuer.

- **Stadtstrand-Laguna Beach**: Die Immissionen eines „Stadtstrandes“ beurteilen sich nach der TA Lärm.
- **Staub**: Soweit eine Staubeinwirkung (z. B. Straßenbauarbeiten, Kohlenstaub und Zuckerfabrik) unter den festgelegten Grenz- bzw. Richtwerten bleibt, ist sie zu dulden.
- **Strahlungen**: Lichtreflexe (z. B. durch eine Spiegelwirkung einer reflektierenden Oberfläche) und Lichtstrahlungen (z. B. Strahler, Lichtorgel, Lichtreklame) können abgewehrt werden, wenn sie besonders störend wirken. Ob Lichtimmissionen zumutbar sind, ist unter Beachtung der Grundsätze, die die Rechtsprechung zum Gebot der Rücksichtnahme entwickelt hat, im Einzelfall zu beurteilen. Zu berücksichtigen ist dabei auch die durch die Gebietsart und die tatsächlichen Verhältnisse bestimmte Schutzwürdigkeit und Schutzbedürftigkeit der betroffenen Nachbarschaft sowie die Licht-Leitlinie. Häufiger Streitpunkt sind Strahlungen (elektromagnetische Felder) von einer Mobilfunkanlage. Sie sind zu dulden, wenn sie die Grenzwerte der 26. BImSchV einhalten. Gesicherte wissenschaftliche Erkenntnisse über Gefahren von Mobilfunkanlagen, die das derzeitige Schutzniveau als unzureichend erscheinen lassen, liegen nicht vor.
- **Tiere**: Ungeziefer (Fliegen, Käfer, Läuse, Raupen und Würmer), aber auch Mäuse, Ratten und Maulwürfe, die durch ein Verhalten des Grundstückseigentümers auf das Nachbargrundstück einwirken, können in der Weise abgewehrt werden, dass das beanstandete Verhalten des Nachbarn zu unterbleiben hat. Gegebenenfalls ist Schadensersatz zu leisten. Ähnlich ist dies bei Störungen (Tierlaute und Schmutzeinwirkungen) durch angelockte Tiere (z. B. Füttern von Tauben und streunenden Katzen). Besonderheiten gelten für Bienen. Den Bienenflug und die Blütenbefruchtung hat der Nachbar zu dulden. Soweit Bienen auf dem Nachbargrundstück mit Pflanzenschutzmitteln in Kontakt kommen und daran sterben, steht dem Imker nur ein Schadensersatzanspruch zu, wenn nicht zugelassene Mittel zum Einsatz kommen. Führt das Besprühen von Pflanzen dazu, dass das Schädlingsbekämpfungsmittel auf das Grundstück des Imkers gelangt, kann dieser die Zuführung des Giftstoffs untersagen und bei Beein-

trächtigung seiner Bienen Schadensersatz verlangen. Das Betreten seines Grundstücks durch größere Tiere (z. B. Hunde, Hasen, Hühner und Kaninchen) muss der Nachbar nach der Rechtsprechung nicht hinnehmen. Hiervon machen die Gerichte eine Ausnahme bei Katzen. Diese pflegen nämlich entsprechend ihrer Natur auf Grundstücksgrenzen keine Rücksicht zu nehmen und „streunen". Ein bis zwei Katzen des Nachbarn auf seinem Grundstück kann dieser nicht gerichtlich verbieten lassen. Keine Duldungspflicht besteht im Hinblick auf Kotablagerungen auf Balkon oder Terrasse. Unabhängig davon darf der Nachbar die Katzen verscheuchen. Hält er sich einen Hund, der die Katzen verjagt, kann ihm das der Nachbar, der Halter der Katzen ist, nicht verbieten. Manche Gerichte behandeln allerdings Hunde und Katzen gleich und verneinen generell eine Duldungspflicht hinsichtlich der Katzen des Nachbarn.

– **Videoüberwachung**: Wird von einem Nachbarn eine Videokamera am eigenen Haus angebracht, die die Möglichkeit der ständigen Überwachung des Nachbargrundstücks bietet, wird dadurch die konkret drohende Gefahr begründet, die technischen Möglichkeiten auch auszunutzen. Wegen Verletzung des Persönlichkeitsrechts kann vom Verwender der Überwachungskamera verlangt werden, die Benutzung zu unterlassen. Ein Unterlassungsanspruch gegen installierte Überwachungskameras, die ausschließlich das Grundstück des Aufstellers erfassen, besteht dagegen nicht. Ebenso ist kein Unterlassungsanspruch gegen die auf das Grundstück des Aufstellers ausgerichtete Videokamera gegeben, wenn der Nachbar eine Anfertigung von Aufnahmen lediglich befürchtet und die Kamera nur mit erheblichem und äußerlich wahrnehmbarem Aufwand auf sein Grundstück gerichtet werden kann. Eine Überwachung von Grundstücksteilen, die für Dritte zugänglich sind (z. B. Zufahrtsflächen), ist nur dann zulässig, wenn ein begründeter Anlass (z. B. eine konkrete, schwerwiegende Rechtsverletzung) vorliegt. Eigentumsdelikte (z. B. eine Sachbeschädigung) sollen eine solche Videoüberwachung nicht rechtfertigen.

III. Gefahren durch Anlagen und Gebäude am Nachbargrundstück

1. Gefahrdrohende Anlagen

BEISPIEL: Balduin und Viktor sind Grundstücksnachbarn. Viktor baut auf seinem Grundstück eine Garage. Aufgrund von deren Standort und der Lage des Tores muss er beim Ausfahren zwangsläufig einen Streifen von Balduins Grundstück zum Wenden in Anspruch nehmen. Außerdem verschattet die Garage Balduins Gemüsebeet. Balduin verlangt deshalb ihre Entfernung. Auch sein Mieter Martin will gegen die Garage vorgehen.

Nach **§ 907 BGB** kann der Eigentümer eines Grundstücks verlangen, dass auf den Nachbargrundstücken nicht Anlagen hergestellt oder gehalten werden, von denen mit Sicherheit vorauszusehen ist, dass ihr Bestand oder ihre Benutzung eine unzulässige Einwirkung auf sein Grundstück zur Folge hat.

a. Voraussetzungen – Was ist eine gefahrdrohende Anlage?

Der Anspruch betrifft gefahrdrohende Anlagen. **Anlagen** sind künstliche Werke von gewisser Selbstständigkeit und Dauer, was eine tatsächliche Verbindung mit dem Grundstück erfordert. Einzelne leicht bewegliche Sachen wie Maschinen reichen dagegen nicht. Erfasst sind Gebäude (z. B. Garagen wie im Beispielsfall) und andere bauliche Anlagen wie Zäune, Mauern und Einfriedungen ebenso wie etwa Teiche, Gräben, Komposthaufen, Backöfen, Rauchfänge, Taubenschläge oder Wasserleitungen; nicht dagegen Bäume und Sträucher (§ 907 Abs. 2 BGB).

Von der Anlage müssen unzulässige Einwirkungen ausgehen. Der Begriff der **Einwirkungen** ist hier weiter als in § 906 BGB (dazu S. 52). Erforderlich ist lediglich eine unmittelbare stoffliche Grenzüberschreitung, wie bei einer Benutzung des Nachbargrundstücks (z. B. zum Wenden des Pkw wie im Beispielsfall) oder dem Eindringen von Immissionen.

Wichtig!

Der bloße Entzug von Licht, Luft und Aussicht oder sonstige **negative** oder **immaterielle** Einwirkungen reichen wie bei § 1004 BGB nicht.

Deshalb löst die Garage im Beispielsfall nicht allein wegen ihres Schattenwurfs einen Abwehranspruch aus.

Unzulässig ist die Einwirkung, wenn der Nachbar sie weder nach öffentlichem noch nach privatem Recht dulden muss. Solche Duldungspflichten können sich etwa aus dem jeweiligen Landesnachbarrecht ergeben.

Die unzulässige Einwirkung muss außerdem bereits bei gewöhnlichem Lauf der Dinge **mit Sicherheit vorauszusehen** sein. Hierfür reicht weder die bloße Möglichkeit noch eine gewisse Wahrscheinlichkeit und erst recht nicht die allgemeine Gefahr des Versagens technischer Anlagen. Mit Sicherheit zu erwarten ist eine Einwirkung vielmehr nur dann, wenn sie Folge des normalen Zustands und ordnungsgemäßer Benutzung der Anlage ist. Im Beispielsfall ist das zu bejahen, weil das Nachbargrundstück wegen der Lage der Garage auch bei deren normalem Gebrauch zwangsläufig zum Wenden benutzt werden muss. Beseitigt wird eine solch sichere Erwartung erst durch bauliche oder technische Veränderungen, die die Einwirkung auf Dauer unmöglich machen. Im Beispielsfall müsste die Garage daher versetzt oder aber die Lage des Tores in geeigneter Form verändert werden. Genügt eine Anlage allerdings den landesgesetzlichen Vorschriften, die einen bestimmten Grenzabstand (z. B. bauordnungsrechtliche Abstandsflächen) oder sonstige Schutzmaßregeln vorschreiben, so kann nach § 907 Abs. 1 Satz 2 BGB ihre Beseitigung nach § 907 BGB erst verlangt werden, wenn die unzulässige Einwirkung auch **tatsächlich hervortritt.** Bis dahin können aber zumindest vorbeugende Maßnahmen verlangt werden, die gerichtlich mittels eines Antrags auf Erlass einer einstweiligen Verfügung durchgesetzt werden können.

Zur geschützten **Nachbarschaft** der Anlage zählen schließlich alle Grundstücke in deren möglichem Einwirkungsbereich, also nicht nur unmittelbar benachbarte.

b. Rechtsfolgen – Welche Ansprüche bestehen gegen gefahrdrohende Anlagen?

Ist die Anlage noch nicht errichtet, so besteht ein **Unterlassungsanspruch,** sobald mit ihrer Errichtung konkret zu rechnen ist. Hierfür reicht bereits die Einreichung eines Bauplanes; die Bauarbeiten selbst müssen noch nicht notwendig begonnen haben. Dieser Anspruch kann erforderlichenfalls durch einstweilige Verfügung gesichert werden. Nach der Errichtung besteht ein **Beseitigungsanspruch** gegen die Anlage selbst. Im Beispielsfall kann daher die Beseitigung der Garage verlangt werden. Werden allerdings die gefahrdrohenden Umstände vollständig behoben, so ist dieser Beseitigungsanspruch damit erfüllt. Der Anspruch aus § 907 BGB unterliegt schließlich nicht der Verjährung.

Wichtig!

Wurde eine Anlage durch eine sog. **privatrechtsgestaltende Genehmigung** zugelassen (z. B. im förmlichen immissionsschutzrechtlichen Genehmigungsverfahren oder durch Planfeststellung), so sind privatrechtliche Abwehransprüche und damit auch ein Anspruch aus § 907 BGB **ausgeschlossen,** sofern sie nicht auf besonderen Titeln wie einem Vertrag oder einer Grunddienstbarkeit beruhen. Dafür besteht dann ein Anspruch auf Schutzvorkehrungen, hilfsweise auf Schadensersatz.

Anspruchsberechtigt ist der Eigentümer des bedrohten Grundstücks, ferner auch verschiedene dinglich Berechtigte.

Wichtig!

Bloße **Besitzer,** wie Mieter oder Pächter, sind selbst nicht anspruchsberechtigt (str.). Sie müssen sich an den eigentlichen Anspruchsberechtigten halten, können von diesem allerdings zur Ausübung der Rechte aus § 907 BGB ermächtigt werden.

Anspruchsverpflichtet ist der Störer. Das sind sowohl der Hersteller der Anlage wie auch ihr Halter.

Wird schuldhaft gegen § 907 BGB verstoßen, so können sich für den davon betroffenen Nachbarn **Schadensersatzansprüche** aus unerlaubter Handlung (§ 823 BGB) ergeben. Ansonsten besteht analog § 906 Abs. 2 Satz 2 BGB ein verschuldensunabhängiger **nachbarrechtlicher Ausgleichsanspruch,** wenn der Betroffene aus rechtlichen oder tatsächlichen Gründen an einer rechtzeitigen Abwehr der gefahrdrohenden Anlage gehindert war.

2. Drohender Gebäudeeinsturz

BEISPIEL: Balduin und Viktor sind Grundstücksnachbarn. Auf Viktors Grundstück steht an der Grenze zu Balduin der Rohbau einer Garage. Weil Viktor sich nicht mehr darum kümmert, verschlechtert sich dessen Zustand laufend. Es sind schon mehrfach Dachziegel auf Balduins Grundstück gefallen. Als dieser sich beschwert, bringt Viktor eine Warntafel an, sonst geschieht nichts. Balduin will deshalb klagen. Wegen seiner regelmäßig im Garten spielenden Kinder will er dabei möglichst rasch ein Ergebnis.

Droht einem Grundstück die Gefahr, dass es durch den Einsturz eines Gebäudes oder eines anderen Werkes, das mit einem Nachbargrundstück verbunden ist, oder durch Ablösung von Teilen von diesen beschädigt wird, so kann dessen Eigentümer nach **§ 908 BGB** von dem Verantwortlichen verlangen, dass dieser die zur Abwendung der Gefahr erforderlichen Vorkehrungen trifft.

a. Voraussetzungen – Wann droht ein Gebäudeeinsturz?

Die Vorschrift betrifft nur Gebäude, andere Werke sowie Teile dieser beiden. **Gebäude** ist ein mit dem Erdboden fest verbundenes Bauwerk, das zum Aufenthalt geeignet ist und durch räumliche Umfriedung Schutz vor äußeren Einflüssen bietet. Hierunter fallen auch Rohbauten und Ruinen. **Andere Werke** sind zu einem bestimmten Zweck nach technischen Regeln hergestellte und mit dem Grundstück verbundene Sachen (z. B. Zäune, Mauern, Tore sowie Öltanks,

Versorgungsleitungen, Kanalisationsrohre, Brunnen, Dämme, Kanäle, ferner etwa Baugerüste oder Carports). Nicht hierzu zählt der natürliche Zustand eines Grundstücks (z. B. Felsen oder Bäume). Gebäuden und anderen Werken gleichgestellt sind dort bereits eingebaute **Teile** (z. B. Betondecken, Balkone, Schornsteine, Fenster, Dachziegel, Dachpappe, auch Balken oder Bretter eines Gerüstes). Nicht dagegen Schnee oder Eis auf dem Dach.

Es muss zu einem Einsturz oder dem Ablösen von Teilen kommen. **Einsturz** meint das Zusammenbrechen oder Umstürzen des Gebäudes oder Werkes im Ganzen. Unter **Ablösung von Teilen** versteht man jede nicht planvolle Trennung oder Lockerung der Verbindung mit dem Ganzen (z. B. Herabfallen von Steinen oder Dachziegeln, Austritt von Wasser, Öl oder Gas).

Hierdurch muss die **Gefahr der Beschädigung** für ein Nachbargrundstück bestehen. Das ist dann der Fall, wenn im Zuge des Einsturzes eine Beschädigung infolge mechanischer Einwirkung objektiv wahrscheinlich ist. Der gefährliche Zustand muss dabei, ohne dass es auf ein Verschulden ankäme, auf Baufälligkeit beruhen. Unmittelbarer Auslöser der Gefahr kann dann aber auch eine menschliche Tätigkeit oder ein Naturereignis sein (z. B. Sturmböen, Überschwemmung, Erdbeben).

Zur geschützten **Nachbarschaft** zählen schließlich alle Grundstücke, die im Gefährdungsbereich liegen, also nicht notwendig nur unmittelbar benachbarte.

b. Rechtsfolgen – Welche Ansprüche bestehen bei drohendem Gebäudeeinsturz?

Der Anspruch geht darauf, dass das Erforderliche zur **Gefahrenbeseitigung** veranlasst wird (z. B. Reparatur, Abbruch), und zwar unabhängig von den damit verbundenen Kosten.

Wichtig!

Die Wahl der konkreten Maßnahmen zur Gefahrenbeseitigung obliegt dem Verpflichteten.

Ausreichend sind bereits Sicherungsmaßnahmen, wenn sie eine Schädigung des Nachbargrundstücks zuverlässig verhindern (z. B. Schutzmauer). Eine bloße Warntafel wie im Beispielsfall reicht aber natürlich nicht. Erforderlichenfalls kann auch eine vorläufige gerichtliche Sicherung mittels **einstweiliger Verfügung** (dazu S. 182 ff.) erreicht werden, wenn ein normales Klageverfahren zu lange dauern würde. Der Anspruch aus § 908 BGB unterliegt schließlich nicht der Verjährung.

Anspruchsberechtigt sind nur der Eigentümer und bestimmte dinglich Berechtigte.

Wichtig!

Bloße **Besitzer,** wie Mieter oder Pächter, scheiden als Anspruchsinhaber aus (str.). Sie müssen sich an den eigentlichen Anspruchsberechtigten halten, können von diesem allerdings zur Ausübung der Rechte aus § 908 BGB ermächtigt werden.

Verpflichtet sind die **nach §§ 836 Abs. 1, 837, 838 BGB Verantwortlichen.** Das ist der gegenwärtige Eigenbesitzer des gefahrträchtigen Grundstücks, d. h. derjenige, der das Grundstück aktuell als ihm gehörend besitzt. An seine Stelle tritt der Gebäudebesitzer, der auf fremdem Grund in Ausübung eines Rechts ein Gebäude oder ein anderes Werk besitzt (z. B. Gerüst oder Kran des Bauunternehmers). Neben dem Besitzer ist auch der Gebäudeunterhaltungsverpflichtete verantwortlich (z. B. Verwalter, Hausmeister, unter Umständen auch Mieter).

Im Schadensfall kommen für den Berechtigten **Schadensersatzansprüche** aus unerlaubter Handlung nach §§ 836 ff. BGB und § 823 Abs. 2 BGB in Betracht. Ansonsten besteht analog § 906 Abs. 2 Satz 2 BGB ein verschuldensunabhängiger **nachbarrechtlicher Ausgleichsanspruch,** wenn der Betroffene aus rechtlichen oder tatsächlichen Gründen an der rechtzeitigen Abwehr eines drohenden Einsturzes gehindert war.

IV. Vertiefung des Nachbargrundstücks

BEISPIEL: Viktor will sein Wohnhaus erweitern. Er hebt deshalb bis unmittelbar an die Grenze des benachbarten Grundstücks von Balduin eine 5 Meter tiefe Baugrube aus. Diese soll anschließend nicht mehr bis zum ursprünglichen Geländeniveau verfüllt werden, damit Viktors Grundstück eben wird. Durch den Baugrubenaushub droht das Erdreich auf Balduins Grundstück im Grenzbereich abzurutschen.
Balduin verlangt deshalb, dass Viktor sein Grundstück gegen ein Abrutschen sichert. Außerdem soll er nach Abschluss der Bauarbeiten das ursprüngliche Geländeniveau wieder herstellen, damit auch Balduin dort eine Grenzgarage errichten kann.
Als Balduins Grundstück schließlich doch teilweise abrutscht, will er Schadensersatz. Viktor schiebt die Schuld auf seinen Architekten Anton.

Nach **§ 909 BGB** darf ein Grundstück nicht in der Weise vertieft werden, dass der Boden des Nachbargrundstücks die erforderliche Stütze verliert, es sei denn, dass für eine genügende anderweitige Befestigung gesorgt ist.

1. Voraussetzungen

a. Grundstücksvertiefung

Eine Vertiefung liegt in jeder Einwirkung auf den Erdkörper durch menschliche Handlung, durch die es zu einer **Senkung der Erdoberfläche** kommt (z. B. Abgraben des Erdreichs, Abbruch eines unterirdischen Kellers; nicht dagegen Abbruch eines oberirdischen Bauwerks, der aber bei Beeinträchtigung des Halts des Nachbargrundstücks jedenfalls so rechtzeitig anzukündigen ist, dass der Nachbar erforderliche eigene Stützmaßnahmen treffen kann). Es genügt auch das Zusammenpressen von Bodenbestandteilen, wenn es hierdurch zu einer Absenkung der Erdoberfläche kommt, wie durch Ablagern von Bauschutt oder Erdaushub oder durch das Gewicht eines Neubaus.

Wichtig!

Auch **Einwirkungen auf den Grundwasserspiegel** sind erfasst, sofern dem Nachbargrundstück hierdurch seine im Grundwasser zumindest mitbestehende Stütze entzogen wird.

Hierunter fallen z. B. eine Grundwasserabsenkung durch Tiefbauarbeiten, die Drainagewirkung von Entwässerungseinrichtungen oder eine direkte Grundwasserentnahme, eine bodenaufweichende Grundwassererhöhung oder die Erzeugung von Grundwasserströmungen. In gleicher Weise erfasst sind Beeinträchtigungen der Stütze eines Grundstücks, die zumindest auch in der stabilisierenden Bodenfeuchtigkeit infolge versickernden Regenwassers liegt.

b. Unzulässigkeit der Vertiefung

Vertiefungen, auch solche in Grenznähe, sind **nicht generell unzulässig.** § 909 BGB macht hiervon eine Ausnahme nur für den Fall, dass der Boden des Nachbargrundstücks dadurch die erforderliche Stütze verliert und auch nicht für eine genügende anderweitige Befestigung gesorgt ist. Im Beispielsfall ist daher die Vertiefung unzulässig, da das Erdreich auf dem Nachbargrundstück abzurutschen droht.

Der vertiefungsbedingte **Stützverlust** muss dabei die physikalische Festigkeit des Bodens selbst beeinträchtigen, in der Senkrechten oder in der Waagrechten. Hierauf befindliche Gebäude sind daher nur mittelbar über die Festigkeit des sie tragenden Bodens geschützt! Das im Einzelfall geschützte Maß an Festigkeit richtet sich nach den konkreten örtlichen Verhältnissen, insbesondere der Bebauung. Geschützt ist dabei nicht nur die aktuelle Grundstücksnutzung, sondern jede potentielle Nutzung, die sich noch im Rahmen einer bestimmungsgemäßen Ausnutzung des Grundstücks hält, also ggf. auch bauliche Erweiterungsmöglichkeiten. Im Prozess muss die Frage eines Stützverlustes meist mit sachverständiger Hilfe geklärt werden.

Eine an sich unzulässige Vertiefung wird allerdings zulässig, wenn der Vertiefende für eine **genügende anderweitige Befestigung** des

Nachbargrundstücks sorgt (z. B. Stützmauer, Böschung). Das muss bereits bei der Vertiefung und auf dem zu vertiefenden Grundstück selbst sowie außerdem auf Kosten des Vertiefenden geschehen. Im Beispielsfall müssen daher schon während der Bauarbeiten Befestigungsmaßnahmen vorgenommen werden. Diese müssen soweit gehen, dass sie den drohenden Stützverlust ausschließen. Bei Bauarbeiten sind daher zumindest die einschlägigen DIN-Normen einzuhalten. Unternimmt der Vertiefende nichts oder ist dies technisch nicht möglich, und sei es auch nur wegen besonderer Schadensanfälligkeit des Nachbargrundstücks, so muss die unzulässige Vertiefung grundsätzlich unterbleiben.

Wichtig!

Nicht privatrechtsgestaltende **öffentlich-rechtliche Genehmigungen**, wie eine Baugenehmigung, oder die bloße Einhaltung der baurechtlichen Abstandsflächen beseitigen für sich allein die Unzulässigkeit einer Vertiefung noch nicht.

c. Nachbarschaft

Zur geschützten Nachbarschaft zählen alle im **Einwirkungsbereich** der Vertiefung liegenden Grundstücke, auch wenn sie nicht unmittelbar aneinandergrenzen.

2. Abwehransprüche

§ 909 BGB gibt bei drohender unzulässiger Vertiefung einen **vorbeugenden Unterlassungsanspruch.** Darüber hinaus besteht bei bereits erfolgter unzulässiger Vertiefung ein **Beseitigungsanspruch.** Dieser geht auf geeignete Maßnahmen zur Wiederherstellung der Bodenfestigkeit des betroffenen Nachbargrundstücks. Das kann nach Wahl des Verpflichteten durch anderweitige Befestigung geschehen oder aber auch durch Wiederherstellung des früheren Zustands. Im Beispielsfall bleibt es daher Viktor überlassen, wie er die Bodenfestigkeit von Balduins Grundstück wiederherstellt; einen Anspruch auf Wiederherstellung des ursprünglichen Bodenniveaus hat letzterer daher nicht. Eine vorläufige Sicherung des Anspruchs ist durch **einstweilige Verfügung** (dazu S. 182 ff.) möglich, gerichtet auf Unterlassung der Vertiefung oder aber auf vorläufige Sicherungsmaßnahmen. Der Anspruch aus § 909 BGB unterliegt schließlich nicht der Verjährung.

Anspruchsberechtigt sind der Eigentümer sowie bestimmte dinglich Berechtigte. Außerdem der bloß schuldrechtlich berechtigte Besitzer des betroffenen Grundstücks, also auch Mieter oder Pächter. Als **Verpflichteter** kommt grundsätzlich jeder in Betracht, der an der Vertiefung mitwirkt. Dies können der Eigentümer, Besitzer oder sonstige Benutzer des vertieften Grundstücks sein; darüber hinaus aber auch der Architekt, Bauunternehmer, bauleitende Ingenieur und Statiker, die an der Vertiefung beteiligt sind.

3. Ersatzansprüche

Bei Schäden infolge unzulässiger Vertiefung kommt in erster Linie ein **Schadensersatzanspruch** aus unerlaubter Handlung (§ 823 Abs. 2 BGB) in Betracht. Bei Verschulden haftet dabei grundsätzlich jeder, der an der Vertiefung mitwirkt. Dies sind einmal der Eigentümer, Besitzer oder sonstige Benutzer des Grundstücks, die die Vertiefung veranlassen oder fortdauern lassen. Diese genügen ihren Sorgfaltspflichten allerdings regelmäßig dadurch, dass sie die Arbeiten von Fachleuten ausführen lassen. Letztere, also Architekten, Bauunternehmer, bauleitende Ingenieure und Statiker, trifft dann eine strenge eigenverantwortliche Prüfungspflicht bezüglich Gefahren für Nachbargrundstücke. Sie haften nach Maßgabe des § 831 BGB auch für ihre Mitarbeiter und weisungsgebundene Subunternehmer.

Dem Umfang nach ist im Schadensfall grundsätzlich der volle **Schaden** zu ersetzen. Hierzu zählen nach einem Gebäudeeinsturz Wiederaufbau- und Aufräumkosten bzw., wenn das Gebäude noch steht, die Kosten für die Wiederherstellung seiner Standfestigkeit; ebenso ein etwa verbleibender Minderwert. Bei einem ohnehin schon baufälligen Gebäude ist jedoch nur der zusätzlich entstandene Schaden ersatzfähig.

War die Abwehr einer im Rahmen privatwirtschaftlicher Grundstücksnutzung erfolgten Vertiefung aus rechtlichen oder tatsächlichen Gründen nicht rechtzeitig möglich, so kommt im Schadensfall ein verschuldensunabhängiger **nachbarrechtlicher Ausgleichsanspruch** analog § 906 Abs. 2 Satz 2 BGB in Betracht. Das gleiche gilt, wenn ein Anspruch aus unerlaubter Handlung wegen fehlenden Verschuldens ausscheidet.

4. Weitere Vorschriften

In den meisten Ländern bestehen auch öffentlich-rechtliche Bestimmungen des Bauordnungsrechts, wonach bei der **Bauausführung von baulichen Anlagen** die Standsicherheit anderer baulicher Anlagen und die Tragfähigkeit des Baugrunds des Nachbargrundstücks nicht gefährdet werden darf. Darüber hinaus haben etliche Länder in ihr privates Nachbarrecht Vorschriften über Gründungstiefe und Unterfangen von **Grenzwänden** aufgenommen. Vorschriften zum Unterfangen bestehen in mehreren Ländern ferner für **Nachbarwände.** Soweit solche Vorschriften einschlägig sind, sind ihre Vorgaben neben denen des § 909 BGB zu beachten. Auch ihre Missachtung kann im Schadensfall Ersatzansprüche auslösen.

5. Grundstückserhöhung

BEISPIEL: Balduin und Viktor sind Grundstücksachbarn. Viktor will im Bereich der bisher ebenerdigen gemeinsamen Grenze sein Grundstück um 2 Meter mit Erdreich auffüllen. Balduin befürchtet, dass dieses auf sein Grundstück rutscht und seinen gepflegten englischen Rasen unter sich begräbt.

Grundstückserhöhungen werden weder von § 909 BGB noch von § 907 BGB erfasst. Für sie bestehen jedoch in den meisten Ländern eigene gesetzliche Vorschriften. Solche finden sich in den **Nachbarrechtsgesetzen** von Baden-Württemberg (§§ 9, 10), Berlin (§ 20), Brandenburg (§ 26), Niedersachsen (§ 26), Nordrhein-Westfalen (§ 30), Rheinland-Pfalz (§ 43), Saarland (§ 47), Sachsen (§ 17), Sachsen-Anhalt (§ 17), Schleswig-Holstein (§ 25) und Thüringen (§ 43).

Bodenerhöhungen über das Niveau des Nachbargrundstücks hinaus sind danach nur zulässig, wenn die erforderlichen **Schutzvorkehrungen** gegen Schädigungen von Nachbargrundstücken getroffen werden. Je nach Landesrecht besteht dabei Schutz vor jeglichen Schäden oder auch nur vor solchen durch Bodenbewegungen oder durch Absturz und Pressung des Bodens. Im Beispielsfall ist die Auffüllung daher nur zulässig, wenn Balduins Grundstück vor einem Abrutschen des aufgefüllten Erdreichs geschützt wird. Die erforderlichen Schutzvorkehrungen können in der Einhaltung eines Grenzabstandes bestehen, erforderlichenfalls sind aber auch weitergehende Vorkehrungen nötig, wie eine Stützmauer oder Böschung. Solche Maßnahmen müssen auf dem Grundstück des erhöhenden Nachbarn vorgenommen werden. Wird gegen die einschlägigen landesrechtlichen Vorschriften schuldhaft verstoßen, steht einem dadurch geschädigten Nachbarn ein **Schadensersatzanspruch** zu.

Soweit in einigen Ländern Vorschriften über Bodenerhöhungen fehlen, kann sich im Einzelfall dennoch ein Anspruch auf Schutzvorrichtungen aus dem **nachbarlichen Gemeinschaftsverhältnis** ergeben.

V. Einwirkungen auf/durch Wasser

1. Einwirkungen auf das Grundwasser

BEISPIEL: Viktor nimmt auf seinem Grundstück Baumaßnahmen vor, durch die es zu einem Anstieg des Grundwasserspiegels kommt. Hierfür hat er allerdings eine wasserrechtliche Genehmigung. Das Grundstück seines Nachbarn Balduin vernässt in der Folge zusehends.

Einwirkungen auf das Grundwasser unterfallen in erster Linie dem **öffentlichen Wasserrecht.** So finden sich im Wasserhaushaltsgesetz (WHG) Vorschriften zu Einwirkungen auf den Grundwasserstand und deren Genehmigung. Das Wasserrecht kennt dabei neben der Planfeststellung mehrere Arten von Genehmigungen. Die normale Erlaubnis ergeht unbeschadet privater Rechte Dritter, so dass der Nachbar bestehende privatrechtliche Abwehransprüche dennoch behält. Die Bewilligung schließt demgegenüber sämtliche privatrechtlichen Unterlassungs-, Beseitigungs- und Schadensersatzansprüche Dritter grundsätzlich aus; Ähnliches gilt für die gehobene Erlaubnis. Der betroffene Nachbar ist daher hier bereits im Genehmigungsverfahren zu beteiligen. Im Beispielsfall hängen Balduins rechtliche Abwehrmöglichkeiten daher davon ab, welche Art von Genehmigung Viktor hat, und ob Balduin ggf. im Genehmigungsverfahren ordnungsgemäß beteiligt wurde.

Neben und unabhängig vom öffentlichen Wasserrecht kann auch die Vertiefungen betreffende Vorschrift des **§ 909 BGB** einschlägig sein, wenn es durch die Einwirkung auf das Grundwasser auch zu Bodensenkungen auf dem Nachbargrundstück kommt (dazu S. 89 f.). Ferner enthält das **Landesnachbarrecht** teils Vorschriften, die Einwirkungen auf das Grundwasser verbieten, wenn dadurch auf einem anderen Grundstück erhebliche Beeinträchtigungen entstehen.

2. Einwirkungen durch Wasser

a. Traufwasser

BEISPIEL: Viktor hat auf seinem Grundstück an der Grenze zu Balduins Grundstück eine Garage errichtet. Er hat aber keine Dachrinne angebracht. Deshalb läuft das Dachwasser auf Balduins Grundstück ab. Dessen dort befindliches Gemüsebeet versumpft völlig.

Niederschlagswasser, d. h. Regen und Schneewasser, das nicht unmittelbar auf den Boden, sondern zunächst auf eine **bauliche Anlage auftrifft,** bezeichnet man als Traufwasser. Dieses darf man ohne Erlaubnis nicht auf Nachbargrundstücke ableiten oder ablaufen lassen (§ 903 BGB). Darüber hinaus finden sich Vorschriften zum Traufwasser auch in den **Nachbarrechtsgesetzen** von Brandenburg (§§ 52 ff.), Hessen (§§ 26, 27), Niedersachsen (§§ 45, 46), Nordrhein-Westfalen (§§ 27, 28), Rheinland-Pfalz (§§ 37, 38), Saarland (§§ 41, 42), Sachsen (§ 25), Sachsen-Anhalt (§ 33), Schleswig-Holstein (§ 26) und Thüringen (§§ 37, 38) sowie mit etwas abweichendem Inhalt in Baden-Württemberg (§§ 1, 2). Diese schreiben vor, dass bauliche Anlagen so einzurichten sind, dass Traufwasser nicht auf das Nachbargrundstück tropft, abgeleitet wird oder sonst übertritt. Anderenfalls sind diese Anlagen unzulässig. Ein solcher Übertritt von Traufwasser setzt keinen oberirdischen Zufluss voraus; ausreichend ist es, wenn infolge baulicher Anlagen auf dem Nachbargrundstück unterirdisch vermehrt Sickerwasser übertritt.

Der betroffene Nachbar hat in den genannten Fällen dann ein **Abwehrrecht.** Dies gilt jedenfalls, soweit die Anlage die Ursache vermehrter Wasserzufuhr ist. Im Beispielsfall besteht daher ein Abwehrrecht, solange keine Dachrinne an der Garage angebracht wird. Der Nachbar muss sich aber nicht notwendig gegen die bauliche Anlage wehren, er kann auch nur gegen das Traufwasser als solches vorgehen. Werden die nach den genannten Vorschriften an die Gestaltung baulicher Anlagen gestellten Anforderungen schuldhaft verletzt, so können sich für den hiervon betroffenen Nachbarn außerdem **Schadensersatzansprüche** ergeben. Im Beispielsfall besteht der Schaden etwa im Ausfall der Gemüseernte.

Schließlich enthalten auch die **Landesbauordnungen** öffentlich-rechtliche Vorschriften über die einwandfreie Beseitigung des Abwassers von baulichen Anlagen. Diese schützen den Nachbarn zumindest insoweit, als sie auch ein Ableiten auf sein Grundstück verbieten.

b. Wild abfließendes Wasser

BEISPIEL: Viktors Grundstück liegt an einem Hang oberhalb von Balduins Grundstück. Bei Regen läuft daher das Wasser aus Viktors Garten auf Balduins Grundstück ab. Als Viktor auch noch Teile seines Grundstücks befestigt, so dass dort keinerlei Wasser mehr versickern kann, läuft immer mehr Wasser zu Balduin hinüber. Diesem wird es schließlich zu bunt.

Wasser, das **außerhalb eines Gewässerbetts oberirdisch abfließt,** bezeichnet man als wild abfließend. Dieses kann zum einen aus Quellen stammen. Zum anderen zählt hierzu auch direkt auf den Boden auftreffender Niederschlag.

Auszugehen ist hier von dem Grundsatz, dass Ober- wie auch Unterlieger einen den natürlichen Geländeverhältnissen folgenden

Wasserabfluss grundsätzlich hinnehmen müssen! Für den Oberlieger besteht daher grundsätzlich auch keine Verpflichtung, von seinem Grundstück wild abfließendes Wasser dort aufzufangen oder ein Ablaufen auf tiefer liegende Grundstücke zu verhindern. Ebenso wenig muss der Unterlieger im Interesse des Oberliegers natürliche Ablaufhindernisse beseitigen. Verboten sind allein **künstliche Veränderungen des natürlichen Ablaufs** von wild abfließendem Wasser zum Nachteil für den jeweils anderen Teil.

Eine gesetzliche Regelung privatrechtlichen Inhalts hierzu findet sich in § 37 WHG. Danach darf zum einen der natürliche Ablauf von wild abfließendem Wasser auf ein tiefer liegendes Grundstück nicht zum Nachteil eines höher liegenden Grundstücks **behindert** werden, etwa durch Auf- oder Rückstauen des Wassers mittels Auffüllungen, Dämmen oder Mauern. Umgekehrt darf dessen natürlicher Ablauf auch nicht zum Nachteil eines tiefer liegenden Grundstücks **verstärkt oder auf andere Weise verändert** werden, etwa durch Versiegelung von Flächen, durch gesammelte Wasserableitung in Gräben oder Kanälen oder durch eine Änderung der Abflussrichtung aufgrund veränderter Geländetopografie. Der Oberlieger kann aber jederzeit den Wasserzufluss reduzieren oder ganz unterbinden, denn einen Anspruch auf Aufrechterhaltung des Zuflusses hat der Unterlieger nicht. § 37 WHG verbietet auch nicht eine **bestimmungsgemäße Grundstücksnutzung,** selbst wenn sie den Wasserabfluss verändert. Eine solche liegt etwa in der ordnungsgemäßen Bearbeitung landwirtschaftlicher Flächen.

In jedem Fall schließlich muss die Veränderung, soll sie verboten sein, zu einem **Nachteil** für das hiervon betroffene Grundstück führen. Ein solcher liegt in jeder nicht nur ganz unerheblichen Störung oder Belastung, etwa dessen Vernässung, Versumpfung oder erschwerte wirtschaftliche Nutzbarkeit. Ist dies im Beispielsfall so, dann muss Balduin zwar den ursprünglichen natürlichen Wasserablauf hinnehmen, dessen Verstärkung durch künstliche Befestigungsmaßnahmen auf Viktors Grundstück muss er allerdings nicht mehr dulden. Geschützt sind nicht nur unmittelbare Grundstücksnachbarn, sondern alle im Einwirkungsbereich der Ablaufverhältnisse gelegenen Grundstücke.

Die Vorschriften über wild abfließendes Wasser betreffen allein Veränderungen des Wasserablaufs, nicht hingegen **Veränderungen der Wasserqualität.** Fließt daher Wasser nicht nur als solches ab, sondern ist es zusätzlich chemisch verunreinigt oder über das natürliche Maß hinaus mit Schlamm durchsetzt, so besteht hiergegen grundsätzlich ein Abwehranspruch des Unterliegers.

Eine für Nachbargrundstücke nachteilige Veränderung des natürlichen Wasserablaufs kann auch durch Umstände herbeigeführt werden, die der Eigentümer oder Nutzungsberechtigte des veränderten Grundstücks **nicht zu vertreten** hat. In diesem Fall hat er aber dennoch nach vorheriger Ankündigung die Wiederherstellung des ursprünglichen Zustands durch den hiervon betroffenen Nachbarn auf dessen Kosten zu dulden. Er kann dies aber auch auf eigene Kosten selbst erledigen.

Wird schuldhaft gegen die Verbote in § 37 WHG verstoßen, so können sich daraus für den hiervon betroffenen Nachbarn auch **Schadensersatzansprüche** ergeben.

Wichtig!

Den Beteiligten steht es frei, von der Vorschrift des § 37 WHG durch privatrechtliche **Vereinbarung** abzuweichen. Zu Lasten Dritter ist dies allerdings nicht zulässig!

4. Kapitel

Das Grundstück und seine Nutzung durch Dritte

I. Notwegrecht

1. Voraussetzungen eines Notwegrechts

Die Voraussetzungen eines Notwegrechts sind in **§ 917 BGB** geregelt. Es besteht nur, wenn einem Grundstück die zur ordnungsmäßigen Benutzung notwendige Verbindung mit einem öffentlichen Weg fehlt. Dessen Eigentümer kann dann von den Nachbarn verlangen, dass sie bis zur Behebung dieses Mangels die Benutzung ihrer Grundstücke zur Herstellung der erforderlichen Verbindung dulden.

a. Wann fehlt eine Verbindung mit einem öffentlichen Weg?

BEISPIEL: Balduins Grundstück ist durch das Grundstück seines Nachbarn Viktor vom öffentlichen Straßennetz abgeschnitten. Er möchte daher Viktors Grundstück als Verbindung zur nahen Gemeindestraße nutzen. Viktor verweist ihn aber an den weiteren Nachbarn Norbert. Gegen diesen hat Balduin nämlich aus einem Vertrag der beiden Anspruch auf Einräumung einer Grunddienstbarkeit in Form eines Geh- und Fahrtrechts. Auf diesem Weg könnte Balduin dann auch zur Gemeindestraße gelangen, dieser ist allerdings fast doppelt so lang und viel steiler als der Weg über Viktors Grundstück.

Bezugspunkt der Zugangsnot eines Grundstücks ist stets das **öffentliche Wegenetz.** Eine Verbindung dorthin fehlt immer dann, wenn ein Grundstück hiervon tatsächlich (d. h. überhaupt kein Weg vorhanden wie im Beispielsfall) oder rechtlich (z. B. Widmungsbeschränkung des vorhandenen Weges) **völlig abgeschnitten** ist.

Wichtig!

Kann die Zugangsnot **auf andere Weise behoben** werden, d. h. über eigene Grundstücke oder durch Inanspruchnahme eines anderweitig bestehenden Wegerechts, so besteht kein Notwegrecht.

Im Beispielsfall muss sich Balduin daher auf seinen Anspruch auf Einräumung eines Wegerechts gegenüber Norbert verweisen lassen. Fällt die Zugangsnot später weg, so erlischt ein zuvor bestehendes Notwegrecht damit.

Die Verbindung mit einem öffentlichen Weg kann auch fehlen, wenn zwar eine Verbindung vorhanden ist, diese aber **nicht ausreicht,** und sei es auch nur für einen Teil des Grundstücks. Hier ist allerdings generell ein strenger Maßstab anzulegen. Insbesondere sind wirtschaftliche Erwägungen erst von Bedeutung, wenn die vorhandene Verbindung nicht nur teurer und unbequemer ist, sondern vielmehr schlechthin unzumutbar.

Wichtig!

Bis an die Grenze der Zumutbarkeit muss der Betroffene daher auch ungünstigere Verbindungen nutzen, bevor er einen Notweg in Anspruch nehmen kann.

Im Beispielsfall hilft es Balduin daher nichts, dass der Weg über Norberts Grundstück weniger günstiger ist.

b. Wann ist eine Verbindung zur ordnungsmäßigen Benutzung eines Grundstücks notwendig?

aa. Ordnungsmäßige Benutzung:

BEISPIEL: Balduin möchte ein Einfamilienhaus bauen. Allerdings kann er von seinem Grundstück aus die nächste öffentliche Straße nur über das Grundstück seines Nachbarn Viktor erreichen. Da sein Bauvorhaben im Übrigen den Bauvorschriften entspricht, nimmt er Viktor auf Duldung eines Notwegs in Anspruch.

Ein Notwegrecht kommt nur für eine **nach Art und Umfang** ordnungsmäßige Benutzung des verbindungslosen Grundstücks in Betracht. Hierfür ist nicht auf die subjektiven Bedürfnisse des Eigentümers abzustellen, sondern vielmehr ein **objektiver Maßstab** anzulegen. Nach diesem muss es sich gemessen an den konkreten Grundstücksgegebenheiten, also insbesondere Größe, Lage, Kulturart sowie Umgebung und dort übliche Nutzung, um eine vernünftigerweise naheliegende Bewirtschaftung handeln. Dabei ist auch die technische und wirtschaftliche Fortentwicklung zu berücksichtigen, etwa bei der Bewirtschaftung von landwirtschaftlichen Flächen.

Wichtig!

Die Benutzung muss sich auch im Rahmen des **nach öffentlichem und privatem Recht Zulässigen** halten.

Im Zusammenhang mit der **Bebauung** von Grundstücken ist dabei insbesondere das öffentliche Baurecht maßgebend. Ist die Bebauung nach diesem unzulässig, sei es aus materiellen (Bauplanungsrecht, Bauordnungsrecht) oder auch nur formellen Gründen (Schwarzbau!), so kommt hierfür auch ein Notweg nicht in Betracht. Unzulässig ist ein Vorhaben auch, wenn für seine Erschließung erst auf einen Notweg zurückgegriffen werden müsste wie im Beispielsfall; eine solche Baugenehmigung wäre rechtswidrig und deshalb für den vom Notweg betroffenen Nachbarn anfechtbar! Ist die Bebauung dagegen zulässig, so ist auch die entsprechende Grundstücksnutzung ordnungsmäßig. Von der baurechtlichen Zulässigkeit ist auch auszugehen, soweit eine bestandskräftige und daher nicht mehr anfechtbare Baugenehmigung vorliegt.

Schließlich kann es im Laufe der Zeit zu **Änderungen** von Art und Umfang der Benutzung eines Grundstücks kommen. Das kann etwa die Änderung einer bestehenden gewerblichen Nutzung sein oder auch die Umnutzung eines privaten in ein gewerbliches Grundstück. Ein hierdurch ausgelöster Notwegbedarf ist stets nur dann beachtlich, wenn auch die geänderte Nutzung ihrerseits im soeben beschriebenen Sinne ordnungsmäßig ist. Führt die Änderung dagegen umgekehrt zu einem Wegfall des Notwegbedarfs, so erlischt ein vorher bestehendes Notwegrecht damit.

bb. Notwendigkeit der Verbindung:

BEISPIEL: Balduin ist Eigentümer eines innerstädtischen Grundstücks mit einem Einfamilienhaus. Wegen dessen ungünstiger Lage kann er es allerdings nur auf einem schmalen Weg zu Fuß oder mit dem Fahrrad erreichen. Um es auch mit dem Pkw anfahren zu können, müsste er einen Teil des Grundstücks seines Nachbarn Viktor in Anspruch nehmen.

Die Benutzung des Nachbargrundstücks muss für die ordnungsmäßige Benutzung des eigenen Grundstücks zum einen **überhaupt,** zum anderen aber auch **nach Art und Umfang** notwendig sein. Als solches ist die Benutzung hiernach notwendig bei völlig fehlender Verbindung. Ferner wenn eine vorhandene Verbindung nicht ausreicht, sei es in räumlicher (z. B. zu schmaler Weg) oder zeitlicher Hinsicht (z. B. bei vorübergehender Unterbrechung des gewöhnlichen Verbindungsbedarfs durch Überschwemmung, Schneeverwehungen oder Straßenbauarbeiten).

Wichtig!

Hier ist ein **strenger Maßstab** anzulegen. Bloße Zweckmäßigkeit des Notwegs reicht daher nicht.

In diesem Zusammenhang hat besonders die Frage der Notwendigkeit einer **Zufahrtsmöglichkeit für Kraftfahrzeuge** immer wieder die Gerichte beschäftigt. Bei **gewerblich** genutzten Grundstücken wird man diese heute regelmäßig bejahen müssen, soweit sie für den Betrieb erforderlich ist, wie bei notwendiger Be- und Entladung von Fahrzeugen. Dass neben Lieferanten auch Kunden frei zufahren dürfen, folgt hieraus allerdings noch nicht, insbesondere bei reinen Dienstleistungsbetrieben.

Für **private Wohngrundstücke** muss man heute davon ausgehen, dass die Erreichbarkeit mit Personenkraftfahrzeugen regelmäßig notwendig ist. Dies betrifft allerdings nur die unmittelbare Erreichbarkeit des Grundstücks als solche. Ist diese gegeben und ist auf diesem Wege lediglich das (zusätzliche) Erreichen auch des Hauseingangsbereichs oder eines Parkplatzes auf dem eigenen Grundstück nicht möglich, so kann allein hierfür grundsätzlich kein Notweg in Anspruch genommen werden. Dies gilt insbesondere im städtischen Umfeld bei in unmittelbarer Nähe gelegenen Parkmöglichkeiten.

Wichtig!

Geschützt ist damit im Ergebnis nur die **Zufahrt zum Grundstück, nicht** aber auch die **Zufahrt auf das Grundstück**.

c. Verlangen – Muss der Notweg erst eingefordert werden?

BEISPIEL: Balduin kann sein Grundstück nur über das Grundstück seines Nachbarn Viktor erreichen. Als dieser ein Betreten nicht erlaubt, ist Balduin entschlossen, sein Recht notfalls mit Gewalt zu erzwingen. Er denkt dabei auch daran, dass er sein Grundstück in absehbarer Zeit veräußern will.

Das Notwegrecht entsteht bei Vorliegen seiner oben dargestellten Voraussetzungen kraft Gesetzes. Dies erfordert allerdings darüber hinaus auch ein vorheriges **Verlangen seiner Duldung** gegenüber dem Verpflichteten. Balduin muss daher zunächst einmal ein entsprechendes Verlangen an Viktor richten. Dabei braucht der begehrte Notweg allerdings noch nicht näher eingegrenzt zu werden. Dies geschieht erst später durch Einigung der Nachbarn, anderenfalls durch gerichtliches Urteil. Balduin kann den Notweg aber nur für sich verlangen, nicht auch für einen künftigen Einzelrechtsnachfolger, etwa einen potentiellen Käufer.

Wichtig!

Das Notwegrecht begründet **kein Recht zur Selbsthilfe**!

Verweigert der Verpflichtete die Duldung, so muss zunächst gerichtliche Hilfe in Anspruch genommen werden. Balduin kann daher sein Recht nicht einfach mit Gewalt erzwingen.

Wichtig!

Der Anspruch auf Duldung eines Notwegs unterliegt **nicht** der **Verjährung**.

2. Inhalt

a. Zugang – Was ist auf dem Notweg erlaubt?

BEISPIEL: Balduin hat ein Notwegrecht über das Grundstück seines Nachbarn Viktor. Er nutzt dieses eifrig. Weil es für ihn bequemer ist, parkt er auch regelmäßig seinen Pkw auf Viktors Grundstück und nutzt dieses für Ladevorgänge. Viktor bringt daraufhin ein Tor an und verschließt dieses.

Ein Notwegrecht erlaubt die Benutzung des Nachbargrundstücks nur zum Zwecke des Zugangs zum eigenen Grundstück.

Wichtig!

Über diese bloße **Fortbewegung** hinausgehende Handlungen, wie Parken, Be- und Entladen von Fahrzeugen oder Abstellen von Gegenständen, sind nicht erlaubt.

Außerdem muss der Berechtigte bei der Benutzung auf die Interessen des Duldungspflichtigen soweit wie möglich **Rücksicht** nehmen. Der Eigentümer des belasteten Grundstücks darf den Zugang zum Weg zwar grundsätzlich durch ein Tor verschließen, muss dem Notwegberechtigten dann allerdings auch einen Schlüssel oder einen anderen geeigneten Öffnungsmechanismus aushändigen.

b. Richtung – Welchen Verlauf hat der Notweg?

BEISPIEL: Balduin kann sein Grundstück nur über das Grundstück seines Nachbarn Viktor erreichen. Am bequemsten für ihn wäre es, wenn er quer über Viktors Grund fahren könnte. Den bereits vorhandenen Weg entlang der Grundstücksgrenze möchte er dagegen nicht benutzen, weil dieser fast doppelt so lang ist.
Später will Viktor an der Grundstücksgrenze eine Grenzgarage errichten. Der dortige Weg stört ihn dabei.

Das Notwegrecht gibt keinen Anspruch auf den kürzesten und bequemsten Weg. Balduin kann daher nicht einfach quer über Viktors Grundstück fahren. Die Richtung des Notwegs ist vielmehr unter **Abwägung der Interessen** der Beteiligten zu bestimmen. Dabei geht es in erster Linie um eine möglichst geringe Belastung des Verpflichteten. Andererseits soll der Notweg aber auch möglichst effektiv sein. Schließlich sind auch die gewachsenen örtlichen Verhältnisse zu berücksichtigen, etwa bereits vorhandene Wege oder ob ein Grundstück bebaut ist oder anderweitig, etwa gewerblich oder landwirtschaftlich, genutzt wird. Damit ist im Ergebnis nicht automatisch die kürzeste Verbindung zu nehmen. Vielmehr wird der Notweg regelmäßig am Rand des belasteten Grundstücks bzw. mit möglichst großem Abstand von dortiger Wohnbebauung oder sonstigen Nutzungen zu nehmen sein. Im Beispielsfall ist daher am Rande des Grundstücks zu fahren, zumal dort bereits ein Weg vorhanden ist. Kommen mehrere Verbindungen über Grundstücke verschiedener Eigentümer in Betracht, so ist der Notweg grundsätzlich über das Grundstück desjenigen Nachbarn zu nehmen, dem hierdurch der geringste Nachteil entsteht.

Führt eine wesentliche Änderung der Verhältnisse dazu, dass die Ausübung des Notwegrechts auf der bisherigen Trasse zu einer erheblichen Beeinträchtigung des Duldungspflichtigen führt, so kann dieser die **Verlegung** des Notwegs verlangen. So etwa wenn er sonst an der Durchführung eines Bauvorhabens gehindert wäre wie im Beispielsfall. Die Kosten einer solchen Verlegung trägt grundsätzlich der Notwegberechtigte.

c. Herstellung, Unterhaltung, Kosten – Wer ist für den Notweg verantwortlich?

BEISPIEL: Balduin hat ein Notwegrecht über Viktors Grundstück. Weil dort in der Natur noch kein Weg vorhanden ist, baut er einen solchen, will aber dass Viktor ihm die Kosten erstattet.
Im darauf folgenden Jahr entschließt sich Viktor, den Weg mitzubenutzen. An den Unterhaltungskosten will er sich aber nicht beteiligen.

Der Berechtigte trägt die Kosten für Herstellung und Unterhaltung des Notwegs **allein.** Im Beispielsfall muss Balduin daher für die Kosten allein aufkommen, einen Erstattungsanspruch gegen Viktor hat er nicht. Er ist auf dem Notweg auch verkehrssicherungspflichtig, so dass ihn etwa im Winter die Räum- und Streupflicht trifft. Anders verhält es sich nur, wenn Berechtigter und Verpflichteter den Notweg gemeinsam nutzen. Dann sind insbesondere die Unterhaltungskosten zwischen ihnen **anteilig** zu teilen. In diesem Fall muss Viktor sich daher finanziell beteiligen.

d. Grundbuch – Kann ein Notwegrecht im Grundbuch eingetragen werden?

BEISPIEL: Balduin erstreitet vor Gericht ein Notwegrecht über Viktors Grundstück. Anschließend beantragt er dessen Eintragung im Grundbuch.

Das Notwegrecht kann **nicht im Grundbuch** eingetragen werden. Möglich ist eine Eintragung nur bei vom gesetzlichen Inhalt abweichenden Vereinbarungen der Beteiligten, ferner bei Zweifeln über die gesetzliche Duldungspflicht in Form einer klarstellenden Grunddienstbarkeit.

3. Beteiligte

BEISPIEL: Balduin hat sein Grundstück an Peter verpachtet. Das Pachtgrundstück kann nur über das Grundstück des Nachbarn Viktor erreicht werden. Dieser hat sein Grundstück an Martin vermietet.

Anspruchsberechtigt ist in erster Linie der Eigentümer des verbindungslosen Grundstücks, bei mehreren allerdings nur alle gemeinschaftlich. Ferner Wohnungseigentümer sowie Inhaber grundstücksgleicher Rechte.

Wichtig!

Der bloße **Besitzer**, wie ein Mieter oder Pächter, hat kein eigenes Notwegrecht.

Er darf den Notweg zwar mitbenutzen, muss sich im Übrigen allerdings an seinen Vermieter oder Verpächter halten; dafür schuldet er aber auch keine Notwegrente. Im Beispielsfall muss Peter sich daher an seinen Verpächter Balduin halten.

Duldungspflichtig ist der jeweilige Eigentümer des Verbindungsgrundstücks. Soweit diesem gegenüber ein Notwegrecht entstanden ist, wirkt es auch gegenüber an diesem Grundstück dinglich Berechtigten sowie sonstigen Nutzern wie Mietern oder Pächtern. Auch der Mieter Martin ist daher zur Duldung des Notwegs verpflichtet.

4. Ausschluss des Notwegrechts

BEISPIEL: Balduins Grundstück liegt nur über eine kurze Strecke unmittelbar an der öffentlichen Straße. Weil er sein Grundstück voll ausnutzen will, errichtet er an dieser Stelle einen Anbau. Seine Zufahrt zur Straße will er fortan auf das Grundstück seines Nachbarn Viktor verlegen.

Die Verpflichtung des Nachbarn zur Duldung eines Notwegs tritt nach § 918 Abs. 1 BGB nicht ein, wenn die bisherige Verbindung eines Grundstücks mit dem öffentlichen Weg durch eine **willkürliche Handlung** seines Eigentümers aufgehoben wird. Dies betrifft Fälle wie das Bebauen im Beispielsfall oder das sonstige Verschließen des Zugangs oder dessen mangelnde Unterhaltung, ferner den Verzicht auf ein bestehendes Wege- oder Notwegrecht über ein drittes Grundstück. Gleiches gilt regelmäßig auch, wenn der Eigentümer unter verschiedenen Möglichkeiten der ordnungsgemäßen

Nutzung seines Grundstücks eine Gestaltung wählt, die im Gegensatz zu den anderen gerade einen Notweg erfordert.

Einen Sonderfall willkürlichen Handelns regelt § 918 Abs. 2 BGB. **Veräußert** der Eigentümer einen Grundstücksteil und wird hierdurch der veräußerte oder der zurückbehaltene Teil verbindungslos, so besteht ein Notwegrecht fortan allein über den Grundstücksteil, über den die Verbindung bisher stattgefunden hat. Die Veräußerung eines von mehreren Grundstücken desselben Eigentümers steht dem gleich. In beiden Varianten ist ein Notwegrecht anderen Nachbarn gegenüber ausgeschlossen.

5. Notwegrente

BEISPIEL: Balduin hat ein Notwegrecht über Viktors 2000 qm großes Grundstück. Er benutzt dort einen 3 Meter breiten und 20 Meter langen Weg entlang der Grundstücksgrenze. Viktor wird dadurch an der Nutzung dieser Fläche als Garten gehindert.

Der mit einem Notweg belastete Nachbar muss diesen nicht unentgeltlich dulden. Er ist vielmehr nach § 917 Abs. 2 BGB durch eine **Geldrente** zu entschädigen.

Wichtig!

Der Rentenanspruch **entsteht,** unabhängig von einer tatsächlichen Wegenutzung, bereits mit dem Notwegrecht.

Die **Höhe** der Rente richtet sich bei Fehlen einer Vereinbarung der Beteiligten nach der Minderung des Verkehrswertes des Verbindungsgrundstücks. Hierfür ist etwa von Bedeutung, ob es sich bei diesem um Ödland handelt oder aber um landwirtschaftliche Nutzfläche oder gar um Bauland. Im Streitfall ist die konkrete Rentenhöhe vom Gericht festzusetzen. Im Beispielsfall wird sie gemessen an der Gesamtgröße des Grundstücks im Verhältnis zur Wegefläche, die zudem nur als Garten genutzt wurde, nicht hoch sein. Ausnahmsweise kann eine Rente im Einzelfall sogar ganz entfallen, wenn ein Nachteil bzw. eine Verkehrswertminderung nicht feststellbar ist.

Schuldner der Rente ist der jeweilige Eigentümer des verbindungslosen Grundstücks. Dies gilt auch, wenn nicht er den Notweg nutzt, sondern dinglich Berechtigte, Mieter oder Pächter. **Gläubiger** der Rente ist der jeweilige Eigentümer des Verbindungsgrundstücks. Daneben steht Inhabern eines Erbbaurechts oder einer Dienstbarkeit ein selbstständiges Rentenrecht zu, vorausgesetzt ihre Rechte werden durch das Notwegrecht beeinträchtigt.

Die Rente ist jährlich im Voraus **fällig.** Eine Möglichkeit zur Kapitalabfindung besteht nicht. Wird die Zahlung der fälligen Rente oder umgekehrt vom anderen Nachbarn die Duldung des Notwegs verweigert, so hat der jeweils andere Teil ein **Zurückbehaltungsrecht** an seiner eigenen Leistung. Für Verjährung, Erlöschen, Verzicht und Rang gelten die Vorschriften zur Überbaurente entsprechend (dazu S. 33 f.).

6. Rechtsschutz des Notwegrechts

BEISPIEL: Balduin braucht Viktors Grundstück für einen Notweg. Doch dieser bestreitet die Notwendigkeit und verweigert die Durchfahrt. Auch dem weiteren Nachbarn Norbert gefällt Balduins Vorhaben nicht. Er versperrt daher vorsichtshalber den Zugang von Balduins auf Viktors Grundstück. Balduin will gegen beide vor Gericht ziehen.

Die gerichtliche Durchsetzung eines Notwegrechts gegenüber dem Verpflichteten erfolgt durch **Klage auf Duldung** des Notwegs. Solche Streitigkeiten gehören unter Privaten vor die Zivilgerichte. Örtlich ist dabei das Gericht ausschließlich zuständig, in dessen Bezirk das für den Notweg beanspruchte Grundstück liegt. Balduin muss Viktor daher auf Duldung verklagen. Er muss dann im Prozess sämtliche oben dargestellten tatbestandlichen Voraussetzungen für ein Notwegrecht darlegen und ggf. beweisen. Er braucht sein Recht allerdings noch nicht nach Richtung und Umfang zu konkretisieren. Dies geschieht anschließend im Urteil durch das Gericht.

Klagt umgekehrt der Eigentümer des Verbindungsgrundstücks, im Beispiel also Viktor, auf Unterlassung der Benutzung seines Grundstücks, so kann ihm Balduin das Notwegrecht im Prozess als **Einwendung** entgegen halten.

Geht es nicht um die Durchsetzung des Notwegrechts als solches, sondern um die Abwehr von einzelnen Beeinträchtigungen desselben, so kann der Notwegberechtigte auch hierfür gerichtlichen Rechtsschutz in Anspruch nehmen. Namentlich kann er sich gegen Zugangsbehinderungen gegen jedermann mit **Beseitigungs- und Unterlassungsansprüchen** nach § 1004 BGB (dazu S. 166 ff.) zur Wehr setzen. **Besitzschutzansprüche** (dazu S. 173 ff.) kann er dagegen nur geltend machen, soweit das Notwegrecht innerhalb eines Jahres vor der Störung zumindest einmal ausgeübt wurde. Im Beispielsfall kann sich Balduin daher auch gegen Norberts Absperrmaßnahmen erfolgreich wehren.

II. Notleitungsrecht

BEISPIEL: Balduins Grundstück ist durch Viktors Grundstück von der öffentlichen Straße getrennt. Ein Anschluss an den öffentlichen Abwasserkanal ist daher nur durch Viktors Grundstück hindurch möglich. Obwohl sein Grundstück nur wenige Meter am Rand in Anspruch genommen werden müsste, ist dieser dagegen, weil er Schäden an seinem Eigentum befürchtet.

Einem Grundstück kann die erforderliche Verbindung auch insoweit fehlen, als es um den **Anschluss an ein Versorgungsleitungs- oder Kanalnetz** betreffend Wasser, Gas, Strom, Abwasser etc. geht. Es stellt sich dann die Frage nach einem Leitungsrecht an Nachbargrundstücken zur Verlegung von Versorgungs- und Entsorgungsleitungen.

1. Landesrechtliche Leitungsrechte

Verschiedene Länder haben hierzu eigene Vorschriften über Notleitungsrechte geschaffen. Solche finden sich in den **Nachbarrechtsgesetzen** von Baden-Württemberg (§ 7f), Brandenburg (§§ 44 ff.),

Hessen (§§ 30 ff.), Rheinland-Pfalz (§§ 26 ff.), Saarland (§§ 27 ff.), Sachsen (§§ 19 ff.) und Thüringen (§§ 26 ff.). Im Einzelnen unterscheiden sich diese Vorschriften teils erheblich voneinander. Es können daher hier nur Grundzüge dargestellt werden.

Die Vorschriften betreffen in erster Linie den Anschluss an **Wasserversorgungs- und Abwasserleitungen,** zum Teil auch an andere Leitungen, insbesondere solche für Fernheizung. Die Inanspruchnahme eines Nachbargrundstücks erfordert dabei regelmäßig, dass zum einen der Anschluss anderweitig nicht zweckmäßig oder nur mit unverhältnismäßig hohen Kosten durchführbar ist und dass zum anderen die Beeinträchtigung des duldungspflichtigen Nachbarn nicht erheblich ist. Im Beispielsfall liegen diese Voraussetzungen vor, da Balduin nur diese Anschlussmöglichkeit hat und Viktor kaum beeinträchtigt wird. Eine Duldungspflicht besteht allerdings nur, wenn die gegenwärtige oder beabsichtigte Nutzung des Grundstücks des Berechtigten auch **zulässig** ist. Bei einer geplanten Bebauung kann das landesrechtliche Leitungsrecht auch in Anspruch genommen werden, um auf diesem Wege überhaupt erst eine zur baurechtlichen Zulässigkeit des Vorhabens führende leitungsmäßige Erschließung zu erreichen.

Besteht ein Leitungsrecht, so sind vom Verpflichteten die für den Anschluss **notwendigen** Leitungen zu dulden. Sofern auf seinem Grundstück bereits Leitungen vorhanden sind und deren Mitbenutzung ausreicht, beschränkt sich die Duldungspflicht allerdings regelmäßig auf einen **Anschluss an die vorhandene Leitung.** Darüber hinaus gilt generell, dass bei der Ausübung des Leitungsrechts das Eigentum am belasteten Grundstück tunlichst zu **schonen** ist. Immerhin wird hier fremdes Eigentum in Anspruch genommen.

Wichtig!

Die Ausübung des Leitungsrechts ist in der Regel mit einer vorgelagerten **Anzeigepflicht** gegenüber dem Duldungspflichtigen verknüpft.

Die Durchführung und Kosten der Verlegung und Unterhaltung der Leitung fallen dem Berechtigten zur Last. Für die Duldung ist meist eine **Geldrente** zu entrichten. Für entstandene Schäden ist verschuldensunabhängig **Schadensersatz** zu leisten. Viktor muss daher im Beispielsfall eine Notleitung dulden, bekommt aber umgekehrt eventuelle Schäden an seinem Grundstück ersetzt. Schließlich kann der Duldungspflichtige je nach Landesrecht bei nachträglicher erheblicher Beeinträchtigung meist die **Beseitigung der Leitung** verlangen, sofern der Berechtigte die Beeinträchtigung nicht auf ein nicht mehr erhebliches Maß herab mildert.

2. Notleitungsrecht nach BGB

Soweit keine landesrechtlichen Regelungen zum Notleitungsrecht bestehen, kann sich ein solches aus einer entsprechenden Anwendung der gesetzlichen Bestimmung über den Notweg (**§ 917 BGB analog**) ergeben. Hierfür gelten deshalb grundsätzlich entsprechende Voraussetzungen wie für ein Notwegrecht (dazu S. 99 ff.). Insbesondere kann es daher – anders als die zuvor dargestellten landesrechtlichen Leitungsrechte – nicht in Anspruch genommen werden, um erst auf diesem Wege eine zur baurechtlichen Zulässigkeit eines Bauvorhabens führende leitungsmäßige Erschließung zu erreichen. Ein solches Notleitungsrecht kommt ferner nur in Betracht, soweit es um den Anschluss an ein **öffentliches Leitungsnetz** zur Versorgung mit Wasser, Gas und Strom sowie zur Entsorgung von Abwasser geht. Im Beispielsfall wären diese Voraussetzungen gegeben.

Das Notleitungsrecht erlaubt zwar sowohl die ober- als auch unterirdische Leitungsführung, im Grundsatz sogar durch bestehende Gebäude. Allerdings ist bei seiner **Ausübung** das Eigentum am belasteten Grundstück tunlichst zu schonen. Aus diesem Grund kann sich der Anspruch bei einem schon bestehenden Leitungsnetz auf dem Nachbargrundstück auf dessen bloße **Mitbenutzung** beschränken. Zudem kommt eine Leitungsführung durch ein Gebäude allenfalls in Betracht, wenn diese wirklich alternativlos ist. Ist die Ausübung des Leitungsrechts für den Eigentümer des belasteten Grundstücks besonders beschwerlich, so kann er ggf. die **Verlegung** der

Leitung an eine andere, für den Berechtigten ebenso geeignete Stelle verlangen; die Kosten hierfür hat regelmäßig der Berechtigte zu tragen. Auch für die Inanspruchnahme eines Notleitungsrechts ist eine (Notleitungs-)**Rente** zu zahlen.

3. Öffentlich-rechtliche Durchleitung

Neben den privatrechtlichen Vorschriften des Nachbarrechts bestehen auch öffentlich-rechtliche Duldungspflichten für die **Durchleitung von Wasser und Abwasser** durch fremde Grundstücke und für die **Mitbenutzung von Anlagen** nach Maßgabe der §§ 93, 94 WHG. Hier muss allerdings zunächst die zuständige Behörde tätig werden, die dabei allein nach wasserwirtschaftlichen Gesichtspunkten entscheidet.

4. Besondere Leitungsrechte

a. Telekommunikation

BEISPIEL: Die Telekom erweitert ihr Leitungsnetz. Dazu will sie eine Leitungstrasse durch das Grundstück von Gustav legen. Dieser will das nicht entschädigungslos hinnehmen.

Besondere Leitungsrechte regelt das Telekommunikationsgesetz (TKG) für öffentliche Telekommunikationslinien. An Verkehrswegen besteht insoweit eine unentgeltliche Nutzungsberechtigung nach Maßgabe der §§ 68 ff. TKG. Darüber hinaus muss der Eigentümer eines anderen Grundstücks, das nicht Verkehrsweg ist, nach **§ 76 TKG** die Errichtung, den Betrieb und die Erneuerung von Telekommunikationslinien auf seinem Grundstück unter bestimmten Voraussetzungen unmittelbar dulden, ohne dass er hierzu erst gerichtlich in Anspruch genommen werden müsste. Dies gilt zum einen, wenn dort bereits eine anderweitig rechtlich gesicherte Leitung oder Anlage vorhanden ist, die nunmehr auch für eine Telekommunikationslinie genutzt werden soll, sofern hierdurch die Nutzbarkeit seines Grundstücks nicht dauerhaft zusätzlich eingeschränkt wird. Zum anderen gilt dies auch, wenn sein Grundstück durch die Benutzung nicht oder nur unwesentlich beeinträchtigt wird. Unter diesen Voraussetzungen muss daher auch Gustav die Leitungsverlegung durch sein Grundstück dulden.

Die Nutzung ist **grundsätzlich entschädigungslos** hinzunehmen. Wenn die Benutzung oder der Ertrag des in Anspruch genommen Grundstücks allerdings über das zumutbare Maß hinaus beeinträchtigt wird, so kann dessen Eigentümer einen **angemessenen Ausgleich in Geld** verlangen. Wenn diese Voraussetzungen bei Gustav vorliegen, so hat er einen Ausgleichsanspruch. Darüber hinaus steht dem betroffenen Grundstückseigentümer bei einer erweiterten Nutzung zu Zwecken der Telekommunikation ein **einmaliger Ausgleich in Geld** zu, sofern bisher keine zu Telekommunikationszwecken nutzbaren Leitungswege vorhanden waren. Diese Entschädigungsansprüche verjähren alle in drei Jahren.

b. Allgemeine Versorgungsbedingungen, Netzanschlussverordnungen

BEISPIEL: Die Grundstücke von Gustav und Norbert liegen beide im Versorgungsgebiet des Elektrizitätsversorgers E. Da Gustavs Grundstück durch Norberts Grundstück von der Hauptleitung in der öffentlichen Straße abgeschnitten ist, will E die Leitung für Gustavs Anschluss durch Norberts Grundstück legen.

Besondere Leitungsrechte bestehen auch nach den Allgemeinen Versorgungsbedingungen für die **Wasserversorgung** (§ 8 AVBWasserV) und für die **Fernwärmeversorgung** (§ 8 AVBFernwärmeV) sowie den Netzanschlussverordnungen für die **Elektrizitätsversorgung** (§ 12 NAV) und für die **Gasversorgung** (§ 12 NDAV).

Den Versorgungsunternehmen ist hiernach ein **unentgeltliches Nutzungsrecht** zum Verlegen von Leitungen für Zwecke der örtlichen Versorgung eingeräumt. Dies gilt jedoch nur für Grundstücke, die selbst an die Versorgung angeschlossen sind, die vom Eigentümer in wirtschaftlichem Zusammenhang mit der Versorgung genutzt werden oder für die die Möglichkeit der Versorgung sonst wirtschaftlich vorteilhaft ist. Da Gustavs Grundstück im selben Versorgungsgebiet liegt, ist diese Voraussetzung im Beispielsfall gegeben. Eine Pflicht zur Duldung besteht aber nicht, wenn die Inanspruchnahme den Eigentümer mehr als notwendig oder in unzumutbarer Weise belasten würde.

Die konkrete **Trassenführung** steht grundsätzlich im pflichtgemäßen Ermessen des Versorgungsunternehmens. Typischerweise wird danach etwa der Anschluss eines Hinterliegers über das Vorderliegergrundstück erfolgen wie im Beispielsfall. Ist die bisherige Trassenführung für den Grundstückseigentümer aufgrund nachträglich eingetretener Umstände nicht mehr zumutbar, so hat er einen **Anspruch auf Verlegung.** Dies kann etwa der Fall sein, wenn das Grundstück im Bereich der Leitungstrasse bebaut werden soll. Wird der **Bezug von Leistungen eingestellt,** so ist bei der Wasser- und Fernwärmeversorgung die Entfernung der Einrichtungen zu gestatten oder aber auf Verlangen des Unternehmens ihr Verbleib noch fünf Jahre unentgeltlich zu dulden bzw. bei der Elektrizitäts- und Gasversorgung der Verbleib der Einrichtungen noch drei Jahre unentgeltlich zu dulden, sofern dies jeweils nicht ausnahmsweise unzumutbar ist.

III. Betretungsrechte

BEISPIEL: Balduin will eine den Bauvorschriften entsprechende Grenzgarage errichten. Zum Verputzen der Grenzwand muss er das Grundstück seines Nachbarn Viktor betreten und dort auch ein kleines Gerüst aufstellen. Viktor will ihn aber nicht auf sein Grundstück lassen. Er befürchtet dort Schäden. Außerdem weiß er, dass Balduin für alles ewig lange braucht.

1. Landesrechtliche Betretungsrechte

a. Hammerschlags- und Leiterrecht

Ein Bedürfnis zum Betreten eines Nachbargrundstücks kann sich auch im Zusammenhang mit grenznahen Arbeiten auf dem eigenen Grundstück ergeben. Hier hilft das sog. Hammerschlags- und Leiterrecht. Entsprechende gesetzliche Vorschriften finden sich in den

Nachbarrechtsgesetzen von Baden-Württemberg (§ 7d), Berlin (§§ 17 f.), Brandenburg (§§ 23 f.), Hessen (§§ 28 f.), Niedersachsen (§§ 47 f.), Nordrhein-Westfalen (§§ 24 f.), Rheinland-Pfalz (§§ 21 ff.), Saarland (§§ 24 ff.), Sachsen (§ 24), Sachsen-Anhalt (§§ 18 ff.), Schleswig-Holstein (§§ 17 ff.) und Thüringen (§§ 21 ff.) sowie im Bayerischen Ausführungsgesetz zum BGB (Art. 46b) und in der Hamburgischen Bauordnung (§ 74). Im Einzelnen unterscheiden sich diese Vorschriften teils erheblich voneinander. Es können daher hier nur Grundzüge dargestellt werden.

Das Hammerschlags- und Leiterrecht bezieht sich nur auf die **Errichtung, Veränderung, Instandhaltung und Beseitigung** von Gebäuden und sonstigen **baulichen Anlagen,** wie der Garage im Beispielsfall. Probleme kann hier insbesondere der Begriff der Instandhaltung bereiten. Dieser umfasst Instandsetzungsarbeiten an reparaturbedürftigen Anlagen ebenso wie Unterhaltungsarbeiten, die der Erhaltung eines ordnungsgemäßen Zustands dienen, sowie ferner Modernisierungsmaßnahmen, wie das Anbringen einer Wärmedämmung; nicht erfasst werden hingegen reine Verschönerungsarbeiten, die allein die Optik betreffen. Ebenso wenig erfasst wird die Grundstücksunterhaltung im Übrigen, wie etwa die Gartenpflege.

Wichtig!

Die Durchführung der Arbeiten muss öffentlich- wie auch privatrechtlich **rechtmäßig** sein.

Ein Betretungsrecht kann daher nicht in Anspruch genommen werden für Schwarzbauten oder für bauliche Anlagen, die die Abstandsflächen nicht einhalten oder gar über die Grenze gebaut sind. Im Übrigen trifft die Entscheidung, ob eine bauliche Anlage errichtet wird, allerdings allein der jeweilige Eigentümer. Ein Betretungsrecht scheidet auch aus, sofern dessen Ausübung auf dem Nachbargrundstück tatsächliche Hindernisse entgegenstehen, etwa eine Bebauung oder Bepflanzung.

Ein Hammerschlags- und Leiterrecht hängt ferner regelmäßig davon ab, dass einerseits der Berechtigte anders das beabsichtige Vorhaben nicht oder nur unter unverhältnismäßig hohen Kosten durchführen kann. Andererseits dürfen die mit der Ausübung des Rechts für den Verpflichteten verbundenen Nachteile und Belästigungen nicht außer Verhältnis zum erstrebten Vorteil stehen. Dies erfordert eine umfassende **Abwägung der Interessen** der Beteiligten. Allein der Umstand, dass der Eigentümer sein Grundstück nicht nutzt, führt noch nicht dazu, dass er dessen Inanspruchnahme durch den Nachbarn automatisch dulden müsste. Bei Verputzarbeiten an Grenzgaragen wie im Beispielsfall wird die Abwägung regelmäßig ein Betretungsrecht ergeben. Sind die gesetzlichen Voraussetzungen des Rechts zu bejahen, entsteht dieses kraft Gesetzes.

Wichtig!

Dies bedeutet **kein Recht zur Selbsthilfe**!

Sofern der Nachbar die Duldung verweigert, muss daher ggf. zuerst gerichtliche Hilfe in Anspruch genommen werden. Meist besteht schließlich auch eine fristgebundene **Anzeigepflicht** gegenüber dem Nachbarn, deren Erfüllung dann Voraussetzung für die Ausübung des Rechts ist.

Wichtig!

Das Nachbargrundstück darf stets nur insoweit in Anspruch genommen werden, als dies **notwendig** ist. Das gilt sowohl in sachlicher wie auch in zeitlicher Hinsicht.

Im Beispielsfall darf Balduin daher Viktors Grundstück nur so lange für die Verputzarbeiten benutzen, wie dies objektiv gesehen notwendig ist. Das Recht ist dabei stets schonend auszuüben. Erlaubt ist das **Betreten** des Nachbargrundstücks. Dies betrifft dessen unbebauten Teil, je nach Landesrecht auch Gebäude und andere bauliche Anlagen, richtiger Auffassung nach hingegen nicht Wohnungen. Darüber hinaus ist je nach Landesrecht auch ein **Benutzen** des Nachbargrundstücks in bestimmtem Umfang erlaubt. Dies kann je nach Einzelfall das Recht umfassen, Leitern und Gerüste aufzustellen sowie Geräte oder Materialien über das Nachbargrundstück zu bringen oder dort zu niederzulegen; unter Umständen auch das vorübergehende Ausheben von Erdreich direkt auf dem Nachbargrundstück zum Anlegen einer Baugrube oder von Arbeitsräumen. Schließlich wird das Schwenken eines Kranarms über das Nachbargrundstück als zulässig angesehen.

Für Schäden, die durch die Inanspruchnahme des Nachbargrundstücks entstehen, ist verschuldensunabhängig **Schadensersatz** zu leisten. Viktor muss daher im Beispielsfall nicht befürchten, auf einem eventuellen Schaden sitzen zu bleiben. Je nach Landesrecht kann der Duldungspflichtige ferner vorab **Sicherheitsleistung** für den voraussichtlichen Schaden sowie bei länger dauernder Inanspruchnahme **Nutzungsentschädigung** verlangen.

b. Besonderheiten bei land- und forstwirtschaftlichen Grundstücken

Im Zusammenhang mit landwirtschaftlich genutzten Grundstücken kennen einige Landesrechte auch ein sog. **Anwenderecht.** Das ist das Recht, zum Zwecke der Bewirtschaftung des eigenen Grundstücks bis an dessen Grenze hin, das Nachbargrundstück zu betreten und zu befahren. Heute gilt dies auch beim Benutzen von modernen Traktoren und anderen Erntemaschinen. Vorschriften zur Neubegründung von Anwenderechten finden sich noch in den Nachbarrechtsgesetzen von Niedersachsen (§ 31) und Sachsen (§ 7). In Baden-Württemberg und Bayern bestehen ausschließlich bestimmte alte Anwenderechte fort. Das Anwenderecht **erlischt,** sobald eines der Grundstücke Innenbereich oder durch Bebauungsplan als Bauland ausgewiesen wird.

In mehreren Ländern bestehen ferner besondere Vorschriften zum **Grenzabstand für Einfriedungen** gegenüber landwirtschaftlich genutzten oder im Außenbereich liegenden Grundstücken; diese sind mit Ausnahme von Niedersachsen und Sachsen allerdings nicht mit einem Benutzungsrecht am Nachbargrundstück verbunden und begründen daher auch kein Anwenderecht.

Schließlich existieren in einigen Ländern besondere **Benutzungsrechte bei wald- und forstwirtschaftlichen Grundstücken.**

2. Nachbarliches Gemeinschaftsverhältnis

Auch bei Fehlen eines landesrechtlich geregelten Betretungsrechts, wie in Bremen und Mecklenburg-Vorpommern, kann sich ein solches ausnahmsweise nach den Grundsätzen des **nachbarlichen Gemeinschaftsverhältnisses** ergeben.

Voraussetzung hierfür ist, dass die Nutzung des Nachbargrundstücks dessen Eigentümer wegen ihrer Geringfügigkeit und ihres vorübergehenden Charakters nur **unwesentlich beeinträchtigt,** während sie umgekehrt zur Durchführung von Bau- oder Instandhaltungsmaßnahmen an baulichen Anlagen auf dem eigenen Grundstück **zwingend erforderlich** ist. Auch hier sind sämtliche Interessen der Beteiligten umfassend **abzuwägen.** Eine Duldungspflicht kann nur bestehen, wenn die Arbeiten rechtmäßig sind. Das Verputzen von Grenzgaragen wie im Beispielsfall ist auch auf der Grundlage des nachbarlichen Gemeinschaftsverhältnisses regelmäßig zu dulden.

Erlaubt sind das **Betreten** des Nachbargrundstücks sowie das **Aufstellen von Gerüsten und Leitern.** Eine weitergehende Inanspruchnahme des Nachbargrundstücks scheidet hier dagegen grundsätzlich aus! Entstehende **Schäden** sind bei Verschulden nach § 823 BGB zu ersetzen. Subsidiär dazu kann analog § 906 Abs. 2 Satz 2 BGB auch ein nachbarrechtlicher Ausgleichsanspruch in Betracht kommen. Auch hier wird Viktor daher auf einem eventuellen Schaden nicht sitzen bleiben.

IV. Schuldrechtliche Nutzungsgestattung

BEISPIEL: Balduin erreicht sein Grundstück auf einem Weg, der über das Grundstück seines Nachbarn Viktor führt. Dies ist schon seit Jahrzehnten so, ohne dass Viktor dem je widersprochen hätte. Balduin könnte allerdings auch einen anderen, längeren Weg benutzen. Nach Meinungsverschiedenheiten untersagt Viktor die weitere Benutzung seines Grundstücks. Balduin will dies nicht hinnehmen, da er erst kürzlich mit Viktors Erlaubnis 5.000 EUR in die Befestigung des Weges investiert hat. Noch bevor der Streit geklärt ist, verkauft Viktor sein Grundstück. Käufer Karl verbietet Balduin ebenfalls die Benutzung des Weges.

1. Zustandekommen

Die Benutzung eines Grundstücks, etwa als Weg oder zur Verlegung von Leitungen, kann auch durch Vereinbarung der beteiligten Nachbarn geregelt werden. Sie kann **ausdrücklich** gestattet werden. Eine Gestattung kann aber auch **konkludent,** d. h. durch schlüssiges Verhalten erteilt werden, wenn sich aus diesem Verhalten bei objektiver Betrachtung ein entsprechender Rechtsbindungswille ergibt. Bloßes Schweigen zu einem eigenmächtigen Handeln des Nachbarn reicht hierfür allein zwar regelmäßig nicht. Anders kann es sich aber verhalten, wenn ein solches Handeln wissentlich über einen längeren Zeitraum widerspruchslos geduldet wird, ohne dass hierzu an sich eine Verpflichtung besteht. Im Beispielsfall wird man daher aufgrund der jahrzehntelangen Duldung von einer konkludenten Gestattung ausgehen müssen. Damit kommt zwischen den Nachbarn dann regelmäßig ein **Leihvertrag** zustande.

Wichtig!

Dieser wirkt wie jeder schuldrechtliche Vertrag grundsätzlich nur zwischen den Vertragsparteien. Es ist daher dringend eine dingliche Absicherung in Form einer **Grunddienstbarkeit** anzuraten!

Ein Käufer des Grundstücks wie im Beispielsfall oder ein anderweitiger Einzelrechtsnachfolger ist deshalb an eine rein schuldrechtliche Nutzungsgestattung nicht gebunden. Er kann die Gestattung daher selbst dann widerrufen, wenn diese mit dem Rechtsvorgänger jahrzehntelang Bestand hatte.

2. Beendigung

Bestehen keine ausdrücklichen Absprachen der Parteien zur Frage der Beendigung der Gestattung, so gelten hierfür die gesetzlichen Vorschriften über die Beendigung eines Leihvertrages (§§ 604 f. BGB).

Wichtig!

Es ist grundsätzlich eine **jederzeitige Kündigung** ohne besonderen Grund möglich!

Diese darf lediglich nicht zur Unzeit erfolgen. Deshalb wird insbesondere bei langandauernder Duldung oft eine angemessene Kündigungsfrist einzuhalten sein.

Diese jederzeitige Beendigungsmöglichkeit besteht allerdings nur dort uneingeschränkt, wo sich die Leihe im Wesentlichen in der Benutzung von auf dem Nachbargrundstück bereits vorhandenen Einrichtungen erschöpft. Anders verhält es sich dagegen, wenn der Entleiher erlaubterweise **nicht unerhebliche wirtschaftliche Investitionen** tätigt. Dies ist insbesondere der Fall bei Verlegung einer Leitung oder der Neuanlage oder wie im Beispielsfall der Neubefestigung eines Weges. Die Nutzung muss dann, sofern kein vertragswidriger Gebrauch stattfindet, grundsätzlich erst mit Erreichen der Lebensdauer des Weges oder der Leitung beendet werden. Viktor kann daher hier nicht einfach kündigen. Auch an diese Einschränkungen für die Beendigung der Leihe ist allerdings ein Einzelrechtsnachfolger grundsätzlich nicht gebunden! Käufer Karl kann die Leihe daher ohne Rücksicht auf Balduins Investitionen kündigen.

V. Die Grunddienstbarkeiten als vereinbartes Nachbarrecht

1. Begriff und Abgrenzung – Wer darf eine Grunddienstbarkeit ausüben?

BEISPIEL: Norbert hat für das Nachbargrundstück, das im Eigentum von Gerhard steht, eine Grunddienstbarkeit mit dem Inhalt bestellt, dass „der jeweilige Eigentümer des herrschenden Grundstücks berechtigt ist, die drei Meter breite Fahrt auf dem dienenden Grundstück als Zugang und Zufahrt zum herrschenden Grundstück zu benutzen". Gerhard ist Junggeselle und erhält stets wechselnden Damenbesuch. Darunter befindet sich auch Frieda, die „Todfeindin" der Ehefrau von Norbert. Diese möchte nicht, dass Frieda ihr Grundstück betritt. Norbert meint, dass die Grunddienstbarkeit nur dem jeweiligen Eigentümer des herrschen Grundstücks die Nutzungsberechtigung geben würde, nicht auch dessen diversen Freundinnen. Gerhard fragt, ob er sich für seine Freundinnen einen Hubschrauber anschaffen soll. Außerdem gehe es Norbert und seine Frau nichts an, mit wem er ins Bett gehe. Dafür, dass sich die Frau von Norbert und Frieda nicht verstünden, könne er nichts.

Eine Grunddienstbarkeit ist ein einem Eigentümer eines anderen Grundstücks zustehendes **Recht an einem Grundstück** (§ 1018 BGB). Das Grundstück, an dem der Eigentümer eines anderen Grundstücks ein Recht hat, wird „dienendes Grundstück" genannt. Die Bezeichnung des berechtigten Grundstücks lautet „herrschendes Grundstück". Ähnlich wie Grunddienstbarkeiten funktionierten in der ehemaligen DDR die sog. Mitbenutzungsrechte. **Baulasten** gehören dagegen dem öffentlichen Recht an. Sie dienen in den Ländern – mit Ausnahme von Bayern – dazu, baurechtliche Hindernisse auszuräumen. Ihre Wirkungen beschränken sich auf das öffentliche Recht; zivilrechtliche Bedeutung haben sie nicht. Sie werden in das Baulastenverzeichnis eingetragen.

Wichtig!

Mit einer Grunddienstbarkeit kann nur das gesamte Grundstück belastet werden.

Ein Grundstücksteil kann mit einer Grunddienstbarkeit nicht belastet werden, solange er nicht als selbstständiges Grundstück im Grundbuch, also regelmäßig mit einer eigenen Flurstücksnummer, gebucht ist. Dies gilt auch dann, wenn von der Grunddienstbarkeit nur ein Teil des dienenden Grundstücks betroffen ist. Beispiel ist ein Geh- und Fahrtrecht, das nur an einer Grundstücksgrenze ausgeübt werden darf. Im Grundbuch wird es dennoch am ganzen **dienenden Grundstück** eingetragen, das mit dieser Grunddienstbarkeit belastet wird. Allerdings ist die Ausübung auf die bestimmte Teilfläche beschränkt (§§ 1023, 1026 BGB). Die Beschreibung des **Ausübungsbereichs** kann wörtlich („in einer Breite von drei Metern entlang der westlichen Grundstücksgrenze“) oder durch Beifügung einer Karte oder eines Plans mit einer entsprechenden Einzeichnung erfolgen. Denkbar ist es auch, auf in der Natur bereits vorhandene Anlagen („auf dem bereits vorhandenen Weg“) zu verweisen; allerdings kann dies in späteren Jahren, wenn keine Kenntnis mehr vom damaligen Wegverlauf besteht, zu Streitigkeiten führen. Hat der Eigentümer des herrschenden Grundstücks die Wahl, wo er sein Recht ausüben möchte, unterbleibt eine Festlegung des Ausübungsbereichs; in diesem Fall ist die gesamte Grundstücksfläche von der Dienstbarkeit betroffen. Gleiches gilt, wenn die Ausübungsstelle oder der Ausübungsbereich der tatsächlichen Ausübung überlassen bleibt. Eine Festlegung des Ausübungsbereichs ist jedoch ratsam. Erforderlich ist sie, wenn die betreffende Stelle für das Recht von so wesentlicher Bedeutung ist, dass ihr Inhalt ohne sie nicht erkennbar wäre. Beispiele sind das auf einen Grundstücksteil beschränkte Bauverbot, eine Abstandsflächenübernahme und sonstige Unterlassungspflichten, die nur einen Teil des Grundstücks betreffen.

Berechtigter einer Grunddienstbarkeit kann, anders als bei einer beschränkten persönlichen Dienstbarkeit, bei der eine bestimmte Person berechtigt ist, nur der jeweilige Eigentümer eines bestimmten Grundstücks sein. Davon zu unterscheiden ist die Grunddienstbarkeit, die nur einem bestimmten Grundstücksteil des herrschenden Grundstücks zum Vorteil gereicht. Beispiel ist das Geh- und Fahrtrecht, das nur als Zufahrt zu einem Gebäude, das sich mit weiteren anderen auf dem herrschenden Grundstück befindet, genutzt werden darf. Auch mehrere Grundstücke können Berechtigte einer Grunddienstbarkeit sein. Auch eine Eigentümergrunddienstbarkeit kann bestellt werden. Es handelt sich um den Fall, dass das dienende und das herrschende Grundstück im Eigentum derselben Person stehen.

Auch wenn Berechtigter einer Grunddienstbarkeit nur der jeweilige Eigentümer des herrschenden Grundstücks sein kann, bedeutet dies nicht, dass dieser allein das Recht, das die Grunddienstbarkeit dem berechtigten Eigentümer gibt, ausüben darf. Selbstverständlich können auch seine Angehörigen, die mit ihm das herrschende Grundstück bewohnen, aber auch Mieter, Pächter, Kunden, Gäste und aus sonstigen Gründen sein Grundstück betretende Personen (z. B. Briefträger, Polizeibeamte, Ärzte etc.) das Recht ausüben. Der Wortlaut („der jeweilige Eigentümer“) darf darüber nicht hinwegtäuschen.

Wichtig!

Berechtigter einer Grunddienstbarkeit kann nur der jeweilige Eigentümer eines Grundstücks sein. Dies bedeutet aber nicht, dass nur der Eigentümer die Rechte auch allein ausüben darf. Er kann zwar sein Recht nicht übertragen, darf es aber durch seine Mieter oder Gäste ausüben lassen.

2. Inhalt und Vorteil

a. Arten der Grunddienstbarkeit – Was kann in einer Grunddienstbarkeit geregelt werden?

BEISPIEL: Gerhard bittet seinen Nachbarn Norbert, ihm zu gestatten, über die südwestliche Ecke seines Grundstücks zu fahren. Norbert möchte im Gegenzug dazu, dass sich Gerhard ihm gegenüber verpflichtet, auf seinem Grundstück keine Mobilfunkantenne zu errichten. Außerdem möchte er, dass sich Gerhard ihm gegenüber verpflichtet, gegen seinen Biokomposthaufen nicht gerichtlich vorzugehen, auch wenn von ihm stärkere Geruchsbeeinträchtigungen ausgehen, als dies im Wohngebiet zulässig ist. Gerhard hält dies alles für unzulässig, von derartigen Dienstbarkeiten hat er noch nie etwas gehört. Norbert ergänzt seinen Wunsch dahingehend, dass er auch nicht möchte, dass auf dem Nachbargrundstück ein Gewerbe betrieben wird.

Das Gesetz lässt drei verschiedene **Arten von Grunddienstbarkeiten** zu: Nutzungs- und Unterlassungsdienstbarkeiten und Dienstbarkeiten mit dem Verzicht auf die Ausübung bestimmter Rechte. Allen Grunddienstbarkeiten ist gemeinsam, dass durch sie **nicht** der Eigentümer des dienenden Grundstücks zu einem **positiven Tun** verpflichtet werden darf. Deshalb kann dieser nicht dazu verpflichtet werden, einen Zaun an seiner Grundstücksgrenze zu errichten und zu unterhalten oder ein Gebäude abzureißen. Die Unterhaltspflicht für einen Zaun kann nur durch eine Reallast im Grundbuch gesichert werden. Die grundbuchmäßige Sicherung hat stets den Vorteil, dass sie auch gegenüber Einzelrechtsnachfolgern, also Käufern oder sonstigen Grundstückserwerbern, wirkt. Dagegen binden Vereinbarungen, die nicht im Grundbuch eingetragen werden, nur die unmittelbar beteiligten Eigentümer und deren Erben.

Wichtig!

Der Eigentümer des dienenden Grundstücks darf durch die Grunddienstbarkeit ferner **nicht** lediglich in seiner Verfügungs- und Verpflichtungsmacht eingeschränkt werden.

Deshalb kann das Verbot der Vermietung, Veräußerung und Belastung nicht Inhalt einer Grunddienstbarkeit sein. Es muss sich vielmehr um eine **Beschränkung des tatsächlichen Gebrauchs** des dienenden Grundstücks handeln. Die Grunddienstbarkeit darf auch nicht lediglich eine ohnehin bestehende gesetzliche Pflicht wiederholen. Besteht aufgrund des Landesnachbarrechts das Verbot, Fenster in eine Wand an der Grundstücksgrenze einzubauen oder ein Hammerschlags- und Leiterrecht, kann dies nicht zusätzlich in das Grundbuch eingetragen werden. Verbietet dagegen ein Bebauungsplan eine bestimmte Nutzung, kann dennoch eine entsprechende Grunddienstbarkeit im Grundbuch eingetragen werden, da die Bauleitplanung nach überwiegender Ansicht Veränderungen unterliegt. Gleiches gilt, wenn eine konkrete Pflicht lediglich durch Verwaltungsakt angeordnet wird (z. B. durch die Baugenehmigung).

Der Inhalt der Grunddienstbarkeit muss bestimmt oder zumindest bestimmbar sein. Der **Bestimmtheitsgrundsatz** gilt auch, wenn ein Ausübungsbereich festgelegt werden soll. Die Beteiligten können die Grunddienstbarkeit von einem künftigen Ereignis oder Zeitpunkt abhängig machen. Sie kann aber auch auflösend bedingt oder befristet bestellt werden. Beispiel ist das Erlöschen nach 20 Jahren ab Eintragung im Grundbuch. Eine gewisse „Personalisierung“ kann dadurch erreicht werden, dass die Grunddienstbarkeit erlischt, wenn andere Personen als der gegenwärtige Eigentümer oder seine leiblichen Abkömmlinge alleinige Eigentümer des herrschenden

Grundstücks sind. Die Bedingung oder Befristung muss aber ebenfalls den Bestimmtheitsanforderungen entsprechen.

Nicht Inhalt der Grunddienstbarkeit kann die Gewährung einer **Gegenleistung** sein. Deshalb kann beispielsweise die jährliche Zahlung, die für ein Stellplatzrecht vereinbart wird, nicht als Inhalt der Grunddienstbarkeit im Grundbuch eingetragen werden. Zulässig ist es dagegen, das hinsichtlich der Dienstbarkeit berechtigte Grundstück mit einer Reallast zu belasten, wonach der vereinbarte Geldbetrag während des Bestehens der Grunddienstbarkeit an den Eigentümer des mit der Dienstbarkeit belasteten herrschenden Grundstücks bezahlt werden muss. Die überwiegende Ansicht lässt es ferner zu, dass die Ausübung der Grunddienstbarkeit von der Zahlung der Gegenleistung abhängig gemacht wird. Schließlich kann auch die Dienstbarkeit selbst erlöschen, wenn der Eigentümer des herrschenden Grundstücks mit der Zahlung der Gegenleistung über einen bestimmten Zeitraum in Verzug ist.

Wichtig!

Nutzungsdienstbarkeiten gestatten die Nutzung des dienenden Grundstücks in einzelnen Beziehungen, also auch als Zufahrt zum herrschenden Grundstück. Durch Unterlassungsdienstbarkeiten können bestimmte Nutzungen ausgeschlossen werden. Dies kann die Errichtung einzelner Anlagen (z. B. Mobilfunkantennen, aber auch von Bauwerken insgesamt) und die Ausübung bestimmter Tätigkeiten sein (z. B. der Betrieb eines Gewerbes). Schließlich kann auch auf die Ausübung von Rechten, wie das berechtigte Verlangen der Unterlassung von Emissionen, verzichtet werden.

BEISPIEL: Norbert hat ein schmales Grundstück. Er räumt seinem Nachbarn Gerhard ein Geh- und Fahrtrecht am gesamten Grundstück ein. Eine Mitnutzung durch ihn selbst wird ausgeschlossen. Nachdem das Recht das gesamte Grundstück betrifft, stehen Norbert faktisch keine Nutzungsmöglichkeiten mehr zu. Das Grundbuchamt möchte deshalb das Recht nicht als Grunddienstbarkeit in das Grundbuch eintragen.

Das Gesetz lässt es als Inhalt einer Grunddienstbarkeit zu, dass der Eigentümer des herrschenden Grundstücks das dienende Grundstück in einzelnen Beziehungen **benutzen** darf. Der Eigentümer des dienenden Grundstücks muss also etwas dulden, was er andernfalls aufgrund seines Eigentums verbieten könnte. Unter Benutzen versteht man jedes fortgesetzte oder wiederholte Gebrauchmachen von dem belasteten Grundstück. Eine einmalige Handlung ist keine Benutzung in diesem Sinn. Anders ist dies, wenn sie die laufende Inanspruchnahme ermöglicht (z. B. Abbruch einer Mauer zur Nutzung als Zufahrt). Die Nutzungsmöglichkeit kann eine Mit- oder Alleinnutzung unter Ausschluss des Eigentümers sein. Ob der Eigentümer des dienenden Grundstücks durch die Nutzungsmöglichkeit, die er dem anderen Eigentümer einräumt, faktisch von jeder wirtschaftlich sinnvollen Nutzung ausgeschlossen sein darf, wenn sich die Nutzung formal auf einzelne Beziehungen beschränkt, wird derzeit kontrovers diskutiert. Beschränkt sich die Nutzung in einzelnen Beziehungen lediglich auf eine Teilfläche des dienenden Grundstücks, schadet es jedoch nichts, wenn insoweit der betroffene Eigentümer von der Nutzung ausgeschlossen ist. Dies gilt auch dann, wenn sich die Nutzung einer baulichen Anlage lediglich auf eine Teilfläche des Grundstücks erstreckt und dem Eigentümer im Übrigen die volle Nutzung verbleibt.

Beispiele für **Nutzungsdienstbarkeiten** sind Wege- und Fahrtrechte, Betretungsrechte, Gewerbeausübungsbefugnisse (z. B. Betrieb einer Tankstelle oder Gaststätte), die Errichtung eines Bauwerks (z. B. Garage oder Carport, Trafostation, Leitungsmast, Windenergieanlage, Photovoltaikanlage), die Gestattung eines Überbaus, Stellplatzrechte, die Entnahme von Bodenbestandteilen (z. B. Kiesausbeutung, Quellennutzungsrechte), Zaunerrichtungsrechte, Leitungsrechte, Viehtriebsrechte, Lagerrechte (z. B. Ablagerung von Schnee, geschlagenem Holz) sowie naturschutzrechtliche Ausgleichs- und Ersatzflächen.

Wichtig!

Eine Nutzungsdienstbarkeit darf nicht dazu führen, dass der Eigentümer des dienenden Grundstücks von jeder Nutzung seines Grundstücks ausgeschlossen ist. Ob dies auch dann gilt, wenn sich die Nutzung auf eine Möglichkeit beschränkt, ist umstritten.

BEISPIEL: Norbert möchte sich seine schöne Aussicht erhalten. Er ist deshalb bereit, Gerda einen Teil von deren Grundstück abzukaufen. Gerda benötigt jedoch das gesamte Grundstück zur Erhaltung ihres Baurechts. Sie einigen sich deshalb darauf, dass an dem Grundstück von Gerda lediglich eine Grunddienstbarkeit mit dem Verbot eingetragen wird, auf diesem oberirdische Bauwerke zu errichten und Bäume und Sträucher in eine Höhe von mehr als drei Metern wachsen zu lassen. Später stellt Gerda auf diesem Grundstück ihre Autos und sogar zwei Wohnwägen ab. Dieser Anblick stört Norbert. Er meint, dass dies nach dem Zweck der Dienstbarkeit Gerda nicht erlaubt wäre.

Weiterer zulässiger Inhalt einer Dienstbarkeit ist das **Verbot der Ausübung gewisser Handlungen,** die dem Eigentümer des dienenden Grundstücks kraft seines Eigentümerrechts sonst erlaubt wären. Es muss sich um eine Beschränkung des tatsächlichen Gebrauchs und nicht um eine Einschränkung der rechtlichen Verfügungsbefugnis handeln. Dem Eigentümer des dienenden Grundstücks muss wenigstens eine theoretische Nutzungsmöglichkeit verbleiben. Die einzelnen Handlungen, die der Eigentümer des dienenden Grundstücks nicht vornehmen darf, müssen genau bezeichnet werden. Zulässig ist es, wenn die dem Eigentümer verbleibende Nutzung positiv beschrieben wird (z. B. Verbot der Nutzung zu anderen Zwecken als einer Rasenfläche).

Beispiele für **Unterlassungsdienstbarkeiten** sind Bauverbote (z. B. Gewerbeverbot, Verbot der Bebauung mit bestimmten Gebäuden, Verbot des Einbaus bestimmter Gebäudebestandteile), Gestaltungs- und Farbgebungsbeschränkungen (z. B. kein Balkon, keine Fenster, keine Terrasse, nur bestimmtes Dach), Beseitigungsverbote (z. B. Zaun, Einfriedung, denkmalgeschütztes Gebäude), Abstandsflächenübernahme, Gewerbebetriebsverbote (z. B. keine Tankstelle, keine

Gaststätte, kein Getränkemarkt, kein Sexshop, kein Bordell, keine Diskothek), Bepflanzungsverbote, Immissionsduldung (z. B. Landwirtschaft, benachbartes Gewerbe, Eisenbahnbetrieb), Duldung von Baumfall und Verzicht auf bestimmte Formen der Beheizung. Unzulässig ist dagegen eine Dienstbarkeit, die lediglich einen Warenbezug zum Inhalt hat, da sie nicht die tatsächliche Nutzungsmöglichkeit, sondern lediglich die Verfügungsfreiheit einschränkt (z. B. Verbot, Bier von einer anderen als einer genau bestimmten Brauerei zu beziehen). Probleme können sich auch ergeben, wenn die Dienstbarkeit keinen unmittelbaren Vorteil für das herrschende Grundstück hat, sondern mit ihr allgemeine politische Ziele verfolgt werden (z. B. Atomwaffenlagerungsverbot, Verbot von Atomkraftwerken, Moscheeerrichtungsverbot).

Wichtig!

Ein Bauverbot kann Inhalt einer Dienstbarkeit sein. Ebenso können Bäume und Sträucher trotz ihrer nachbarrechtlichen Zulässigkeit untersagt werden. Aufgrund des Bestimmtheitsgrundsatzes müssen die verbotenen Handlungen aber genau angegeben werden. Eine Auslegung darf sich nur auf den Wortlaut beziehen, nicht auf den Willen der die Dienstbarkeit bestellenden Eigentümer.

BEISPIEL: Norbert, ein im Gesellschaftsrecht besonders qualifizierter Jurist, möchte in einem Vorort Münchens ein Grundstück erwerben. Der Verkäufer, Gerhard, hält auf seinem benachbarten Grundstück Hühner, um täglich frische dioxinfreie Eier zu haben. Auch Norbert sieht ein, dass man dafür einen Hahn benötigt. Allerdings möchte er am Morgen ausschlafen. Der Hahn soll deshalb erst ab 7 Uhr krähen. Gerhard möchte die Freiheit seines Hahnes grundbuchrechtlich sichern, Norbert soll deshalb auf Rechtsmittel gegen den Hahn und dessen Nachfolger verzichten. Norbert bezweifelt, ob man so etwas im Grundbuch eintragen kann.

Als dritte Form von Grunddienstbarkeiten wird es zugelassen, dass der Eigentümer des dienenden Grundstücks auf die **Ausübung eines Rechtes,** das sich aus dem Eigentum an dem belasteten Grundstück gegenüber dem herrschenden Grundstück ergibt, **verzichtet.** Er darf somit bestimmte Rechte, insbesondere seine Nachbarrechte aus dem BGB und dem Landesrecht, gegenüber dem Eigentümer des berechtigten Grundstücks nicht geltend machen. Auf diese Weise kann von ihm gefordert werden, an sich unzulässige Einwirkungen zu dulden. Er kann insoweit auch auf Rechtsbehelfe gegen diese Einwirkungen verzichten.

Beispiel ist die Duldung von Immissionen aus einem landwirtschaftlichen oder sonstigen benachbarten Betrieb unter **Verzicht auf Rechtsmittel** und Schadensersatz. Der Eigentümer des dienenden Grundstücks kann auch Bauten, Müll und Fenster dulden, die er nach den rechtlichen Bestimmungen nicht hinnehmen müsste. Schließlich kann auch der Verzicht auf ein Notwegerecht sowie umgekehrt auf eine Notwege- und Überbaurente durch eine Grunddienstbarkeit gesichert werden. Unzulässig ist dagegen ein Verzicht auf sämtliche Ansprüche, die sich aus einer Beeinträchtigung ergeben. Insbesondere kann nicht auf die Abwehr- und Entschädigungsansprüche aus einer Gesundheitsbeeinträchtigung verzichtet werden. Wichtig ist, dass der Verzicht nur den Eigentümer des dienenden Grundstücks verpflichtet, nicht aber sonstige Nutzer (z. B. Mieter). Insoweit kann lediglich der Eigentümer verpflichtet sein, auch einen Mieter vertraglich insoweit zu binden. Allerdings setzt dies voraus, dass eine derartige Verpflichtung mietrechtlich vereinbart werden kann.

Wichtig!

Die zivilrechtliche Hinnahme von Emissionen darf nicht dazu führen, dass öffentlich-rechtliche Pflichten, die sich aus dem Bau-, Planungs- und Immissionsschutzrecht für die öffentliche Hand ergeben, auf diese Weise vermindert würden.

Unterlässt eine Gemeinde im Bauleitplanverfahren die gebotene Abwägung, da zivilrechtlich die Hinnahme bestimmter Einwirkungen durch eine Grunddienstbarkeit zu dulden ist, kann der Bebauungsplan dennoch fehlerhaft sein und die Kommune eine zum Schadensersatz führende Amtspflichtverletzung begehen. Zudem darf der Bürger gegenüber der öffentlichen Hand auf Rechtsbehelfe erst verzichten, wenn diese entstanden sind; dies folgt aus der grundrechtlichen Rechtsschutzgarantie (Art. 19 Abs. 4 GG).

Wichtig!

Der Verzicht auf Rechte, die aus dem Eigentum fließen, kann Inhalt einer Dienstbarkeit sein. Damit ist ein Verzicht auf Unterlassungs- und Beseitigungsansprüche gegen Immissionen möglich.

b. Grundstücksbezogener Vorteil – Wem muss die Dienstbarkeit nützen?

BEISPIEL: Der Vater von Norbert hat für das 100 Meter entfernt liegende Grundstück von Gerhard ein Stellplatznutzungsrecht als Grunddienstbarkeit im Grundbuch eintragen lassen. Norbert und der nunmehrige Eigentümer des herrschenden Grundstücks verstehen sich nicht besonders gut. Nachdem dieser das Stellplatzrecht weiterhin in Anspruch nimmt, möchte Norbert eine Löschung erreichen. Ein Freund hat ihm erzählt, dass eine Grunddienstbarkeit nur zugunsten eines unmittelbar angrenzenden Grundstücks bestellt werden könne. Nur dann bestünde der für das Entstehen und den Fortbestand dieses Rechts erforderliche Vorteil.

Unabhängig von der Art der Grunddienstbarkeit muss die Belastung des dienenden Grundstücks für die Benutzung des herrschenden Grundstücks stets von **Vorteil** sein (§ 1019 BGB).

Wichtig!

Der Vorteil muss mit der Benutzung des herrschenden Grundstücks verknüpft sein. Es darf sich nicht lediglich um einen Vorteil für den konkreten Eigentümer des Grundstücks, aber nicht für das Grundstück selbst handeln.

Ausreichend ist auch ein künftiger Vorteil. Beispiele sind eine Abstandsflächendienstbarkeit und ein Fahrtrecht für eine künftige Bebauung. Der Vorteil muss zudem von gewisser Dauer sein. Ein einmaliger Vorteil ist nicht ausreichend. Allerdings kann die Ausbeute von Bodenbestandteilen (z. B. Gesteinsabbau) ausreichen. Der Vorteil für das herrschende Grundstück ist regelmäßig wirtschaftlicher Art. Allerdings genügen auch Annehmlichkeiten, insbesondere ästhetische, hygienische und soziale Gesichtspunkte. Ausreichend ist beispielsweise die Erhaltung der schönen und unverbrauchten Aussicht. Die Verfolgung öffentlicher Zielsetzungen genügt dagegen nicht, sofern sie nicht zusätzlich mit einem Vorteil für das herrschende Grundstück verbunden sind. Der Vorteil muss nicht unbedingt unmittelbar für das Grundstück bestehen, sondern kann auch ein mittelbarer sein. Befindet sich auf dem herrschenden Grundstück ein Gewerbebetrieb, soll auch der Vorteil für diesen genügen, jedenfalls wenn das herrschende Grundstück für dieses Gewerbe besonders geeignet ist und die Einrichtung die Gewähr eine gewissen Dauer bietet. Beispiel ist ein Steinabbaurecht samt Zufahrt für ein Grundstück, auf dem sich ein steinverarbeitender Betrieb befindet. Eine Nachbarschaft zwischen dem herrschenden und dem dienenden Grundstück ist nicht erforderlich. Zwischen dem herrschenden Grundstück und dem Grundstück, auf dem sich der durch eine Grunddienstbarkeit gesicherte Stellplatz befindet, können andere Grundstücke oder eine öffentliche Straße liegen. Geht der grundstücksbezogene Vorteil später verloren, erlischt die Grunddienstbarkeit.

Wichtig!

Die Bestellung und der Fortbestand einer Grunddienstbarkeit setzen das Bestehen eines Vorteils für das herrschende Grundstück voraus. Dieser muss grundstücksbezogen sein und nicht nur dem Eigentümer des herrschenden Grundstücks zugute kommen. Nicht notwendig ist, dass herrschendes und dienendes Grundstück aneinander grenzen.

BEISPIEL: Im Grundbuch ist am Grundstück von Norbert ein Fahrtrecht eingetragen, das den jeweiligen Eigentümer des Nachbargrundstücks berechtigt, mit Pferdefuhrwerken von der öffentlichen Straße zum herrschenden Grundstück zu dessen Bewirtschaftung und zum Transport von Personen zu fahren. Das Recht wurde Anfang des 19. Jahrhunderts bestellt. Zwischenzeitlich fährt Gerhard, der Eigentümer des herrschenden Grundstücks ist, einen Personenkraftwagen. Eine Pferdekutsche hat er nicht mehr. Gerhard betreibt auf dem herrschenden Grundstück eine Gastwirtschaft. Er hat ein Nachbargrundstück hinzu gepachtet, auf diesem hat er drei Tennisplätze errichtet. Auch hierfür möchte er das Fahrtrecht nutzen.

Der Vorteil des herrschenden Grundstücks hat auch Bedeutung für den **Umfang der Dienstbarkeit.** Die Grunddienstbarkeit darf nicht über diesen Vorteil hinausgehen; andernfalls ist sie insoweit nichtig. Noch wichtiger wird der Vorteil im Zusammenhang mit Änderungen hinsichtlich des Umfangs der Dienstbarkeit. Wird der Inhalt der Grunddienstbarkeit nur kurz angegeben, so richtet sie sich unter Berücksichtigung der Zumutbarkeit für den Eigentümer des dienenden Grundstücks nach den Bedürfnissen des Eigentümers des herrschenden Grundstücks. Ergibt sich bei diesem eine **Bedarfssteigerung,** weil sich die Lebensverhältnisse ändern (z. B. Personenkraftwagen statt Pferdekutschen) oder ein Mehrbedarf eintritt (z. B. aus kleiner Pension wird ein Viersternehotel), kann dies zu einer Anpassung des Inhalts der Dienstbarkeit führen. Voraussetzung ist, dass sich die Bedarfssteigerung in den Grenzen einer der Art nach gleichbleibenden Benutzung des Grundstücks hält und nicht auf zur Zeit der Dienstbarkeitsbestellung nicht voraussehbare oder willkürliche Benutzungsänderungen zurückzuführen ist. Es darf sich somit nicht um eine Intensivierung der Nutzung handeln, die im Zeitpunkt der Dienstbarkeitsbestellung nicht vorhersehbar war. Die Anpassung darf ferner nicht zur Ausweitung des Rechts auf andere Grundstücke verwendet werden. Insbesondere darf der Eigentümer des herrschenden Grundstücks die Dienstbarkeit nicht für andere in seinem Eigentum stehende Grundstücke verwenden. Anpassungen als Folge veränderter wirtschaftlicher oder technischer Gegebenheiten oder Umweltbedingungen sind dagegen zulässig. Praktische Bedeutung hat dies vor allem bei Geh- und Fahrtrechten. Die Folgen der Steigerung der allgemeinen Verkehrsverhältnisse sind insoweit hinzunehmen. Dies gilt auch, wenn eine Wohnnutzung durch eine gewerbliche ersetzt wird, wenn dies bei der Bestellung schon voraussehbar war. Der Umfang der Berechtigung bemisst sich, wenn der

Eigentümer des herrschenden Grundstücks seinen Betrieb (z. B. eine Hotelanlage) auf ein weiteres Grundstück erstreckt, nach dem Durchschnittsmaß aus der Zeit vor der Ausdehnung des Betriebs. Keinesfalls darf der Eigentümer des herrschenden Grundstücks seine Rechte auch für ein drittes Grundstück verwenden, das er beispielsweise hinzu gepachtet hat.

Wichtig!

Der Umfang einer Dienstbarkeit liegt nicht ein für allemal fest. Eine Bedarfssteigerung aufgrund einer Änderung der Lebensverhältnisse ist möglich, wenn sie nicht willkürlich ist. Die Pferdekutschen können deshalb durch Personenkraftwagen ersetzt werden. Allerdings darf die Dienstbarkeit nicht durch einen Hinzuerwerb oder eine Hinzupachtung erweitert werden.

Allein der Umstand, dass der Berechtigte eine Grunddienstbarkeit und die sich aus ihr ergebenden Rechte (z. B. Gehen und Fahren) über einen längeren Zeitraum nicht ausübt, führt nicht zum Erlöschen des Rechts. Auch der Vorteil für das herrschende Grundstück fällt dadurch nicht weg. Als eingetragenes Recht unterliegt die Grunddienstbarkeit grundsätzlich nicht der Verjährung (§ 902 Abs. 1 Satz 1 BGB). Dem Eigentümer des herrschenden Grundstücks steht auch nach Jahren der **Nichtausübung der Dienstbarkeit** die Möglichkeit einer Inanspruchnahme der sich aus ihr ergebenden Rechte weiterhin offen.

c. Schonende Ausübung – Was darf der Eigentümer des herrschenden Grundstücks?

BEISPIELE: (1) Niklas hat seiner Nachbarin Gerda ein Zufahrtsrecht eingeräumt. Er hat zwischenzeitlich eine kleine Tochter und einen Hund. Da er und seine Frau befürchten, dass das Kind und das Tier auf die Straße laufen könnten, möchten sie ihr Grundstück einzäunen. Im Bereich der Fahrt soll ein Tor in den Zaun eingebaut werden, das abschließbar ist. Gerda soll einen Schlüssel erhalten. Diese möchte aber nicht jedes Mal, wenn sie das Tor passiert, aus ihrem Wagen aussteigen und möglicherweise bei Regen oder Schnee sogar nass werden. Zudem

könnte am Morgen, wenn sie ins Büro fährt, ihre Frisur zerstört werden. Deshalb müsse Niklas, wenn er sich schon in Kenntnis ihres Fahrtrechts ein Kind und einen Hund halte, jedenfalls für eine Fernbedienung zur Toröffnung sorgen.
(2) Der bekannte Gesellschaftsrechtler Norbert muss zwar den Hahn von Gerhard dulden, möchte aber, dass dieser „störungsfrei" gehalten wird. Deshalb soll er in der Zeit von 23 bis 8 Uhr in einem schalldichten Käfig verwahrt werden. Gerhard hält dies für tierverachtend und außerdem Norbert für einen Depp.

Die Eigentümer des dienenden und des herrschenden Grundstücks haben bei Ausübung der Dienstbarkeit aufeinander Rücksicht zu nehmen. Der Berechtigte darf deshalb den Eigentümer des dienenden Grundstücks nur insoweit einschränken, als dies für seine Benutzung notwendig ist. Er muss deshalb auch Beschwernisse in der Ausübung hinnehmen. Grundsätzlich hat aber sein Recht Vorrang gegenüber den Belangen des Eigentümers. Die **Pflicht zur schonenden Ausübung** (§ 1020 Satz 1 BGB) darf für den Eigentümer des herrschenden Grundstücks nicht zu einer Einengung seines Rechts oder sogar dazu führen, dass dieses nicht mehr wirtschaftlich sinnvoll ausgeübt werden kann. Maßstab sind die Regeln einer ordnungsgemäßen Bewirtschaftung. Deshalb muss es der Berechtigte eines Fahrtrechts grundsätzlich nicht hinnehmen, dass der Eigentümer des dienenden Grundstücks einen Zaun errichtet und dadurch die Zufahrt erschwert. Anders ist dies, wenn der Eigentümer des dienenden Grundstücks hieran ein berechtigtes Interesse hat. Insbesondere der Schutz von Kindern und Tieren vor Gefährdungen kann dies rechtfertigen. In welcher Zeit das Tor zu verschließen ist, lässt sich nicht generell (z. B. zwischen 22 und 7 Uhr), sondern nur im Einzelfall entscheiden. Der Eigentümer des dienenden Grundstücks muss jedenfalls dem Eigentümer des herrschenden Grundstücks einen Schlüssel aushändigen, damit dieser das Tor öffnen und schließen kann. Umgekehrt ist es diesem zumutbar, dass er das Tor jedes Mal wieder verschließt. Die Schonungspflicht ist umso größer, je nachteiliger die Ausübung der Grunddienstbarkeit für den Eigentümer ist. Deshalb muss er die Fahrt beeinträchtigende Verunreinigungen (z. B. Herabfallen von wegtransportierten Gartenabfällen) umgehend beseitigen. Der Dienstbarkeitsberechtigte muss jedoch nicht Einwirkungen, die auf ein zusätzliches Naturereignis zurückgehen (z. B. Vogelkot von Hochspannungsleitung, Ungeziefer vom Baum des Nachbarn), durch (kostenträchtige) Schutzmaßnahmen beseitigen. Hält der Nutzungsberechtigte eine emittierende Anlage, muss er für die Einhaltung der Schallschutzwerte sorgen. Ist ein Ausübungsbereich nicht festgelegt, hat der Dienstbarkeitsberichtigte denjenigen zu wählen, der den Eigentümer möglichst wenig beeinträchtigt. Verstößt der Grunddienstbarkeitsberechtigte gegen seine Verpflichtung zur schonenden Ausübung, kann der Eigentümer des dienenden Grundstücks ihm die beeinträchtigende Nutzung untersagen. Bei Verschulden haftet er auch auf Schadensersatz. Die Löschung der Grunddienstbarkeit kann jedoch nicht verlangt werden.

Wichtig!

Ein Fahrtrecht darf durch eine Absperrung nicht behindert werden. Nur bei berechtigten Interessen des Eigentümers des dienenden Grundstücks ist diesem eine Einzäunung gestattet. Beispiel sind kleine Kinder, die durch die angrenzende Straße gefährdet sind. Allerdings muss dem Eigentümer des herrschenden Grundstücks dann ein Schlüssel zum Öffnen des Tores ausgehändigt werden.

d. Halten von Anlagen und Unterhaltungspflichten – Wer hat die Kosten einer Anlage zu tragen?

BEISPIEL: Nora ist berechtigt, auf dem Grundstück von Gabi eine Zufahrt anzulegen. Sie lässt sich später auch noch das Recht einräumen, auf dem Dach des Hauses von Gabi eine Photovoltaikanlage samt Leitungen zu installieren, zu belassen und zu erneuern. Die geteerte Zufahrt bekommt im Laufe der Zeit Schlaglöcher. Gabi fordert von Nora deren Beseitigung und die Übernahme der hierfür anfallenden Kosten, da sie die Zufahrt nicht beschädigt habe. Nora meint, Gabi müsse sich aufgrund ihres Mitnutzungsrechts an der Zufahrt unabhängig von ihrer Fahrweise an den Kosten beteiligen. Hinsichtlich der Photovoltaikanlage möchte Gabi wissen, wer für die Kosten des Erhalts des Dachstuhls aufzukommen hat und ob sie hierzu gegebenenfalls verpflichtet ist.

Ist der Eigentümer des herrschenden Grundstücks berechtigt, zur Ausübung der Dienstbarkeit auf dem belasteten Grundstück eine **Anlage** zu halten, so hat er diese, soweit das Interesse des Eigentümers des dienenden Grundstücks es erfordert, in ordnungsgemäßem Zustand zu **erhalten** (§ 1020 Satz 2 BGB). Eine Anlage ist nicht nur ein Bauwerk, sondern jede von Menschen für eine gewisse Dauer geschaffene Einrichtung. Hierzu gehören auch Leitungen, Kanäle und sogar ein ausgebauter Weg.

Wichtig!

Die Unterhaltspflicht besteht unabhängig davon, wer Eigentümer der Anlage ist. Sie beruht auf dem Benutzungsrecht, das die Dienstbarkeit gewährt.

Besteht ein Mitnutzungsrecht des Eigentümers des dienenden Grundstücks, ändert dies am Bestehen der Erhaltenspflicht nichts. Allerdings bedeutet dies nicht, dass der Eigentümer des herrschenden Grundstücks die Kosten allein tragen müsse. Vielmehr muss auch der Eigentümer des dienenden Grundstücks im Umfang seiner Mitnutzung die Kosten mittragen. Der Eigentümer des herrschenden Grundstücks muss die Anlage nur erhalten, er ist jedoch nicht verpflichtet, sie auf Dauer beizubehalten, sondern kann sie jederzeit aufgeben. Er darf sie allerdings nicht auf dem dienenden Grundstück belassen, sondern muss sie bei Aufgabe grundsätzlich beseitigen. Die **Unterhaltungspflicht** betrifft die Erhaltung der Funktions- und Gebrauchsfähigkeit. Eine Modernisierung der Anlage ist dem Eigentümer des herrschenden Grundstücks im Rahmen der Anpassung an die wirtschaftliche und technische Entwicklung gestattet. Eine Verpflichtung hierzu besteht jedoch nur, wenn sie bei einer Mitbenutzung des Eigentümers des dienenden Grundstücks mit diesem vereinbart wurde. Der Eigentümer des dienenden Grundstücks muss dem Eigentümer des herrschenden Grundstücks, auch wenn dies nicht als Inhalt der Dienstbarkeit vereinbart wurde, das Betreten seines Grundstücks zum Zweck der Instandsetzung und Unterhaltung der Anlage gestatten. Verletzt der Eigentümer des herrschenden Grundstücks seine Unterhaltspflicht, kann er auf deren Erfüllung gerichtlich in Anspruch genommen werden.

Ist der Eigentümer des herrschenden Grundstücks berechtigt, auf einer baulichen Anlage, die auf dem dienenden Grundstück bereits errichtet ist, eine bauliche Anlage zu halten (z. B. Aufbau auf der Mauer, Photovoltaikanlage auf dem Wohngebäude), muss der Eigentümer des belasteten Grundstücks seine „tragende" **Anlage unterhalten,** soweit es das Interesse des Berechtigten erfordert (§ 1022 BGB). Für die Unterhaltung des Aufbaus des Berechtigten gilt jedoch wiederum, dass er selbst zur Erhaltung verpflichtet ist (§ 1020 Satz 2 BGB). Die Erhaltenspflicht des Eigentümers für seine bauliche Anlage betrifft insbesondere solche Eigentümer, die gegen Entgelt gestattet haben, dass auf ihre Hausdächer Photovoltaikanlagen für einen langen Zeitraum installiert werden. Auch wenn sie selbst an dem Gebäude kein Interesse mehr haben, müssen sie es im Interesse des Dienstbarkeitsberechtigten erhalten und dürfen es nicht abreißen. Auch ein wirtschaftlich nicht mehr sinnvoll nutzbares Gebäude muss deshalb unter Hinnahme der insoweit bestehenden öffentlichen Lasten (z. B. Grundsteuer, Erschließungs- und Anliegerkosten) erhalten werden.

Wichtig!

Die Unterhaltung einer Anlage und die Tragung der hierfür anfallenden Kosten können als Inhalt der Dienstbarkeit geregelt werden. Erfolgt dies nicht, bestimmt sich die Kostentragung nach dem Gesetz. Bei einem Mitnutzungsrecht des Eigentümers des dienenden Grundstücks müssen sich beide Eigentümer an den Kosten der Zufahrt beteiligen. Hinsichtlich der Photovoltaikanlage muss der Hauseigentümer sein Gebäude einschließlich Dachstuhl erhalten.

BEISPIEL: Gabi hat das Recht, die Zufahrt auf dem Grundstück von Nora gemeinsam mit dieser zu benutzen. Sie treffen die Vereinbarung, dass sie die Unterhaltskosten und die Verkehrssicherungspflicht gemeinsam, d. h. jeweils zur Hälfte, tragen. Gabi meint, dass Nora für das Räumen und Streuen in den Monaten von Oktober bis März zuständig wäre und sie selbst für den Rest des Jahres. Nora geht davon aus, dass die Vereinbarung ohnehin nicht zulässig ist und sie deshalb als Dienstbarkeitsberechtigte nicht zur Verkehrssicherung verpflichtet wäre.

Die beteiligten Eigentümer können über die **Unterhaltspflichten** abweichend von den gesetzlichen Regelungen **Vereinbarungen** treffen. Denkbar ist die Unterhaltspflicht des Eigentümers und bei Mitbenutzung durch den Eigentümer auch die Unterhaltspflicht des Dienstbarkeitsberechtigten. Die Unterhaltsverpflichtung knüpft an das Benutzungsinteresse des anderen Eigentümers an. Nicht möglich ist deshalb die Übernahme von Kosten, die mit dem Unterhalt einer Anlage in keinem Zusammenhang stehen. Die Kostentragung kann zum dinglichen Inhalt der Grunddienstbarkeit gemacht werden. Hierzu bedarf es der Eintragung im Grundbuch. Nur auf diese Weise ist auch ein späterer Erwerber, der das Grundstück nicht geerbt hat, an die vereinbarte Unterhaltspflicht gebunden. Gegenstand der Vereinbarung kann auch die Verkehrssicherungspflicht für das dienende Grundstück sein. Auch hinsichtlich des Unterhalts und der Verkehrssicherung gilt die Verpflichtung zur wechselseitigen Rücksichtnahme.

Wichtig!

Auch die Verkehrssicherungspflicht kann im Rahmen einer Dienstbarkeit, jedenfalls beim Halten einer Anlage, geregelt werden. Haben sie beide Eigentümer zu tragen, müssen sie die Einzelheiten unter sich bestimmen. Kein Eigentümer kann einseitig eine bestimmte Aufteilung durchsetzen.

e. Die Verlegung der Ausübungsstelle – Kann ein Bauvorhaben trotz einer Dienstbarkeit durchgeführt werden?

BEISPIEL: An dem früheren landwirtschaftlichen Grundstück von Gabi besteht eine Grunddienstbarkeit für Gerhard, wonach dieser das Grundstück als Zufahrt nutzen darf. Die Zufahrt verläuft quer durch das Grundstück von Gabi. Diese möchte es nunmehr mit einem Wohnhaus bebauen und bittet Gerhard, die Zufahrt künftig am Grundstücksrand, entweder an der östlichen oder an der westlichen Grenze zu nehmen. Gerhard sieht dies nicht ein, da er dadurch mehr Benzin verbraucht.

Der Eigentümer des dienenden Grundstücks kann verlangen, dass der **Ausübungsbereich der Dienstbarkeit** auf eine andere, für den

Berechtigten ebenso geeignete Stelle verlegt wird, wenn die Ausübung an der bisherigen Stelle für ihn besonders beschwerlich ist (§ 1023 BGB).

Wichtig!

Voraussetzung ist, dass die Ausübung der Grunddienstbarkeit auf einen Teil des Grundstücks beschränkt ist.

Dies kann sich aus der Vereinbarung, aber auch aufgrund der Gegebenheiten in der Natur ergeben (z. B. bisherige einzige Zufahrtsmöglichkeit wegen einer bestehenden, aber nunmehr beseitigten Ruine). Durfte die Dienstbarkeit bisher auf dem ganzen dienenden Grundstück ausgeübt werden, kommt die Vorschrift nicht zur Anwendung. Dies ist auch dann der Fall, wenn der Berechtigte sein Recht bisher lediglich auf einer Teilfläche ausgeübt hat. Das Verlangen auf **Verlegung des Ausübungsbereichs** kann nur vom Eigentümer des belasteten Grundstücks gestellt werden, nicht vom Dienstbarkeitsberechtigten. Es muss sich um eine Verlegung auf dem dienenden Grundstück handeln, also nicht auf ein anderes, demselben Eigentümer gehörendes Grundstück. Dies ist nur einvernehmlich durch Löschung und Neubestellung möglich, kann aber nicht gefordert werden. Umstritten ist, ob sich die Beschwerlichkeit für den Eigentümer des dienenden Grundstücks erst nach der Bestellung der Dienstbarkeit ergeben haben muss oder bereits bei der Bestellung vorgelegen haben darf. Ist die Notwendigkeit der späteren Verlegung bereits bei der Bestellung erkennbar, sollte dies in der Dienstbarkeit geregelt werden. Ob die Gerichte in diesem Fall dem Verlegungsverlangen entsprechen, ist nämlich derzeit offen. Die bisherige Ausübung muss für den betroffenen Eigentümer beschwerlich sein. Eine bloße Unbequemlichkeit oder Lästigkeit genügt dagegen nicht. Auf die Ursache der nunmehrigen Beschwerlichkeit kommt es dagegen nicht an, sofern das betreffende Verhalten des Eigentümers des dienenden Grundstücks nicht als treuwidrig einzustufen ist.

Die andere Stelle, an die der Ausübungsbereich verlegt werden soll, muss für den Dienstbarkeitsberechtigten ebenso geeignet sein wie der bisherige. Insofern sind der bisherige und der **künftige Aus-**

übungsbereich miteinander zu vergleichen. Dabei sind die Interessen der beiden Eigentümer hinsichtlich des jeweiligen Ausübungsbereichs abzuwägen. Für den Eigentümer des dienenden Grundstücks ist die Ausübung am bisherigen Ort besonders beschwerlich, wenn sie erhebliche Nachteile für ihn mit sich bringt. Dies ist insbesondere dann der Fall, wenn sie dazu führt, dass er sein Grundstück nicht bebauen kann. Umgekehrt muss der Berechtigte die Verlegung an eine andere Stelle nicht hinnehmen, wenn für ihn die Ausübung seines Rechts nach den gesamten Umständen an der neuen Stelle gegenüber der bisherigen wesentlich erschwert ist. Dabei sind sämtliche vernünftigen Argumente einschließlich der Kosten zu berücksichtigen. Die Beweislast, dass für ihn der bisherige Ausübungsbereich besonders beschwerlich ist, trifft den die Verlegung fordernden Eigentümer des dienenden Grundstücks. Die Verlegung scheidet von vornherein aus, wenn faktisch die Dienstbarkeit nur an einer Stelle ausgeübt werden kann. Stehen mehrere Möglichkeiten hinsichtlich der neuen Ausübungsstelle zur Verfügung, ist die für den Eigentümer des herrschenden Grundstücks „bequemste“ zu wählen.

Der Eigentümer des dienenden Grundstücks muss das Verlangen auf Verlegung des Ausübungsbereichs gegenüber dem Eigentümer des herrschenden Grundstücks stellen. Die eigenmächtige Verlegung in der Natur ist dagegen nicht zulässig. Fallen für die **Verlegung des Ausübungsbereichs** Kosten an, hat diese der Eigentümer des dienenden Grundstücks zu tragen. Hierzu gehören auch Aufwendungen für die Herstellung und Veränderung von Einrichtungen des Dienstbarkeitsberechtigten (z. B. Teerung der Zufahrt). Ist der Ausübungsbereich im Grundbuch eingetragen, muss auch der neue Ausübungsbereich dort vermerkt werden; die Notar- und Grundbuchkosten, die für die Änderung anfallen, hat der Eigentümer des dienenden Grundstücks zu tragen. Die beteiligten Eigentümer können bereits bei Bestellung der Dienstbarkeit Regelungen über die Veränderung des Ausübungsbereichs treffen und ins Grundbuch eintragen lassen. Sie können ferner hinsichtlich der anfallenden Kosten etwas Abweichendes vereinbaren. Das Recht auf Verlegung kann jedoch nicht durch Rechtsgeschäft ausgeschlossen oder beschränkt werden (§ 1023 Abs. 2 BGB). Eine diesbezügliche

Vereinbarung wäre unwirksam. Einigen sich die Parteien über die neue Auslegungsstelle nicht, kann der Anspruch auf Verlegung durch Klage durchgesetzt werden. Das Gericht stellt das Bestehen des Verlegungsrechts fest. Ist der Ausbildungsbereich im Grundbuch eingetragen, muss die Klage die Inhaltsänderung beinhalten.

LÖSUNG: Trotz der von ihm als Argument vorgebrachten hohen Spritpreise muss der Eigentümer des herrschenden Grundstücks einer Zufahrtsverlegung zustimmen, wenn sonst ein Bauvorhaben auf dem dienenden Grundstück nicht durchgeführt werden kann. Muss die neue Zufahrt geteert werden, treffen diese Kosten den Eigentümer des dienenden Grundstücks, wenn in der Dienstbarkeit nichts anderes geregelt ist.

f. Grundstücksteilung – Was passiert mit einer Grunddienstbarkeit, wenn das herrschende oder das dienende Grundstück geteilt wird?

BEISPIEL: Das Grundstück von Norbert ist mit einer Grunddienstbarkeit für das Nachbargrundstück von Gabi belastet. Inhalt des Rechts ist die Nutzung als Zufahrt zum herrschenden Grundstück. Gabi verkauft einen Teil ihres Grundstücks. Der neue Eigentümer errichtet auf dem bisher als Gartenfläche genutzten und mit einer Garage bebauten Grundstücksteil sechs weitere Garagen. Norbert befürchtet eine Vervielfachung des Zufahrtverkehrs. Er geht davon aus, dass das Recht nur für die von Gabi zurückbehaltene Fläche besteht, da diese die ursprüngliche Flurnummer behalten hat.

Wird das mit der Dienstbarkeit **belastete Grundstück geteilt,** bleibt die Belastung an beiden Teilflächen bestehen, wenn beide von der Dienstbarkeit betroffen sind. Liegt der Ausübungsbereich nur auf einer Teilfläche, erlischt die Dienstbarkeit an der anderen (§ 1026 BGB). Der Nachweis, dass ein Teil nicht von der Dienstbarkeit betroffen wird, kann durch eine Bescheinigung des Vermessungsamts oder durch ein landesrechtliches, beim Amtsgericht oder der Katasterbehörde zu beantragendes Unschädlichkeitszeugnis nachgewiesen werden. Stets ist die notarielle Bewilligung der Freigabe des nicht betroffenen Grundstücksteils von seinem Recht durch den Eigentümer des herrschenden Grundstücks möglich.

Komplizierter ist das Verfahren, wenn das **herrschende Grundstück geteilt** wird. Der Grundsatz ist noch einfach: Die Grunddienstbarkeit besteht für die einzelnen Teile des herrschenden Grundstücks fort (§ 1025 BGB). Jeder Eigentümer eines Grundstücksteils kann die Befugnisse aus der Grunddienstbarkeit geltend machen und das Recht ausüben. Gehören die Teilflächen verschiedenen Eigentümern, bilden diese eine Gemeinschaft. Treffen sie keine Vereinbarungen hinsichtlich des Umfangs der Nutzung, bemessen sich ihre Anteile nach der Größe ihrer Grundstücksteile. Die Ausübung darf durch die Teilung für den Eigentümer des dienenden Grundstücks jedoch nicht beschwerlicher werden. Für die Frage der zusätzlichen Erschwerung sind die Umstände maßgeblich, unter denen die Grunddienstbarkeit bestellt wurde. Ein vereinbarter Nutzungsumfang muss ohnehin eingehalten werden. Ohne eine solche Regelung bestimmt sich das Maß der Ausübung nach den Bedürfnissen des herrschenden Grundstücks. Danach kann eine Mehrbelastung hinzunehmen sein, wenn sich diese aus entwicklungsbedingten Veränderungen ergibt. Ist eine Bebauung auf dem ungeteilten Grundstück im gleichen Umfang möglich gewesen, wie sie nunmehr auf den beiden Teilflächen erfolgt, tritt keine Mehrbelastung ein. Anders ist dies bei einer abweichenden Nutzung, wenn nunmehr eine veräußerte Teilfläche einem anderen Nutzungszweck zugeführt wird (z. B. Garagengrundstück für eine Eigentumswohnungsanlage). Ausnahmsweise erlischt die Dienstbarkeit kraft Gesetzes für denjenigen Teil des herrschenden Grundstücks, dem sie nicht mehr zum Vorteil gereicht. Beispiel ist eine Abstandsflächendienstbarkeit, die nur für das Gebäude auf einer Teilfläche besteht. Da auch künftige Vorteile für den Fortbestand der Dienstbarkeit ausreichen, wird sich in der Praxis vielfach nicht eindeutig entscheiden lassen, ob für ein Teilgrundstück noch ein Vorteil gegeben ist.

Wichtig!

Durch die Teilung des herrschenden Grundstücks darf keine Verdoppelung der Nutzung eintreten. Der Nutzungsumfang muss vielmehr dem entsprechen, was ohne Teilung auch zulässig gewesen wäre. Dementsprechend ist zu prüfen, ob eine erhöhte Nutzung der normalen Entwicklung auch ohne Teilung entsprochen hätte.

g. Nutzungskollision und Beeinträchtigung – Was kann der Berechtigte bei Behinderungen seiner Rechtsausübung tun?

BEISPIEL: Gabi räumt ihrem Nachbarn Norbert an ihrem Grundstück ein Zufahrtsrecht ein. Als Norbert dies ausüben möchte, steht das Auto des Vaters von Gabi in der Ausfahrt. Norbert bittet diesen, sein Auto zu entfernen. Als sich der Vater von Gabi weigert, beharrt Norbert auf seinem im Grundbuch eingetragenen Recht und erklärt, dass er dieses gegebenenfalls auch gerichtlich durchsetzen werde. Der Vater von Gabi verweist darauf, dass er das Haus unter Vorbehalt seines lebenslänglichen Nießbrauchs übergeben habe. Deshalb sei er weiter wirtschaftlicher Eigentümer und Gabi könne nicht ohne seine Zustimmung ein Fahrtrecht im Grundbuch eintragen lassen. Auch der andere Nachbar von Gabi parkt immer im Bereich des Fahrtrechts von Norbert. Als ihm dieser das untersagen möchte, verweist er darauf, dass Norbert weder Eigentümer noch Nießbraucher wäre. Er habe ihm deshalb nichts zu verbieten. Den Vater von Gabi und diese selbst stören das Parken ebenfalls, sie möchten aber beide nicht gegen den Nachbarn gerichtlich vorgehen. Dies solle Norbert gegebenenfalls selbst tun.

Trifft eine Grunddienstbarkeit mit einer anderen Grunddienstbarkeit oder einem sonstigen Nutzungsrecht, nämlich insbesondere einem Nießbrauch oder einer beschränkten persönlichen Dienstbarkeit, in der Weise **zusammen,** dass beide Rechte nicht nebeneinander ausgeübt werden können, kommt es für das Recht zur Ausübung auf den Rang der Rechte an.

Wichtig!

Haben die Nutzungsrechte gleichen Rang, so kann jeder Berechtigte eine den Interessen aller Betroffenen nach billigem Ermessen entsprechende Regelung der Ausübung verlangen (§ 1024 BGB).

Können sich die Beteiligten nicht auf eine entsprechende Regelung einigen, kann jeder von ihnen Klage auf Abschluss einer bestimmten Vereinbarung und deren Eintragung im Grundbuch oder auf Unterlassung bestimmter Nutzungsarten erheben.

Wichtig!

Bei verschiedenem Rang hat das Recht mit dem besseren Rang auch hinsichtlich der Ausübung das Vorrecht.

Der nachrangig eingetragene Berechtigte kann deshalb sein Recht nur insoweit ausüben, als er dadurch das vorrangige Recht nicht beeinträchtigt.

Wird der Grunddienstbarkeitsberechtigte in seiner **Ausübung beeinträchtigt,** so stehen ihm die in § 1004 BGB genannten Unterlassungs- und Beseitigungsansprüche hinsichtlich der Störung zu. Dies ist bei jeder Behinderung der Benutzung der Fall. Sie kann durch den Eigentümer des dienenden Grundstücks oder nachrangige Berechtigte erfolgen. Beispiele sind bauliche oder sonstige Maßnahmen, die die Rechtsausübung erschweren, das Parken auf Zufahrtsflächen und auch das bloße Verbot, die gestattete Nutzung auszuüben. Wird der Dienstbarkeitsberechtigte in seinem Besitz gestört, kann er auch die Besitzschutzansprüche (§§ 858 ff. BGB) geltend machen. Da die Grunddienstbarkeit ein Recht im Sinne von § 823 Abs. 1 BGB und die §§ 1004, 1027 BGB Schutzgesetze im Sinne von § 823 Abs. 2 BGB sind, können auch Schadensersatzansprüche bestehen. Richtet sich der Anspruch auf Beseitigung einer Störung nicht gegen eine konkrete Beeinträchtigung, sondern betrifft er die Verwirklichung des eingetragenen Rechts selbst, unterliegt er keiner Verjährung. Macht der Eigentümer des dienenden Grundstücks dem Berechtigten die Nutzung streitig, kann dieser Unterlassung auch dann verlangen, wenn er das Recht längere Zeit nicht in der nunmehr gewünschten Weise ausgeübt hat, sondern einem Streit aus dem Weg ging.

Wichtig!

Bei der Einräumung von Nutzungsrechten ist sorgfältig zu prüfen, ob ein Recht eines anderen Eigentümers oder Berechtigten vorgeht, das der Ausübung des nunmehr bestellten Rechts entgegensteht. Dies ist bei einem Nießbrauch, der ein umfassendes Nutzungsrecht vorsieht, der Fall. Bei tatsächlichen Behinderungen in der Rechtsausübung kann der berechtigte Grundstückseigentümer Unterlassung verlangen. Insbesondere kann ein Fahrtberechtigter das Parken auf seiner Zufahrt untersagen, sofern dies nicht in der Dienstbarkeit ausdrücklich gestattet ist.

3. Erwerb und Erlöschen

a. Begründung und Übertragung

BEISPIEL: Am Stammtisch einigen sich die benachbarten Grundstückseigentümer Ludwig und Joseph, dass Ludwig ebenso wie Dieter, der andere Nachbar von Joseph, ein Fahrtrecht erhalten soll. Joseph ist bereit, dieses beim Notar zu unterzeichnen. Er erhält dafür von Ludwig ein Bier ausgegeben. Als Ludwig Joseph am nächsten Tag anruft, um mit ihm einen Notartermin zu vereinbaren, erklärt Ludwig, dass er es sich noch einmal überlegt habe, auch seine Frau dagegen sei und deshalb aus der Sache nichts mehr werde. Außerdem wäre die Einräumung einer Dienstbarkeit nur dann wirksam, wenn sie notariell beurkundet wäre. Der Notar sei zwar am Nachbartisch gesessen, aber nicht mehr beurkundungsfähig gewesen. Außerdem sei keine Niederschrift über die Bestellung aufgenommen worden. Ludwig ist bereit, zu dem ausgegebenen Bier noch einmal 1.000 EUR draufzulegen. Joseph unterschreibt daraufhin den von Ludwig vorbereiteten Text am Abend in der Gaststätte. Der Notar kommt vom Nachbartisch in einer Kartenspielpause vorbei und fragt den ihm bekannten Joseph, ob das seine Unterschrift wäre, worauf Joseph zustimmt. Mit diesem „Zettel" geht Ludwig zum Grundbuchamt, das daraufhin je ein Geh- und Fahrtrecht für Ludwig und Dieter im Grundbuch als Grunddienstbarkeit einträgt. Als Dieter sein Fahrtrecht ausüben möchte, erklärt ihm Joseph, dass sie gar keinen Vertrag über die Bestellung des Rechts geschlossen hätten. Dieter erklärt, er sei aber damit einverstanden. Joseph erwidert, dass dies für ihn aber nicht mehr zutreffe.

Das Entstehen einer Grunddienstbarkeit setzt eine **Einigung** zwischen dem Eigentümer des herrschenden und des dienenden Grundstücks sowie die **Eintragung des Rechts im Grundbuch** voraus (§ 873 BGB). Die Einigung zugunsten eines Dritten ist nicht möglich. Der Dritte kann sich allerdings auch nach Eintragung im Grundbuch noch mit dem Eigentümer des belasteten Grundstücks einigen. Dies setzt jedoch voraus, dass dieser zu diesem Zeitpunkt noch einigungsbereit ist. Eine ohne die erforderliche Einigung im Grundbuch eingetragene Grunddienstbarkeit ist nicht wirksam entstanden und kann deshalb auch nicht ausgeübt werden. Besitzt ein Eigentümer mehrere Grundstücke, kann er an einem Grundstück zugunsten des anderen eine **Eigentümergrunddienstbarkeit** bestellen. Hierzu genügen die diesbezügliche einseitige Erklärung und die Eintragung im Grundbuch. Eine Veräußerungsabsicht ist nicht erforderlich.

Die Einigung über das Entstehen einer Grunddienstbarkeit bedarf grundsätzlich keiner Form. Sie kann somit auch mündlich erklärt werden. Allerdings tritt eine **Bindung** an diese Erklärung nur ein, wenn die Erklärung notariell beurkundet oder beim Grundbuchamt eingereicht oder wenn der Berechtigte dem anderen Teil eine den Vorschriften der Grundbuchordnung entsprechende Eintragungsbewilligung ausgehändigt hat (§ 873 Abs. 2 BGB). Bis zu diesem Zeitpunkt besteht keine Bindung an die formfrei erklärte Einigung. Allerdings kann sich aus einem schuldrechtlichen Vertrag eine Verpflichtung zur Bestellung der Dienstbarkeit ergeben. Dies kann sogar, beispielsweise bei einem Teilflächenverkauf, stillschweigend der Fall sein. In diesem Fall kann zwar die Einigung widerrufen werden, der Eigentümer des dienenden Grundstücks ist jedoch verpflichtet, sie in der erforderlichen Form zu wiederholen. Für die Eintragung im Grundbuch ist die Beglaubigung der Unterschrift des Eigentümers des dienenden Grundstücks unter dem Dienstbarkeitstext durch einen Notar oder die notarielle Beurkundung durch Vorlesen des gesamten Wortlauts der Dienstbarkeit erforderlich (§ 29 GBO). Auch im Rahmen einer Flurbereinigung oder Umlegung können Dienstbarkeiten durch die zuständige Behörde durch Hoheitsakt bestellt werden.

Die Eintragung der Grunddienstbarkeit erfolgt an dem dienenden Grundstück in Abteilung II des Grundbuchs. Am herrschenden Grundstück wird das Bestehen der Dienstbarkeit nur vermerkt, wenn die Beteiligten einen sog. **Herrschvermerk** beantragen (§ 9 GBO).

Wichtig!

Für das Entstehen der Dienstbarkeit ist der Herrschvermerk ohne Bedeutung.

Das Grundbuchamt muss im Grundbuch den Inhalt der Dienstbarkeit stich- bzw. schlagwortartig kennzeichnen. Aus der **Bezeichnung der Dienstbarkeit** muss für denjenigen, der das Grundbuch einsieht, bereits der Inhalt der Dienstbarkeit im Wesentlichen klar sein. Insbesondere muss erkennbar sein, ob es sich um eine Benutzungs- oder Unterlassungsdienstbarkeit handelt. Die darüber hinausgehenden Einzelheiten können sich aus der eingereichten Bewilligungsurkunde ergeben, auf die im Grundbuch Bezug genommen wird, die sich in den Grundakten befindet und wie das Grundbuch selbst bei Vorliegen eines berechtigten Interesses eingesehen werden kann. Ob einem Eigentümer eine Grunddienstbarkeit an einem Grundstück eines Nachbarn zusteht, kann dieser beim Grundbuchamt erfragen. Das hierzu erforderliche berechtigte Interesse (§ 12 GBO) ist stets gegeben. Der Eigentümer des herrschenden Grundstücks hat auch das Recht zu erfahren, wer Eigentümer des dienenden Grundstücks ist und an welcher Rangstelle sein Recht eingetragen ist. Diese hat nämlich Bedeutung bei einer Zwangsversteigerung und für die Ausübung des Rechts. Deshalb kann der Eigentümer des herrschenden Grundstücks auch erfahren, ob seinem Recht Hypotheken oder Grundschulden vorgehen. Ein diesbezügliches Geheimhaltungsinteresse des Eigentümers des dienenden Grundstücks ist nicht anzuerkennen. Die im Grundbuch eingetragene Bezeichnung wird beispielsweise Bauverbot, Geh- und Fahrtrecht, Fensterrecht, Überbaurecht, Abstandsflächenübernahme, Garagenrecht, Stellplatzrecht, Leitungsrecht, Wasserentnahmerecht oder Grenzanbaurecht lauten. Nicht ausreichend ist es dagegen, wenn lediglich eine Dienstbarkeit mit der Bezeichnung „Nutzungsrecht“ oder „Benutzungsbeschränkung“ im Grundbuch eingetragen wird. In diesem Fall ist die Dienstbarkeit nicht wirksam entstanden. Hat sich zwischenzeitlich kein Eigentumswechsel ergeben, kann die Dienstbarkeit allerdings noch im Grundbuch eingetragen werden. Besteht eine Verfügungsbeschränkung, z. B. aufgrund einer Insolvenz oder eines Zwangsversteigerungsverfahrens, ist dies nicht mehr möglich. Ist die Ausübung der Grunddienstbarkeit auf einen Grundstücksteil beschränkt, wird dies in der Eintragungsbewilligung angegeben und durch die Bezugnahme Inhalt des Grundbuchs. Gleiches gilt, wenn die Grunddienstbarkeit nur einem bestimmten Teil des herrschenden Grundstücks zum Vorteil gereicht. Insofern ist es stets empfehlenswert, den Inhalt der Bewilligung zu kontrollieren, um den genauen Umfang des Rechts zu kennen. Im Grundbuch selbst wird vermerkt, ob das Recht bedingt oder befristet ist.

Das der Grunddienstbarkeitsbestellung **zugrunde liegende Geschäft,** durch das sich der Eigentümer des dienenden Grundstücks zur Bestellung verpflichtet, ist grundsätzlich formfrei möglich. Eine Ausnahme gilt dann, wenn die Bestellung im Zusammenhang mit einer Grundstücksveräußerung erfolgt. In diesem Fall muss auch die Dienstbarkeitsbestellung mit beurkundet werden. Das Grundbuchamt prüft die Wirksamkeit des Kausalgeschäfts nicht. Es kontrolliert auch nicht, ob die Verpflichtung zur Bestellung der Grunddienstbarkeit mit dem späteren zur Eintragung beantragten Inhalt übereinstimmt.

Ausnahmsweise können Grunddienstbarkeiten auch aufgrund eines **Verwaltungsaktes** im Grundbuch eingetragen werden. Häufig geschieht dies im Zusammenhang mit einem Umlegungsverfahren im Rahmen des Umlegungsplans (§ 61 Abs. 1 Satz 1 BauGB) und im Rahmen der Flurbereinigung. In diesen Fällen hat die Eintragung im Grundbuch nur Bedeutung für die Information über das spätere Bestehen des Rechts. Die Grunddienstbarkeit selbst entsteht bereits außerhalb des Grundbuchs im Rahmen des förmlichen Verfahrens. Wenn der Eigentümer des betroffenen Grundstücks diese Belastungen nicht oder jedenfalls nicht mit dem beabsichtigten Inhalt wünscht, müsste er bereits im Umlegungs- oder Flurbereinigungsverfahren hiergegen Rechtsbehelfe ergreifen.

Wichtig!

Die Entstehung einer Grunddienstbarkeit setzt eine Einigung zwischen dem Eigentümer der betroffenen Grundstücke und eine Eintragung des Rechts im Grundbuch voraus. Die Einigung zugunsten eines Dritten ist unwirksam. Allerdings kann der Dritte mit dem Eigentümer des dienenden Grundstücks auch nach Eintragung im Grundbuch die Einigung formlos nachholen; dies funktioniert jedoch nur, wenn der Eigentümer des dienenden Grundstücks dann noch einverstanden ist. Die Einigung über die Bestellung einer Grunddienstbarkeit kann auch mündlich erfolgen. Für die Eintragung im Grundbuch muss die Unterschrift des Eigentümers des dienenden Grundstücks unter dem schriftlich niedergelegten Text der Dienstbarkeit von einem Notar oder einer sonst dazu befugten Person öffentlich beglaubigt werden. Bis zur Aushändigung einer dieser Form entsprechenden Bewilligungsurkunde an den künftigen Berechtigten oder ihrer Einreichung beim Grundbuchamt besteht keine Bindung an die Einigung. Der Eigentümer des dienenden Grundstücks kann sie jederzeit widerrufen. Wer Sicherheit haben will, muss die Einigung von einem Notar beurkunden lassen. Der vom Notar vorgelesene und von den Beteiligten und dem Notar unterschriebene Wortlaut ist dann für die Grundstückseigentümer verbindlich.

BEISPIEL: Norbert ist Eigentümer eines Grundstücks, zu dessen Gunsten im Grundbuch am Grundstück von Elfriede ein Geh- und Fahrtrecht eingetragen ist. Dominik, der Eigentümer des Hinterliegergrundstücks von Norbert, bittet diesen, ihm das Recht einzuräumen, sein Grundstück und auch das Grundstück von Elfriede als Zugang und Zufahrt zu nutzen. Norbert ist damit einverstanden und bestellt zu Gunsten des Grundstücks von Dominik eine entsprechende Grunddienstbarkeit. Elfriede lässt diesen jedoch nicht über ihr Grundstück fahren. Daraufhin verkauft Norbert Dominik einen Quadratmeter seines Grundstücks. Als ihm Elfriede wieder die Zufahrt verwehren möchte, erklärt Dominik, dass sein Grundstück, dem der Quadratmeter zugemessen wurde, nunmehr ebenfalls herrschendes Grundstück wäre. Elfriede habe nichts mehr zu sagen.

Die Grunddienstbarkeit ist **Bestandteil des herrschenden Grundstücks** und kann deshalb nicht isoliert übertragen werden. Umgekehrt geht sie automatisch mit dem herrschenden Grundstück auf einen Käufer, der dieses erwirbt, über (§ 96 BGB). Einer besonderen Vereinbarung bedarf es hierzu nicht. Ebenso kann die Grunddienstbarkeit nicht selbstständig belastet werden. Deshalb ist es unzulässig, am herrschenden Grundstück eine Dienstbarkeit mit dem Inhalt zu bestellen, dass der Berechtigte das dem herrschenden Grundstück am dienenden Grundstück zustehende Recht ausüben darf. Ein Eigentümer, dem eine Grunddienstbarkeit mit dem Recht der Nutzung des dienenden Grundstücks als Zufahrt zusteht, kann somit nicht einem anderen Nachbarn an seinem Grundstück das Recht einräumen, das betreffende Grundstück als Zufahrt für sein Grundstück mit zu benutzen. Anders ist dies, wenn dem Nachbarn ein Nutzungsrecht am herrschenden Grundstück, das insoweit dienend ist, eingeräumt wird und deshalb das am weiteren Grundstück bestehende Recht mit genutzt werden muss. Beispiel hierfür ist die Gestattung der Nutzung eines Stellplatzes; in diesem Fall kann auch die Zufahrt zu diesem Stellplatz von dem berechtigten Nachbarn mit genutzt werden. Der häufige Versuch, durch den Hinzuerwerb einer kleinen Fläche des herrschenden Grundstücks das Recht auf das ganze Nachbargrundstück mit zu übertragen, ist zum Scheitern verurteilt. Bei der Teilung des herrschenden Grundstücks darf sich nämlich der Rechtsumfang nicht ändern. Derjenige Nachbar, der eine kleine Teilfläche hinzuerwirbt, darf das Recht auch nur für diese Teilfläche ausüben und nicht für sein sonstiges Grundstück. Erwirbt er von einem 1000 qm großen Grundstück einen Quadratmeter hinzu, so darf er anteilig das Recht auch nur zu einem Promille ausüben und nur für den hinzuerworbenen Quadratmeter.

Wichtig!

Eine Grunddienstbarkeit geht als Bestandteil des herrschenden Grundstücks bei dessen Veräußerung auf den neuen Eigentümer über. Isoliert kann sie nicht übertragen werden. Auch die Bestellung eines Rechts am herrschenden Grundstück mit dem Inhalt, diese Dienstbarkeit ausüben zu dürfen, ist unzulässig. Erwirbt ein

Dritter einen Teil des herrschenden Grundstücks darf er die Dienstbarkeit nur für diesen Teil ausüben, nicht aber für sein „Stammgrundstück", zu dem er die Teilfläche hinzuerworben hat.

b. Änderungen

BEISPIEL: Im Grundbuch von Elfriede ist ein Zufahrtsrecht für das Nachbargrundstück von Norbert eingetragen. Als Inhalt des Rechts ist vereinbart, dass Norbert die Zufahrt mit Kopfsteinpflaster befestigen darf. Elfriede und Norbert haben sich nunmehr darauf geeinigt, dass eine Teerung statt der Pflasterung erfolgen soll. Dies soll auch für einen etwaigen Käufer von beiden Grundstücken gelten. Im Grundbuch ist zudem noch eingetragen, dass das Fahrtrecht nur mit einem Pkw vom Eigentümer des herrschenden Grundstücks ausgeübt werden darf. Die Frau von Norbert hat längst ein eigenes Fahrzeug. Elfriede, die mit ihr befreundet ist, hat nichts dagegen, wenn auch sie die Zufahrt nutzt. Eine Änderung der Dienstbarkeit hält Norbert nicht für nötig, da zum lange Jahre zurückliegenden Bestellungszeitpunkt Frauen noch keinen Führerschein hatten und die nunmehrige Entwicklung im Rahmen der üblichen Entwicklung der Lebensgewohnheiten liegt.

Die Eigentümer des herrschenden und des dienenden Grundstücks können den **Inhalt der Dienstbarkeit** durch Einigung und Eintragung im Grundbuch einschränken oder erweitern. Auch ein Grundstückserwerber ist hieran gebunden. Erfolgt keine Eintragung im Grundbuch, wirkt die Änderung nur zwischen den beteiligten Eigentümern. Sie gilt nicht mehr, wenn ein Grundstück veräußert wird. Anders ist dies, wenn sich der Inhalt der Dienstbarkeit aufgrund der Änderung der Verhältnisse wandelt. In diesem Fall (vgl. S. 133) kann es zu einer Umfangserweiterung oder einer Minderung des Bedarfs kommen, die den Dienstbarkeitsinhalt ohne Grundbucheintragung betrifft. Wurde der Umfang der Dienstbarkeit allerdings in der Bestellungsurkunde genau festgelegt, verändert sich daran nichts, auch wenn sich die Bedürfnisse des herrschenden Grundstücks, die Lebensgewohnheiten oder die Technik ändern. Beispiel ist die Einräumung eines Fahrtrechts nur für bestimmte Zwecke (z. B. landwirtschaftliche Nutzung). In diesem Fall ist für eine andere Nutzung eine Inhaltsänderung der Dienstbarkeit im Grundbuch erforderlich (z. B. Nutzung zu Wohnzwecken).

Wichtig!

Ist der Inhalt einer Dienstbarkeit genau vereinbart, kann eine spätere Nutzungsänderung hinsichtlich des herrschenden Grundstücks nicht zur Änderung des Umfangs der Dienstbarkeit führen. Ein für eine Wohnnutzung bestelltes Fahrtrecht berechtigt deshalb nicht zur Zufahrt für ein Einzelhandelsgeschäft auf dem herrschenden Grundstück. Anders ist das bei einer allgemeinen Änderung der Lebensverhältnisse, wenn z. B. nunmehr statt Pferdekutschen mit Personenkraftwagen gefahren wird. Waren jedoch Fuhrwerke ausdrücklich ausgenommen, sind nunmehr Lastkraftwagen auch nicht gestattet.

c. Erlöschen

BEISPIEL: Elfriede hat zugunsten des im Eigentum von Norbert stehenden Grundstücks ein Zufahrtsrecht an ihrem Grundstück eingeräumt. Das Recht erhält im Grundbuch in Abteilung II und III jeweils erste Rangstelle. Norbert geht deshalb davon aus, dass ihm nichts passieren kann. Nachdem Elfriede verstorben ist, veräußern ihre Erben das mit dem Fahrtrecht belastete Grundstück an einen Bauträger, der darauf ein Mehrfamilienhaus mit zehn Wohnungseigentumseinheiten errichtet. In jedem Grundbuch der Eigentumswohnungen ist das Fahrtrecht für das Grundstück von Norbert eingetragen. Ein Eigentümer hat Hausgeldrückstände und bezahlt auch seine Grundsteuer nicht. Als die Eigentümergemeinschaft die Wohnung versteigern möchte, bekommt Norbert zunächst einen Schreck. Ein Freund beruhigt ihn jedoch. Deshalb unternimmt er auch nichts, als er ein Schreiben vom Versteigerungsgericht erhält. Nachdem Erwin die Wohnung ersteigert hat, wird das Fahrtrecht an sämtlichen Wohnungen gelöscht. Erwin hat allerdings nichts dagegen, es wieder im Grundbuch eintragen zu lassen. Ein anderer Wohnungseigentümer ist allerdings hierzu nicht bereit und lässt auch Norbert nicht mehr über das Grundstück fahren.

Eine Grunddienstbarkeit kann von den beteiligten Eigentümern auch wieder **aufgehoben** werden. Erforderlich ist eine Aufgabeerklärung des Eigentümers des berechtigten Grundstücks und die Eintragung der Löschung im Grundbuch (§ 875 BGB). Gehört das herrschende Grundstück mehreren Eigentümern, so ist die Löschungsbewilligung sämtlicher Eigentümer erforderlich. Sind am herrschenden Grundstück Belastungen eingetragen (z. B. Grundpfandrechte), müssen auch die Gläubiger dieser Rechte der Löschung zustimmen. Andernfalls ist die Löschung ihnen gegenüber unwirksam. Das Grundbuchamt muss jedoch das Vorliegen der Zustimmung nur überprüfen, wenn im Grundbuch ein Herrschvermerk eingetragen ist; andernfalls kann es das Recht im Grundbuch aufgrund der Bewilligung des Eigentümers des herrschenden Grundstücks löschen.

Entfällt der Vorteil für das herrschende Grundstück dauerhaft, kann der Eigentümer des dienenden Grundstücks die Löschung der Grunddienstbarkeit verlangen. Deshalb kann die Löschung eines Wasserleitungsrechts erfolgen, wenn es für die Benutzung des herrschenden Grundstücks in Gegenwart und Zukunft jeden Vorteil verloren hat, da ein öffentlich-rechtlicher Anschluss- und Benutzungszwang angeordnet wurde. Ein völliger Wegfall auf Dauer liegt jedoch nicht vor, wenn in der entsprechenden gemeindlichen Satzung eine Befreiungsmöglichkeit für Brauchwasser vorgesehen ist. Ein Fahrtrecht erlischt nach überwiegender Ansicht der Gerichte nicht bereits dadurch, dass das berechtigte Grundstück über eine öffentlich-rechtlich gewidmete Zufahrt verfügt oder die vom Wegerecht betroffene Fläche gewidmet wird; dies wird damit begründet, dass die Straße wieder eingezogen werden kann. Allerdings sehen dies manche Gerichte anders, wenn nach dem regelmäßigen Verlauf der Dinge von einer Einziehung der Straße nicht mehr ausgegangen werden kann. Allein die Überschreitung der Befugnisse aus der Grunddienstbarkeit führt nicht dazu, dass der Berechtigte verpflichtet wäre, sein Recht löschen zu lassen.

Im Grundbuch eingetragene Rechte unterliegen grundsätzlich nicht der **Verjährung** . Bei Grunddienstbarkeiten besteht eine Ausnahme, wenn auf dem belasteten Grundstück eine neue, die Grunddienstbarkeit beeinträchtigende Anlage errichtet wird und diese längere Zeit unbeanstandet bleibt (§ 1028 BGB). Beispiel ist die Errichtung eines Gartenhauses auf dem Zufahrtsweg. Das Erlöschen der Dienstbarkeit tritt aber nur in dem Umfang ein, in dem die Ausübung der Dienstbarkeit unmöglich wird. Steht die Anlage der Ausübung der Dienstbarkeit nur teilweise entgegen, erlischt die Dienstbarkeit nur insoweit (z. B. Errichtung eines Wintergartens bis zur halben Breite der Zufahrtsfläche). Die Verjährungsfrist des Anspruchs auf Beseitigung der Beeinträchtigung der Grunddienstbarkeit durch eine Anlage auf dem dienenden Grundstück beträgt dreißig Jahre (analog § 197 Abs. 1 Nr. 2 BGB), wenn es um das Recht selbst und nicht nur um die Störung in der Ausübung geht.

Wichtig!

Schaut der Käufer eines Grundstücks nur in das Grundbuch, in dem ein Fahrtrecht zugunsten des von ihm erworbenen Grundstücks eingetragen ist, kann es sein, dass dieses bereits erloschen ist, da in der Natur schon lange Zeit wegen eines errichteten Gebäudes keine Zufahrtsmöglichkeit mehr besteht.

Der gute Glaube an das Bestehen der im Grundbuch eingetragenen Grunddienstbarkeit wird nicht geschützt. Der Erwerber kann deshalb nicht die Beseitigung des Gebäudes verlangen, um seine Dienstbarkeit ausüben zu können.

Die Grunddienstbarkeit erlischt auch, wenn das dienende Grundstück aus einem Recht versteigert wird, das ihr im Rang vorgeht. Wird die Grunddienstbarkeit im Rang hinter einer Hypothek oder Grundschuld eingetragen und wird der Kredit notleidend, fällt bei einer **Versteigerung** durch die Bank die Grunddienstbarkeit weg, da sie nicht in das geringste Gebot aufgenommen wird. Das Erlöschen tritt mit Zuschlagserteilung an den Ersteher ein. Öffentliche Lasten gehen der Grunddienstbarkeit in der Zwangsversteigerung stets im Rang vor, selbst wenn das Recht im Grundbuch an erster Rangstelle eingetragen ist. Insofern besteht für den Berechtigten einer Grunddienstbarkeit nie Sicherheit, ob sein Recht bei einer Zwangsversteigerung bestehen bleibt. Gegebenenfalls ist er gezwungen, eine Vereinbarung mit dem Gläubiger oder dem Ersteher des Grundstücks zu treffen, das dienende Grundstück selbst zu ersteigern oder die vorrangige Schuld zu tilgen. Eine Ausnahme besteht dann, wenn wegen Wohngeldrückständen eine Wohnungseigentümergemeinschaft die Versteigerung der betreffenden Wohnung beantragt. Hier hat der Gesetzgeber das Bestehenbleiben der Dienstbarkeit angeordnet, wenn nicht zusätzlich auch aus einem Grundpfandrecht die Versteigerung betrieben wird, das Vorrang vor der Grunddienstbarkeit im Grundbuch hat (§ 52 Abs. 2 Satz 2 lit. b ZVG).

Wichtig!

Erlischt wegen der Versteigerung einer Eigentumswohnung aus einem Grundpfandrecht die Grunddienstbarkeit, die das gesamte Grundstück belastet, an dieser Einheit, kann es auch im Übrigen nicht bestehen bleiben. Die Grunddienstbarkeit erlischt in diesem Fall insgesamt, sodass sie auch an den anderen, nicht versteigerten Wohnungs- und Teileigentumseinheiten zu löschen ist.

Wichtig!

Grunddienstbarkeiten bleiben – anders als Baulasten zugunsten der Baubehörde – in einer Zwangsversteigerung nur bestehen, wenn sie dem Recht, aus dem die Versteigerung betrieben wird, im Rang vorgehen, das Gesetz das Bestehenbleiben anordnet oder rechtzeitig eine Vereinbarung mit dem versteigernden Gläubiger getroffen wird. Andernfalls erlöschen sie; der Berechtigte kann, wenn der Erlös ausreicht, nur eine Abfindung für sein Recht erhalten. Da eine Grunddienstbarkeit nicht an einem Miteigentumsanteil bestehen kann, erlischt sie insgesamt, wenn ein Anteil oder eine Eigentumswohnung versteigert wird und sie an diesen wegfällt. Wer als Dienstbarkeitsberechtigter eine Benachrichtigung über die Versteigerung des dienenden Grundstücks oder eines Teils vom Versteigerungsgericht erhält, darf sich deshalb nicht ruhig zurücklehnen, sondern sollte sich zumindest informieren, um gegebenenfalls aktiv werden zu können.

4. Altrechtliche Dienstbarkeiten

BEISPIEL: Nikodemus geht, um von seinem Grundstück in den Stadtkern oder zur Kirche in einer bayerischen Gemeinde zu gelangen, über das Grundstück seines Nachbarn Gustav. Dieser prüft im Grundbuch und stellt fest, dass für Nikodemus im Grundbuch kein Recht eingetragen ist. Als er ihn daraufhin anspricht, erklärt Nikodemus, dass bereits sein Urgroßvater, sein Großvater und sein Vater dieses Recht gehabt und ausgeübt hätten. Auch die Vorgänger im Eigentum des Grundstücks von Nikodemus wüssten dies. Wenn sie dies Nikodemus beim Kauf nicht gesagt hätten, müsse er sich an diese halten, ihm könne er jedenfalls das Recht nicht nehmen.

Dienstbarkeiten, die schon **vor Anlegung des Grundbuchs** bestanden, bedürfen zur Erhaltung ihrer Wirksamkeit – vorbehaltlich einer abweichenden landesrechtlichen Regelung – nicht der Eintragung im Grundbuch (Art. 187 Abs. 1 Satz 1 EGBGB). Sie bleiben mit ihrem sich aus den bisherigen Gesetzen ergebenden Inhalt und Rang außerhalb des Grundbuchs bestehen. Hat der Erwerber eines Grundstücks keine Kenntnis von ihrem Bestehen, erwirbt er es dennoch nicht gutgläubig lastenfrei. Die Anlegung der Grundbücher ist in den einzelnen Landgerichtsbezirken unterschiedlich, meist in den Jahren 1900 bis 1906 erfolgt; Auskunft darüber erhält man beim betreffenden Gericht. In Baden-Württemberg und Hamburg sind bestimmte altrechtliche Dienstbarkeiten erloschen; in Baden-Württemberg jedoch nur, wenn sie nicht bis zu einem bestimmten Zeitpunkt im Grundbuch eingetragen wurden. In anderen Ländern ist die Eintragung zulässig, aber nicht erforderlich. Allerdings erlöschen altrechtliche Dienstbarkeiten auch dort, wenn sie über einen bestimmten Zeitraum nicht ausgeübt werden.

Der **Inhalt** einer altrechtlichen Dienstbarkeit richtet sich nach dem alten Recht. Dies gilt insbesondere für die Befugnisse des Berechtigten sowie die dafür geltenden Auslegungsregeln. Ob es sich um eine Personalservitut oder eine Realservitut handelt, ist ebenfalls danach zu entscheiden. Maßgeblich sind das Wesen und der wirtschaftliche Zweck des Rechts. Der Umfang der Dienstbarkeit ist zunächst nach altem

Recht festzustellen. Die Anpassung an die wirtschaftliche und technische Entwicklung bestimmt sich dagegen nach neuem Recht. Solange die Dienstbarkeit nicht im Grundbuch eingetragen ist, richten sich die Aufhebung und das Erlöschen nach altem Recht, sofern nicht landesrechtliche Sonderbestimmungen bestehen (Art. 189 Abs. 3 EGBGB). Nach einer Eintragung im Grundbuch gilt für sie neues Recht. Wichtig ist, dass eine im Grundbuch nicht eingetragene altrechtliche Dienstbarkeit auch bei einer Zwangsversteigerung des belasteten Grundstücks nicht erlischt (§ 9 EGZVG, Art. 30 Abs. 2 AGGVG).

Wichtig!

Eine gewohnheitsrechtliche Befugnis, wie sie die Beteiligten bei einer länger dauernden unbeanstandeten Praxis häufig annahmen, kann seit Anlegung der Grundbücher Anfang des letzten Jahrhunderts nicht mehr entstehen. Alte Rechte aus der Zeit davor bleiben allerdings, wenn das Landesrecht nichts Abweichendes regelt, auch ohne Grundbucheintragung bestehen. Sie erlöschen auch nicht in einer Zwangsversteigerung. Eine Nichtausübung während eines bestimmten landesrechtlich geregelten Zeitraums kann das Recht aber zum Erlöschen bringen, sofern dies nicht auf höherer Gewalt (z. B. Kriegsereignisse, Katastrophen) beruht.

BEISPIEL: Nikodemus findet am Speicher in einer alten Truhe eine Urkunde des königlich-bayerischen Notariats in Regen (Niederbayern) über ein Gehrecht von 1877. Der pensionierte Rektor der Schule hilft ihm dabei, sie zu entziffern. Er geht zum Amtsnachfolger des damaligen Notars und beantragt den Vollzug der Urkunde im Grundbuch. Der (nicht mehr königliche) Notar erklärt ihm, aufgrund der zahlreichen zwischenzeitlichen Veräußerungen des Grundstücks könne er die Eintragung nicht mehr beantragen, vielmehr sei eine neue Bewilligung des derzeitigen Eigentümers oder eine entsprechendes rechtskräftiges Gerichtsurteil erforderlich. Nikodemus möchte nicht mit Gustav reden, dem Notar glaubt er nicht. Deshalb geht er zum Grundbuchamt, wo ihm allerdings die gleiche Auskunft erteilt wird. Jetzt wendet er sich an Gustav, der ihm erklärt, er unterschreibe nichts und außerdem müsse Nikodemus sein Recht erst einmal nachweisen, mit einer alten nicht mehr lesbaren Urkunde könne jeder daherkommen.

Die **Eintragung einer altrechtlichen Grunddienstbarkeit im Grundbuch** mit der Folge, dass sich diese fortan nach neuem Recht beurteilt, erfordert die diesbezügliche notarielle Bewilligung des derzeitigen Eigentümers, wenn die die Eigentümerkette bis zu diesem nicht ausschließlich auf Erbfolgen beruht, also auch nur eine Veräußerung (Schenkung, Kauf, Tausch oder Vermächtniserfüllung) zwischenzeitlich erfolgt ist. Ist der Eigentümer nicht bereit, diese abzugeben, muss seine Erklärung durch ein Gerichtsurteil ersetzt werden. Derjenige, der das Bestehen des alten Rechts behauptet, muss den damaligen Rechtserwerb (z. B. durch alte Urkunden oder zumindest Hinweise auf sie) und auch den Fortbestand des Rechts, also das Nichtvorliegen von Erlöschensgründen (z. B. ununterbrochene Ausübung) nachweisen. Hierfür trägt er die Beweislast.

Wichtig!

Den Beweis für sein altes Recht muss derjenige führen, der sein Bestehen behauptet. Hierzu können alte Urkunden vorgelegt werden. Bewiesen werden muss nicht nur, dass das Recht nach früherer Rechtslage entstanden ist, sondern auch, dass es nicht zwischenzeitlich erloschen ist.

5. Kapitel

Der Nachbarstreit vor den Gerichten und die außergerichtliche Streitbeilegung

Der Rechtsschutz im Nachbarrecht ist in materieller wie auch prozessualer Hinsicht geprägt von der Doppel- bzw. **Zweigleisigkeit** von privatem und öffentlichem Recht. Wo für das nachbarliche Verhältnis auch öffentlich-rechtliche Vorschriften von Bedeutung sind, ergibt sich deshalb regelmäßig auch eine Zweigleisigkeit des Rechtsschutzes. Denn **nachbarschützende Vorschriften des öffentlichen Rechts** stellen zugleich **zivilrechtlich Schutzgesetze** nach § 823 Abs. 2 BGB dar und können als solche zivilrechtliche Schadensersatz- und Abwehransprüche (sog. quasinegatorischer Abwehranspruch) begründen; letzteres gilt auch, soweit eine nachbarschützende Norm erst durch eine Auflage in einer bestandskräftigen behördlichen Genehmigung konkretisiert wird. Öffentlich-rechtlicher und privatrechtlicher Nachbarschutz ergänzen sich hier wechselseitig.

Wichtig!

Der beeinträchtigte Nachbar kann in diesen Fällen gegen die Beeinträchtigung sowohl öffentlich-rechtlich als auch zivilrechtlich vorgehen. Er kann stattdessen aber auch nur einen der beiden Wege beschreiten. Seine zivilrechtlichen und öffentlich-rechtlichen Abwehrmöglichkeiten stehen nämlich **selbstständig** und **gleichrangig** nebeneinander!

Ihr wesentlicher **Unterschied** liegt zuvorderst darin, dass der beeinträchtigte Nachbar sich im Zivilprozess unmittelbar mit dem störenden Nachbarn auseinandersetzen muss, während er im Verwaltungsprozess gegen die zuständige Behörde bzw. deren Rechtsträger vorgehen muss.

Im Folgenden werden zunächst der Nachbar-Zivilprozess und anschließend der Nachbar-Verwaltungsprozess in ihren Einzelheiten dargestellt, gefolgt von einer Darstellung der außergerichtlichen Streitschlichtung.

I. Zivilprozess

1. Zulässigkeit einer Klage

a. Welcher Rechtsweg ist zu beschreiten?

BEISPIEL: Die Gemeinde Großdorf betreibt eine Kläranlage sowie eine Stadtwerke-GmbH. Nachbar Norbert will sich gegen die Geruchsbelästigung durch die Kläranlage und gegen den Lärm vom Betriebshof der Stadtwerke wehren.

Der Rechtsweg vor die Zivilgerichte ist nur für **Zivilsachen** eröffnet (§ 13 GVG). Problematisch ist dies, wenn die **öffentliche Hand** an einem nachbarrechtlichen Verhältnis beteiligt ist. Diese kann nämlich sowohl hoheitlich als auch privatwirtschaftlich in Erscheinung treten. Bei einer Beteiligung in **hoheitlicher Funktion,** etwa durch Erlass von Verwaltungsakten wie einer Baugenehmigung, ist der Verwaltungsrechtsweg gegeben (§ 40 VwGO). Hierher gehört auch sog. schlichthoheitliches Handeln im Rahmen der Daseinsvorsorge (z. B. Störungen durch Kläranlage).

Wichtig!

Handelt die öffentliche Hand dagegen **nichthoheitlich,** so ist für Abwehransprüche ebenso wie bei privaten Nachbarn der Zivilrechtsweg gegeben.

Dies ist etwa der Fall, wenn sie rein privatwirtschaftlich (z. B. land- oder forstwirtschaftlich) tätig wird. Ebenso wenn sie sich zur Wahrnehmung öffentlicher Aufgaben bzw. einzelner Maßnahmen der Mittel und Formen des Privatrechts bedient (z. B. Auslagerung öffentlicher Aufgaben auf eine GmbH). Planung und Anordnung der Maßnahme bleiben jedoch auch hier hoheitlich. Im Beispielsfall kann sich Norbert daher gegen den Lärm des Betriebshofs der Stadtwerke-GmbH vor den Zivilgerichten wehren.

b. Welches Gericht ist zuständig?

BEISPIEL: Balduin will seinen Grundstücksnachbarn Viktor wegen dessen ständiger Grillpartys und dem damit verbundenen Lärm verklagen. Vor welches Gericht soll er ziehen?

In Zivilsachen ist in erster Instanz **sachlich** entweder das Amts- oder das Landgericht zuständig. Die Abgrenzung ist grundsätzlich danach vorzunehmen, ob der Streitwert bis oder über 5.000 EUR liegt. Im ersten Fall ist das Amtsgericht, im zweiten das Landgericht zuständig. Die Bezifferung ist unproblematisch bei Zahlungsklagen. Schwieriger wird es bei Beseitigungs- und Unterlassungsklagen. Hier ist auf das wirtschaftliche Interesse des beeinträchtigten Nachbarn an der Störungsabwehr abzustellen; dies wird regelmäßig die störungsbedingt eintretende Wertminderung seines Grundstücks sein. Im Beispielsfall hängt daher die sachliche Zuständigkeit vom Umfang und der Intensität der Lärmbelästigung ab; regelmäßig wird hier allerdings noch das Amtsgericht zuständig sein.

Für die **örtliche** Zuständigkeit ist insbesondere § 24 ZPO von Bedeutung. Danach besteht für Nachbarklagen ein ausschließlicher sog. dinglicher Gerichtsstand an dem Ort, an dem das beeinträchtigte Grundstück liegt; bei Grunddienstbarkeiten kommt es auf die Lage des dienenden Grundstücks an. Im Beispielsfall muss Balduin daher vor dem örtlichen Gericht klagen. Wo der dingliche Gerichtsstand nicht greift, richtet sich die örtliche Zuständigkeit in erster Linie nach dem Wohnsitz des Beklagten bei natürlichen Personen bzw. nach dessen Sitz bei juristischen Personen.

Wichtig!

Vor den Landgerichten besteht Anwaltszwang (§ 78 ZPO). Wer dort klagen will oder verklagt wird, muss sich daher zwingend durch einen **Rechtsanwalt** vertreten lassen.

c. Wie ist der Klageantrag zu fassen?

BEISPIEL: Balduin verklagt seinen Grundstücksnachbarn Viktor wegen des unerträglichen Gestanks von Viktors an der Grenze befindlichem Hühnerstall. Wie soll er seinen Antrag formulieren?

Der Klageantrag muss auch im Nachbarrechtsstreit hinreichend **bestimmt** sein (§ 253 Abs. 2 Nr. 2 ZPO). Gerade im Zusammenhang mit Abwehrklagen muss er deshalb die abzuwehrende **Störung möglichst konkret** angeben. Demgegenüber obliegt die Wahl der Mittel, wie er einer Verurteilung nachkommt, regelmäßig dem Beklagten. Die von diesem konkret zu treffenden Maßnahmen sind daher im Klageantrag grundsätzlich noch offen zu lassen, der Antrag ist vielmehr regelmäßig nur auf **„geeignete Maßnahmen"** zur Beseitigung der Störung zu richten. Kommt der Störer einem solchen Urteil nicht nach und geht dieses in die Zwangsvollstreckung, so kann der Kläger und nunmehrige Gläubiger im Zwangsvollstreckungsverfahren dann allerdings seinerseits die Wahl der konkreten Mittel zur Beseitigung der Störung treffen.

Ein Klageantrag könnte etwa lauten:

> „Der Beklagte wird verurteilt, durch geeignete Maßnahmen die von seinem Grundstück X ausgehenden wesentlichen Beeinträchtigungen des Grundstücks Y des Klägers durch Gerüche des im Bereich der gemeinsamen Grundstücksgrenze befindlichen Hühnerstalles zu verhindern."

d. Wer ist beweispflichtig?

BEISPIEL: Balduin und Viktor sind Grundstücksnachbarn. Viktor will seine Hecke schneiden. Dazu betritt er Balduins Grundstück. Dieser verklagt Viktor auf Unterlassen des Betretens seines Eigentums. Viktor verteidigt sich damit, dass er mit Balduin eine Vereinbarung geschlossen habe, wonach dieser ihm erlaubt habe, für die nächsten fünf Jahre jeweils einmal pro Jahr das Grundstück zum Heckenschneiden zu betreten.

Rechtsanwendung ist Sache des Gerichts. Den Sachverhalt müssen hingegen im Zivilprozess die Parteien liefern. Nach allgemeinen Regeln trägt dabei grundsätzlich jede Partei die **Darlegungs- und Beweislast** für die ihr günstigen Tatsachen. Sofern die vorgetragenen Tatsachen vom Gegner nicht bestritten werden, bedürfen sie keines Beweises. Bei Bestreiten kommt es hingegen darauf an, wer beweisbelastet ist. Der **Kläger** trägt dann die Beweislast für alle rechtsbegründenden und -erhaltenden Tatsachen. Bei einem Abwehranspruch wegen Eigentumsstörung etwa seine Eigentümerstellung, das Vorliegen einer Störung, im Beispielsfall also das Betreten seines Grundstücks, sowie die Verantwortlichkeit des Beklagten für die Störung. Der **Beklagte** trägt die Beweislast für alle rechtshindernden, -vernichtenden und -hemmenden Umstände. Bei einem Abwehranspruch wegen Eigentumsstörung fallen hierunter etwa die Voraussetzungen einer Duldungspflicht nach § 1004 Abs. 2 BGB ebenso wie sämtliche Rechtfertigungsgründe, Einreden, wie etwa die Verjährungseinrede, und Einwendungen. Im Beispielsfall muss Viktor daher beweisen, dass Balduin ihm das Betreten erlaubt hat. Misslingt der Beweis, so geht dies zu Lasten der beweisbelasteten Partei.

e. Ist ein Schlichtungsverfahren nötig?

Schreibt das Landesrecht ein Schlichtungsverfahren vor, so ist eine Klage erst zulässig, wenn dieses Verfahren durchgeführt wurde. Dies muss vor Klageerhebung erfolgen, eine spätere **Nachholung** im Prozess ist **nicht möglich** (s. zum Schlichtungsverfahren im Einzelnen S. 201 ff.).

2. Eigentumsfreiheitsklage

a. Anspruchsvoraussetzungen – Welche Störungen kann man abwehren?

BEISPIEL: Balduin und Viktor sind Grundstücksnachbarn. Viktor ist begeisterter Hobbybastler. Da ihm sein unmittelbar an der Grenze stehender, nur provisorisch zusammengezimmerter Schuppen zum Abstellen seiner zahlreichen Motorräder nicht ausreicht, stellt er regelmäßig einige davon auf Balduins Grundstück. Dieser kann daher nur noch schwer in seine Garage fahren. Außerdem stören ihn der Schattenwurf und das unansehnliche Äußere des Schuppens.

Das Eigentum wird im Bürgerlichen Gesetzbuch umfassend geschützt. Gegen Entziehung und Vorenthaltung des Besitzes durch den Herausgabeanspruch nach § 985 BGB. Alle sonstigen **Beeinträchtigungen** können nach § 1004 BGB abgewehrt werden. Darunter fällt jeder dem Inhalt des Eigentums widersprechende Zustand.

Wichtig!

Ein Verschulden des Störers ist nicht erforderlich.

Abwehrbar sind daher zum einen rechtliche Beeinträchtigungen, etwa wenn sich jemand Dritten gegenüber als Eigentümer einer Sache berühmt. Zum anderen tatsächliche Beeinträchtigungen wie Substanzverletzungen, die Benutzung des Nachbargrundstücks durch Menschen oder das Eindringen von Tieren oder Sachen wie die abgestellten Fahrzeuge im Beispielsfall, und zwar auch ohne weitergehende Beeinträchtigung, die physische Behinderung des Eigentümers an der Nutzung seines Grundstücks (z. B. Abschneiden des Zugangs oder Immissionen; zu den Einwirkungen im Sinne des § 906 BGB s. auch S. 56 ff.) und schließlich unter Umständen auch rein psychologisch vermittelte Behinderungen (z. B. Videoüberwachung).

Nicht über § 1004 BGB abwehrbar sind dagegen **negative** Einwirkungen wie die Behinderung des Ausblicks oder der Entzug von Luft und Licht (z. B. durch den Schattenwurf von Gebäuden oder von Pflanzen). Ebenso wenig erfasst sind bloß **ideelle** Einwirkungen, d. h. unsittliche oder unästhetische Anblicke wie Bordelle, Holzstapel oder unansehnliche provisorische Bauten in Grenznähe. Lediglich in Extremfällen kann hier ausnahmsweise ein Abwehranspruch aus dem nachbarlichen Gemeinschaftsverhältnis in Betracht kommen.

b. Anspruchsinhalt – Welchen Inhalt hat der Abwehranspruch?

BEISPIEL: Viktor legt auf seinem Grundstück einen Gartenteich an. Im Laufe der Zeit wird dieser von Fröschen besiedelt. Ihr ständiges lautes Quaken bringt seinen Grundstücksnachbarn Balduin fortan um die Nachtruhe. Er fordert Viktor daher auf, den Teich trockenzulegen und künftig auch keinen neuen mehr anzulegen. Viktor beruft sich darauf, dass eine Trockenlegung aus Naturschutzgründen verboten sei. Allenfalls würde er dies machen, wenn Balduin für die Kosten aufkäme. Balduin weigert sich, und will zudem seinerseits finanziellen Ersatz, falls er wirklich keinen Abwehranspruch haben sollte.

Ist eine Beeinträchtigung bereits erfolgt, so hat der betroffene Eigentümer einen **Beseitigungsanspruch.** Dieser geht auf ein Abstellen der Beeinträchtigung für die Zukunft.

Wichtig!

Anders als bei Schadensersatzansprüchen ist dabei nicht der frühere Zustand wiederherzustellen, sondern nur die eigentliche **Störungsquelle** zu beseitigen!

Der Betroffene kann dabei grundsätzlich nur allgemein **geeignete Maßnahmen** zur Störungsbeseitigung verlangen, die Wahl des konkreten Mittels liegt dagegen beim Störer. Dieser muss die Störungsquelle auch nur im Umfang der Beeinträchtigung beseitigen (z. B. Abluftreinigung statt Beseitigung der ganzen Anlage, Rückschnitt störender Pflanzen statt Beseitigung). Die **Kosten** für die Beseitigung der Störung trägt der Störer. Hat der beeinträchtigte Nachbar die Störung mitverursacht, so muss er sich allerdings je nach Umfang der Mitverursachung anteilig an den Kosten beteiligen.

Eine Störungsbeseitigung kommt außerdem nur in Betracht, soweit diese tatsächlich und rechtlich **möglich** ist. Das kann Probleme aufwerfen, wenn es hierzu einer behördlichen **Genehmigung** bedarf (z. B. nach Naturschutzrecht wie im Beispielsfall, Baurecht oder Immissionsschutzrecht). Deren Einholung ist dann Teil der Beseitigungspflicht, der Störer kann daher auch hierzu verurteilt werden! Kann die Genehmigung allerdings nicht erteilt werden oder wurde sie bereits rechtskräftig abgelehnt, so scheidet damit auch ein Beseitigungsanspruch endgültig aus.

Sind künftige Beeinträchtigungen zu besorgen, steht dem Eigentümer ein **Unterlassungsanspruch** zu. Hierfür ist zwar das Bestehen einer Wiederholungsgefahr erforderlich; bei bereits vorangegangener Störung wie im Beispielsfall wird diese allerdings widerleglich vermutet. Schließlich besteht ein **vorbeugender Unterlassungsanspruch** bereits dann, wenn die Gefahr einer erstmaligen Störung droht. Für sie spricht aber keine Vermutung, der Anspruchsteller muss sie daher ggf. beweisen.

Der Anspruch aus § 1004 BGB **verjährt** regelmäßig in drei Jahren (§ 195 BGB).

Wichtig!

Bei **Dauerstörungen** beginnt die Verjährung erst mit deren Abschluss. Bei **wiederholten Störungen** entsteht dagegen mit jeder neuen Störung auch ein neuer Abwehranspruch, für den wieder eine neue Verjährungsfrist läuft.

Entsteht dem Eigentümer aus einer Verletzung des § 1004 BGB ein Schaden an seinem Grundstück, so kann er diesen bei Verschulden des Störers aus **unerlaubter Handlung** (§ 823 BGB) ersetzt verlangen. Ferner kommt ein verschuldensunabhängiger **nachbarrechtlicher Ausgleichsanspruch** in Betracht, wenn der an sich bestehende Abwehranspruch aus tatsächlichen oder rechtlichen Gründen (z. B. Naturschutzrecht wie im Beispielsfall) nicht oder nicht rechtzeitig geltend gemacht werden kann (dazu S. 180 f.).

c. Beteiligte – Wer hat einen Anspruch gegen wen?

aa. Berechtigter:

BEISPIEL: Balduin und Viktor sind Grundstücksnachbarn. Viktor betreibt auf seinem Grundstück einen Handel. Seine Lieferanten und Kunden parken ständig auf Balduins Grundstück. Dessen Pächter Peter fordert daher Viktor auf dies abzustellen.

Anspruchsberechtigt ist der **Eigentümer** des beeinträchtigten Grundstücks, bei Miteigentümern jeder von ihnen allein; ferner Wohnungs- und Teileigentümer. Daneben bestimmte am Grundstück dinglich Berechtigte. Jeder Wohnungseigentümer kann dabei allein nach § 1004 BGB vorgehen, auch wenn die Störung nicht sein Sondereigentum, sondern Gemeinschaftseigentum betrifft. Die Gemeinschaft kann jedoch im letzeren Fall die Durchsetzung per Mehrheitsbeschluss an sich ziehen, womit sie dann für die gerichtliche Geltendmachung allein zuständig wird.

Wichtig!

Der bloße **Besitzer** ist **nicht** anspruchsberechtigt.

Ein Mieter oder Pächter wie im Beispielsfall hat jedoch regelmäßig einen Anspruch gegen den Eigentümer, dass dieser gegen die Störung vorgeht, oder aber er lässt sich von diesem zur Geltendmachung des Anspruchs aus § 1004 BGB ermächtigen; im Übrigen ist er auf Besitzschutzansprüche beschränkt (dazu S. 173 ff.).

bb. Verpflichteter (Störer):

BEISPIEL: (1) Viktor liebt es, im Sommer bis in die Nacht auf seiner Terrasse zu sitzen und das Radio mit voller Lautstärke laufen zu lassen. Sein Grundstücksnachbar Balduin will gegen ihn vorgehen.
(2) Viktor betreibt in seinem Haus zulässigerweise eine Kneipe. Seine Gäste zechen regelmäßig bis in die Nacht und torkeln dann grölend nach Hause. Sein Grundstücksnachbar Balduin will deshalb gegen Viktor vorgehen.
(3) Auf Viktors Grundstück steht eine 20 Meter hohe Tanne, die inzwischen aufgrund ihres Alters nicht mehr standsicher ist. Da die Gebäude

auf dem Nachbargrundstück von Balduin direkt im Fallradius der Tanne stehen, verlangt er deren Beseitigung. Viktor wendet ein, er könne für den Zustand des Baumes nichts.

Schuldner des Anspruchs aus § 1004 BGB ist der sog. Störer. Dieser kann Handlungs- oder Zustandsstörer sein. Mehrere Störer sind nebeneinander verantwortlich.

Handlungsstörer ist, wer durch sein Verhalten die Beeinträchtigung zurechenbar verursacht. Verursacht er sie selbst, etwa durch Erzeugung von Immissionen wie Lärm und Gerüchen, so nennt man ihn **unmittelbaren** Handlungsstörer. Handlungsstörer ist daneben aber auch der bloß **mittelbare** Handlungsstörer. Das ist jeder, dem die unmittelbar von einem Dritten ausgehende Störung zuzurechnen ist, weil er sie verursacht hat und auch verhindern kann. Seine Verantwortlichkeit tritt dann neben die des unmittelbaren Störers. Beispiele für mittelbare Handlungsstörer sind der Bauherr für Störungen durch Handwerker, auch wenn er sie sorgfältig ausgesucht hat, oder der Arbeitgeber für Störungen durch seine Arbeitnehmer. Störungen durch Kunden und Lieferanten eines Betriebs werden dem Betriebsinhaber zugeordnet. Für Störungen von Gaststättenbesuchern wie im Beispielsfall ist der Gastwirt verantwortlich, insbesondere für Lärmbelästigungen. Ferner gehört hierher der Fall, dass der Vermieter gegen Störungen durch seine Mieter nicht einschreitet.

Zustandsstörer ist jeder, der – ohne Handlungsstörer zu sein – für den störenden Zustand einer Sache verantwortlich ist. Dies setzt nicht nur voraus, dass er überhaupt die tatsächliche und rechtliche **Möglichkeit** zur Störungsbeseitigung hat; bei einem Mieter etwa trifft dies hinsichtlich für Dritte störender baulicher Maßnahmen seines Vermieters nur insoweit zu, als er auf Duldung einer Störungsbeseitigung durch den Vermieter in Anspruch genommen wird, nicht hingegen soweit er darüber hinaus auch auf Störungsbeseitigung selbst in Anspruch genommen wird. Ferner ist erforderlich, dass die Aufrechterhaltung des störenden Zustands wenigstens mittelbar auf seinen Willen zurückgeht. Dies ist in wertender Betrachtung von Fall zu Fall festzustellen, aus der ggf. auch eine sachliche oder zeitliche Einschränkung der Verantwortlichkeit folgen kann. Sachgründe für eine solche **Zurechnung** können in der Schaffung oder Erhaltung einer Gefahrenquelle liegen (z. B. Halten von technischen Anlagen oder Tieren) oder in einem pflichtwidrigen Unterlassen (z. B. Verstoß gegen Verkehrssicherungspflicht). Das Pflanzen oder Halten von Bäumen reicht für sich genommen für eine solche Zurechnung allerdings noch nicht. Erforderlich ist darüber hinaus, dass die Grenze ordnungsgemäßer Grundstücksbewirtschaftung und gebührender Rücksicht auf nachbarliche Interessen überschritten wird. So liegt es etwa bei Unterschreiten des landesrechtlichen Grenzabstands für die Zurechnung von Laubfall und Blütenflug; ebenso beim Halten kranker Bäume wie im Beispielsfall oder bei Unterlassen der gebotenen Gesundheits- und Zustandsprüfung, die in angemessenen Zeitabständen und abhängig von Alter, Zustand und Standort der Bäume zu erfolgen hat, für die Zurechnung hieraus entstehender Beeinträchtigungen (zur Verkehrssicherungspflicht bei Bäumen vgl. S. 178).

Wichtig!

Störungen, die **ausschließlich** Folge eines **Naturereignisses** sind, können keine Verantwortlichkeit des Grundstückseigentümers auslösen.

Dies betrifft etwa Fälle wie das Umstürzen eines gesunden Baumes oder das Eindringen von Schädlingen vom Nachbargrundstück im Rahmen von dessen gewöhnlicher Bewirtschaftung.

d. Ausschluss des Abwehranspruchs – Wann muss eine Störung geduldet werden?

BEISPIEL: Balduin und Viktor sind Grundstücksnachbarn. Auf Balduins Grundstück steht ein gewerblich genutztes Gebäude. Viktor hat sein Grundstück an Martin vermietet, der dort ein Drogenhilfezentrum betreibt. Drogensüchtige und Dealer betreten und verunreinigen Balduins Grundstück regelmäßig und behindern den Zugang dorthin. Balduin verlangt deshalb, den Betrieb des Zentrums einzustellen.

Der Abwehranspruch ist ausgeschlossen, wenn der betroffene Eigentümer **zur Duldung der Beeinträchtigung verpflichtet** ist (§ 1004 Abs. 2 BGB).

Wichtig!

Die tatsächlichen Voraussetzungen einer Duldungspflicht hat ggf. der Störer darzulegen und zu **beweisen**!

Duldungspflichten können verschiedene Grundlagen haben:

- Sie können sich zunächst einmal aus **privatrechtlichen** Vorschriften ergeben (z. B. allgemeine Rechtfertigungsgründe, Nachbarrecht in §§ 905 ff. BGB, Landesnachbarrecht, in Ausnahmefällen auch aus dem nachbarlichen Gemeinschaftsverhältnis). Allein der Umstand, dass der betroffene Eigentümer sein Grundstück nicht nutzt, führt aber noch nicht zu einer Duldungspflicht gegenüber Störungen seitens des Nachbarn. Gegenüber privatwirtschaftlich betriebenen gemeinwichtigen Betrieben wie dem Drogenhilfezentrum im Beispielsfall sind nach der Rechtsprechung Ansprüche auf Betriebseinstellung ausgeschlossen, nicht hingegen solche auf Schutzmaßnahmen und finanziellen Ausgleich.
- Duldungspflichten bestehen ferner nach **öffentlichem Recht** (z. B. nach § 76 TKG für Telekommunikationslinien, § 8 AVBWasserV bzw. AVBFernwärmeV und § 12 NAV bzw. NDAV für bestimmte Leitungsnetze der Energieversorgung, sowie nach Baurecht, Straßenrecht, Naturschutzrecht, Denkmalschutzrecht), soweit nicht im Einzelfall eine Ausnahme- oder Befreiungsmöglichkeit von dem Verbot besteht (dazu S. 168). Hierher gehören auch Genehmigungen durch sog. privatrechtsgestaltenden Verwaltungsakt, durch den private Ansprüche Dritter, die nicht auf besonderen Titeln wie Vertrag oder Grunddienstbarkeit beruhen, ausgeschlossen werden (z. B. im Immissionsschutz-, Wasser- sowie Planfeststellungsrecht). Im Übrigen ergehen Genehmigungen allerdings regelmäßig unbeschadet privater Rechte Dritter, wie Baugenehmigungen und Gaststättenerlaubnisse.
- Eine Duldungspflicht kann weiterhin auf **Rechtsgeschäft** (z. B. Bestellung dinglicher Rechte, schuldrechtliche Verträge wie

Miete, Pacht oder Leihe) oder **einseitiger Gestattung** beruhen. Schuldrechtliche Verträge wirken dabei allerdings regelmäßig nicht gegenüber Einzelrechtsnachfolgern wie einem Käufer des beeinträchtigten Grundstücks; einseitige Gestattungen sind grundsätzlich frei widerruflich. Eine dingliche Absicherung durch Bestellung einer **Grunddienstbarkeit** ist daher stets sinnvoll!

- Eine ersatzlose Duldungspflicht kann sich auch aus einer ganz überwiegenden **mitwirkenden Verursachung** der Störung durch den beeinträchtigten Eigentümer ergeben.
- Schließlich kann der Störer bei nicht vorsätzlichen Beeinträchtigungen gegenüber dem Beseitigungsanspruch ein Leistungsverweigerungsrecht haben, wenn die **Beseitigungskosten unverhältnismäßig** hoch wären. Der betroffene Nachbar ist dann stattdessen in Geld zu entschädigen.

3. Besitzschutzklage

a. Anspruchsvoraussetzungen – Welche Störungen kann man abwehren?

BEISPIEL: Balduin und Viktor sind Mieter benachbarter Häuser. Viktor veranstaltet regelmäßig bis tief in die Nacht Grillpartys, die mit erheblicher Lärm- und Geruchsentwicklung verbunden sind.

§§ 861, 862 BGB bieten für den Besitzer Schutz gegen Beeinträchtigungen seines Besitzes. Abwehrbar sind dabei sowohl **Besitzentziehung** (z. B. Wegnahme, Zugangsverhinderung) wie auch jede sonstige **Besitzstörung.** Für letztere kommen im Wesentlichen dieselben Störungstatbestände in Betracht wie bei § 1004 BGB (dazu S. 166 f.). Deshalb liegt in der Lärm- und Geruchsbelästigung im Beispielsfall nicht nur eine Eigentums-, sondern auch eine Besitzstörung.

Gemeinsame Voraussetzung der Besitzschutzansprüche ist, dass sich die Störungshandlung als **verbotene Eigenmacht** darstellt. Diese muss daher widerrechtlich geschehen, d. h. ohne den Willen des unmittelbaren Besitzers und ohne dass das Gesetz das eigenmächtige Handeln gestattet. Im Beispielsfall ist dies der Fall. Wichtig ist in diesem Zusammenhang auch, dass der Grundstücksbesitzer für sein Grundstück das Hausrecht hat.

b. Anspruchsinhalt – Welchen Inhalt hat der Abwehranspruch?

BEISPIEL: Balduin und Viktor sind Mieter benachbarter Häuser. Als Viktor wieder einmal auf Balduins Stellplatz parkt, stellt dieser ihn erfolglos zur Rede. Balduin will den Pkw deshalb sofort abschleppen lassen, fürchtet allerdings auf den Kosten sitzen zu bleiben. Außerdem denkt er über gerichtliche Schritte nach, um für die Zukunft vor solchen Vorfällen sicher zu sein.

Das Gesetz gibt in § 859 BGB zunächst einmal unter engen Voraussetzungen ein Recht zur **Selbsthilfe.** Der Besitzer darf sich danach verbotener Eigenmacht mit Gewalt erwehren, solange ihm der Besitz noch nicht vollständig entzogen ist (Besitzwehr). Hiernach darf er bei Wegnahme einer beweglichen Sache diese dem auf frischer Tat betroffenen oder verfolgten Täter wieder abnehmen. Im Fall der Besitzentziehung an einem Grundstück darf er sich sofort durch Entsetzung des Täters des Grundstücks wieder bemächtigen (Besitzkehr). In allen Fällen ist das Selbsthilferecht allerdings auf das Notwendige beschränkt! Seine Ausübung muss nach Treu und Glauben verhältnismäßig sein. Immer wieder die Gerichte beschäftigt hat insbesondere das unberechtigte Parken auf fremden Stellplätzen. Der Besitzer kann hier, auch ohne konkrete Behinderung und richtiger Auffassung nach auch noch am Folgetag des Abstellens, grundsätzlich abschleppen lassen und die hierfür ortsüblichen Kosten vom Störer ersetzt verlangen.

Gelangt eine Sache auf ein Nachbargrundstück, so besteht unter den Voraussetzungen des § 867 BGB unabhängig vom Vorliegen verbotener Eigenmacht ein **Verfolgungsrecht,** solange kein Besitzverlust eingetreten ist. Die Vorschrift gibt jedoch kein Selbsthilferecht!

Schließlich hat der Besitzer im Falle der Besitzentziehung nach § 861 BGB Anspruch auf **Wiedereinräumung des Besitzes.** Im Falle einer sonstigen Besitzstörung geht der Anspruch nach § 862 BGB auf **Beseitigung der Störung,** sofern diese noch fortbesteht, bzw. auf **Unterlassung,** soweit weitere Störungen künftig zu besorgen sind. Für letzteren Anspruch bedarf es daher einer – aufgrund vorangegangener Störungen allerdings vermuteten – Wiederholungsgefahr; ausreichend ist aber auch bereits eine Erstbegehungsgefahr, für die jedoch keine Vermutung spricht (vorbeugender Unterlassungsanspruch). Im Beispielsfall hat Balduin daher gegen Viktor nicht nur einen Beseitigungs-, sondern auch einen Unterlassungsanspruch.

In dringenden Fällen kommt auch eine **einstweilige Verfügung** in Betracht (dazu S. 182 ff.).

Wichtig!

Hierfür ist im Rahmen des Besitzschutzes **kein besonderer Verfügungsgrund** bzw. dessen Glaubhaftmachung erforderlich.
Bei Wegnahme einer Sache durch verbotene Eigenmacht kann auch durch **Leistungsverfügung** deren sofortige Herausgabe angeordnet werden.

Entsteht dem berechtigten Besitzer aus der Verübung verbotener Eigenmacht ein Schaden, so kann er hierfür **Schadensersatz** aus unerlaubter Handlung verlangen. Ferner kommt ein verschuldensunabhängiger **nachbarrechtlicher Ausgleichsanspruch** in Betracht, wenn der an sich bestehende Anspruch aus § 862 BGB aus tatsächlichen oder rechtlichen Gründen nicht oder nicht rechtzeitig geltend gemacht werden konnte.

c. Beteiligte – Wer hat einen Anspruch gegen wen?

BEISPIEL: Balduin und Viktor sind Mieter benachbarter Grundstücke. Viktor parkt seinen Pkw immer wieder auf Balduins Grundstück. Auch Balduins Vermieter Valentin parkt dort gelegentlich. Balduin erhebt deshalb Besitzschutzklage gegen beide.

Berechtigt ist der bisherige unmittelbare Besitzer, dessen Besitz durch verbotene Eigenmacht entzogen oder gestört wurde; im Beispielsfall stehen daher Balduin die Besitzschutzrechte zu. Dies gilt auch gegenüber dem mittelbaren Besitzer, also etwa gegenüber seinem Vermieter oder Verpächter. Auch dem mittelbaren Besitzer seinerseits stehen die Besitzschutzansprüche im Umfang des § 869 BGB Dritten gegenüber zu, so dass im Beispielsfall auch Vermieter Valentin aus seinem mittelbaren Besitz gegen den illegalen Parker Viktor vorgehen könnte.

Wichtig!

Für die Anspruchsberechtigung bei Besitzschutzansprüchen kommt es auf ein Recht zum Besitz nicht an, sondern allein auf die **tatsächlichen Besitzverhältnisse**!

Ist der Besitzer zugleich Eigentümer, so stehen ihm die Ansprüche aus dem Eigentum und solche aus dem Besitz bei Vorliegen der jeweiligen Voraussetzungen nebeneinander zu.

Verpflichtet ist der Störer. Im Rahmen des § 862 BGB gilt dabei das zu § 1004 BGB Gesagte entsprechend (dazu S. 169 ff.). Im Beispielsfall ist Viktor unmittelbarer Handlungsstörer. Im Rahmen des § 861 BGB ist der fehlerhafte Besitzer verpflichtet.

d. Einwendungen, Ausschluss, Erlöschen – Was kann einem Besitzschutzanspruch entgegenstehen?

BEISPIEL: Balduin und Viktor sind Mieter benachbarter Grundstücke. Viktor stellt seinen abgemeldeten Pkw auf Balduins Grundstück ab. Als dieser das bemerkt, erhebt er Besitzschutzklage. Viktor verteidigt sich damit, dass er aufgrund eines Vertrages mit Balduins Vermieter zum Abstellen berechtigt sei. Balduin bestreitet das.

Besitzschutzansprüche leiten sich allein aus dem tatsächlichen Besitz ab; damit soll – anders als bei §§ 985, 1004 BGB beim Schutz des Eigentums – die rasche Wiederherstellung des durch verbotene Eigenmacht beeinträchtigten Besitzstandes ermöglicht werden.

Wichtig!

Es sind daher grundsätzlich **keine Einwendungen aus einem materiellem Recht** zur Besitzentziehung oder -störung möglich!

Im Beispielsfall kann sich Viktor daher im Rahmen der Besitzschutzklage grundsätzlich nicht erfolgreich auf ein vertragliches Benutzungsrecht berufen.

Allerdings sind Besitzschutzansprüche **ausgeschlossen,** wenn der Besitz dem Störer oder dessen Rechtsvorgänger gegenüber fehlerhaft war und innerhalb eines Jahres vor der Entziehung oder sonstigen Störung erlangt worden ist.

Weiterhin **erlöschen** Besitzschutzansprüche unter bestimmten Voraussetzungen. Einmal mit dem Ablauf eines Jahres nach Verübung der verbotenen Eigenmacht, wenn sie nicht vorher eingeklagt werden. Ferner, wenn nach Verübung der verbotenen Eigenmacht durch rechtskräftiges Urteil festgestellt wird, dass dem Täter ein Recht an der Sache zusteht, aufgrund dessen er die Herstellung eines seiner Handlungsweise entsprechenden Besitzstandes verlangen kann. Im Beispielsfall könnte Viktor daher seine vertragliche Berechtigung gerichtlich feststellen lassen; sobald er ein rechtskräftiges Urteil hat, würden Balduins Besitzschutzansprüche erlöschen.

4. Schadensersatz- und Entschädigungsklagen

a. Schadensersatzansprüche aus unerlaubter Handlung

BEISPIEL: Balduin und Viktor sind Grundstücksnachbarn. Auf Viktors Grundstück stehen mehrere 20 Meter hohe Tannen, von denen eine bereits auf den ersten Blick recht altersschwach ist. Eines Tages stürzt sie um und schlägt eine große Bresche in Balduins Garage. Dieser will sämtliche Aufräumkosten und Kosten des Wiederaufbaus ersetzt haben. Außerdem wird ein bereits 50 Jahre alter wertvoller Ahorn beschädigt, den Balduin ersetzt verlangt.

aa. Anspruchsvoraussetzungen – Wann besteht ein Schadensersatzanspruch? Die zentrale Vorschrift des Rechts der unerlaubten Handlung findet sich in § 823 BGB. **§ 823 Abs. 1 BGB** schützt sowohl das Eigentum wie auch den berechtigten Besitz gegen Verletzungen, indem er dem Geschädigten Schadensersatzansprüche gewährt. Im Beispielsfall kommt daher für Balduin wegen der bereits erfolgten

Beschädigung seines Eigentums ein Schadensersatzanspruch in Betracht. Die bloße Gefährdung eines Nachbargrundstücks würde hierfür allerdings noch nicht reichen.

§ 823 Abs. 2 BGB gewährt einen Schadensersatzanspruch ferner bei Verletzung von Schutzgesetzen. Zivilrechtliche Schutzgesetze zugunsten von Nachbarn sind etwa §§ 1004, 858, 906 ff. BGB und die Vorschriften der Nachbarrechtsgesetze der Länder; darüber hinaus fallen hierunter nachbarschützende Vorschriften des öffentlichen Rechts. Im Beispielsfall kommt daher auch ein Anspruch nach §§ 823 Abs. 2, 1004 BGB in Betracht.

Die Einwirkung auf ein Nachbargrundstück löst allerdings nur dann einen Schadensersatzanspruch aus, wenn sie **rechtswidrig** erfolgt. Die Rechtswidrigkeit wird zwar grundsätzlich durch die Rechtsgut- oder Schutzgesetzverletzung indiziert, wie etwa im Beispielsfall. Sie kann allerdings im Einzelfall auch ausgeschlossen sein, etwa durch nachbarrechtliche Duldungspflichten (dazu S. 171 ff.).

Schließlich muss den Schädiger ein **Verschulden** treffen, also vorsätzliches oder zumindest fahrlässiges Verhalten vorliegen. Eine wichtige Rolle spielt hier die Verletzung von **Verkehrssicherungspflichten.** So muss derjenige, der die Verfügungsgewalt über ein Grundstück ausübt, im Rahmen des Möglichen auch dafür sorgen, dass von dort befindlichen Sachen oder Anlagen keine Gefahr für andere ausgeht, etwa durch Umstürzen von Bäumen aufgrund fehlender Standfestigkeit. Bäume sind daher in angemessenen Abständen einer Sichtprüfung zu unterziehen und zudem sind die für ihre Standfestigkeit erforderlichen Pflegemaßnahmen durchzuführen. Im privaten Bereich wird man allerdings davon ausgehen müssen, dass eine Kontrolle durch den Eigentümer ausreicht, und er Fachleute erst zuziehen muss, wenn Schäden konkret erkennbar werden. Im Beispielsfall hat sich Viktor deshalb, da der Schaden auch für einen Privatmann erkennbar war, zumindest fahrlässig verhalten, so dass im Ergebnis ein Schadensersatzanspruch zugunsten von Balduin besteht.

bb. Anspruchsinhalt – Welchen Inhalt hat der Schadensersatzanspruch?

Seinem Inhalt nach richtet sich der Schadensersatzanspruch nach §§ 249 ff. BGB. Es besteht daher im Wege der sog. **Naturalrestitu-**

tion Anspruch auf Wiederherstellung des früheren Zustandes. Bei Verletzung einer Person oder Beschädigung einer Sache kann der Geschädigte stattdessen aber auch **Geldersatz** verlangen.

Für den genauen Umfang des Anspruchs ist zu unterscheiden, welche Rechtsposition der Geschädigte hat. Der **Eigentümer** kann regelmäßig umfassenden Schadensersatz einschließlich des Substanzschadens verlangen. Im Beispielsfall sind daher sämtliche Wiederaufbau- und Aufräumkosten zu ersetzen. Probleme können sich bei der Schadensberechnung im Zusammenhang mit der Beschädigung oder Zerstörung von **Bäumen** ergeben. Ersatzfähig sind hier im Fall einer Zerstörung regelmäßig nur die Kosten für eine Teilwiederherstellung durch Nachpflanzen junger Bäume; darüber hinaus ist, ebenso wie im Falle einer Beschädigung, eine verbleibende Wertminderung des Grundstücks zu ersetzen. Der geschädigte **Besitzer** kann unter anderem Ersatz entgangener Nutzungen verlangen.

cc. Verjährung – Wann verjähren Schadensersatzansprüche? Ansprüche aus unerlaubter Handlung verjähren regelmäßig in **drei Jahren.** Die Verjährung **beginnt** mit dem Schluss des Jahres, in dem der Anspruch entstanden ist und der Gläubiger von den anspruchsbegründenden Tatsachen und der Person des Schuldners Kenntnis erlangt oder ohne grobe Fahrlässigkeit erlangen müsste.

b. Entschädigungsansprüche

BEISPIEL: Balduin und Viktor sind Grundstücksnachbarn. Auf Viktors Grundstück stehen mehrere 20 Meter hohe Tannen, die auch für einen Fachmann einen gesunden Eindruck machen. Eines Tages stürzt eine davon völlig überraschend um und zerstört Balduins Garage. Dieser will den Wiederaufbau und die Aufräumarbeiten bezahlt haben.

aa. Zivilrechtlicher (nachbarrechtlicher) Ausgleichsanspruch: Muss ein Grundstückseigentümer oder -besitzer eine von einem Nachbargrundstück im Rahmen privatwirtschaftlicher Benutzung ausgehende rechtswidrige Einwirkung nach § 906 BGB dulden, so gewährt ihm § 906 Abs. 2 Satz 2 BGB im Gegenzug einen **verschuldensunabhängigen** Ausgleichsanspruch (dazu S. 69 ff.).

Gleiches gilt analog § 906 Abs. 2 Satz 2 BGB (sog. **nachbarrechtlicher Ausgleichsanspruch**), wenn er andere rechtswidrige Einwirkungen auf sein Grundstück, die er eigentlich nicht dulden müsste, aus besonderen tatsächlichen (z. B. fehlende Erkennbarkeit der bevorstehenden Schädigung wie im Beispielsfall) oder rechtlichen (z. B. Ablauf der Verjährungs- oder Ausschlussfrist, naturschutzrechtliches Beseitigungsverbot) Gründen nicht oder nicht rechtzeitig nach §§ 1004, 862 BGB abwehren kann. Weitere Voraussetzung ist, dass er hierdurch Nachteile erleidet, die das zumutbare Maß einer entschädigungslos hinzunehmenden Beeinträchtigung übersteigen.

Wichtig!

Die Störung kann eine Ausgleichspflicht nur auslösen, wenn sie einen sachlichen Bezug zur konkreten Nutzung des Störergrundstücks aufweist.

Das ist etwa der Fall beim Brand eines Gebäudes, der auf das Nachbargrundstück übergreift. Könnte die Störung hingegen genauso gut an anderer Stelle vorgenommen werden, so reicht dies nicht; der BGH hat dies für das Abfeuern von Silvesterraketen, die ein Nachbaranwesen in Brand setzen, so gesehen.

Umstritten ist, ob – wovon der BGH in ständiger Rechtsprechung ausgeht – nach den Grundsätzen der **Enteignungsentschädigung** nur der die Zumutbarkeitsgrenze überschreitende Teil der Beeinträchtigung auszugleichen, oder ob stattdessen wie bei §§ 249 ff. BGB volle Schadloshaltung zu gewähren ist. Schmerzensgeld kann jedenfalls nicht verlangt werden.

Gläubiger des Anspruchs sind Eigentümer, dinglich Nutzungsberechtigte und Besitzer des beeinträchtigten Grundstücks. **Schuldner** des Ausgleichsanspruchs ist nur derjenige, der die Nutzungsart des beeinträchtigenden Grundstücks bestimmt, also dessen Eigentümer und Nutzer; ein für den Nachbarn tätiger Bauunternehmer fällt nicht hierunter. Ein Ausgleichsanspruch kommt auch zwischen Wohnungseigentümern in Betracht, wenn das Sondereigentum des einen durch Einwirkungen vom Sondereigentum des anderen beeinträchtigt wird. Der nachbarrechtliche Ausgleichsanspruch ist gegenüber deliktischen Schadensersatzansprüchen nachrangig.

bb. Öffentlich-rechtliche Ansprüche: Bei einem unmittelbaren Eingriff in benachbartes Eigentum durch hoheitliche Grundstücksnutzung kommen demgegenüber öffentlich-rechtliche Entschädigungsansprüche aus **enteignendem** oder **enteignungsgleichem Eingriff** in Betracht, wenn die Schwelle des Zumutbaren überschritten ist.

Wichtig!

Gegen rechtswidrige Störungen ist allerdings vorrangig unmittelbar vorzugehen (sog. **Vorrang des Primärrechtsschutzes**)!

Bei einem hoheitlichen Eingriff in ein subjektives Recht des Betroffenen, der zu einem fortdauernden rechtswidrigen Zustand führt, besteht auch ein öffentlich-rechtlicher **Folgenbeseitigungsanspruch.** Dieser ist auf Wiederherstellung jenes rechtmäßigen Zustandes gerichtet, der bestünde wenn es nicht zu dem Eingriff gekommen wäre. Bei Verschulden kommen ferner **Amtshaftungsansprüche** in Betracht.

c. Gefährdungshaftung

Das Gesetz kennt neben der Verschuldenshaftung auch noch eine **verschuldensunabhängige** Gefährdungshaftung. Eine solche besteht ausschließlich in den gesetzlich geregelten Fällen. Diesen liegt die Überlegung zugrunde, dass das Eröffnen oder Unterhalten eines gefährlichen Betriebs umgekehrt den Ersatz hierdurch typischerweise auftretender Schäden nach sich ziehen muss. Wichtige Tatbestände von Gefährdungshaftung bestehen im Wasserrecht zum Schutz vor Gewässerverunreinigungen (§ 89 WHG), für bestimmte Energieanlagen (§ 2 HPflG) sowie zum Schutz vor Umwelteinwirkungen (§§ 1, 2 UmweltHG).

d. Landesrechtliche Ersatzpflichten

Schließlich haben die meisten Länder in ihren Nachbarrechtsgesetzen Vorschriften über Ersatzpflichten zum Ausgleich für die dem

Grundstückseigentümer dort im Interesse eines Nachbarn auferlegten Eigentumsbeschränkungen aufgenommen. Diese sind regelmäßig **verschuldensunabhängig** ausgestaltet. Ergänzt werden sie vielfach durch einen vorgelagerten Anspruch auf **Sicherheitsleistung,** sowie bei länger dauernder Inanspruchnahme einen Anspruch auf **Nutzungsentschädigung.** Einzelheiten regelt das jeweilige Landesrecht.

5. Vorläufiger Rechtsschutz

BEISPIEL: Balduin und Viktor sind Grundstücksnachbarn. Als Balduin von einer längeren Urlaubsreise zurückkehrt, bemerkt er voller Entsetzen, dass Viktor entlang der gemeinsamen Grundstücksgrenze sein Grundstück so stark abgegraben hat, dass sein eigenes teilweise abzurutschen droht. Außerdem hat Viktor Balduins Gartenmöbel auf sein Grundstück verbracht und nutzt sie ausgiebig. Balduin möchte schnellstmöglich gerichtliche Hilfe gegen seinen dreisten Nachbarn erlangen.

a. Welche Voraussetzungen hat der vorläufige Rechtsschutz?

Bedarf ein Nachbar so dringend gerichtlicher Hilfe, dass der Ausgang eines normalen Klageverfahrens nicht abgewartet werden kann, so kommt ein Antrag auf Erlass einer **einstweiligen Verfügung** in Betracht. Für den Erfolg eines solchen Antrags ist es erforderlich, dass das Vorliegen eines Verfügungsanspruchs und eines Verfügungsgrundes glaubhaft gemacht sind.

Der **Verfügungsanspruch** entspricht dem zugrunde liegenden materiell-rechtlichen Anspruch, im Beispielsfall kommen hier Ansprüche aus §§ 1004, 909 BGB oder auch §§ 861, 862 BGB in Betracht. Schwierige Rechtsfragen werden hier allerdings nur summarisch, d. h. überschlägig geprüft.

Ein **Verfügungsgrund** ist gegeben, wenn eine vorläufige Anspruchssicherung im Eilverfahren notwendig ist, um eine Gefährdung der Anspruchsverwirklichung zu verhindern. So liegt es etwa im Beispielsfall wegen des drohenden Abrutschens des Grundstücks.

Wichtig!

Besitzschutzansprüche zielen auf eine schnelle Wiederherstellung der Besitzverhältnisse. Hier ist deshalb ein besonderer Verfügungsgrund nicht erforderlich, wie im Beispielsfall bei den Gartenmöbeln.

Verfügungsanspruch und Verfügungsgrund sind **glaubhaft zu machen,** d. h. die behaupteten Tatsachen müssen sich als zumindest überwiegend wahrscheinlich darstellen. Dies kann auch durch eine Versicherung an Eides statt erfolgen, auch des Anspruchstellers selbst.

Wichtig!

Sämtliche **Beweismittel** müssen wegen des Eilcharakters des Verfahrens im Gerichtstermin präsent sein. Anderenfalls droht eine Zurückweisung des Antrags!

b. Welchen Inhalt hat eine einstweilige Verfügung?

Ziel des einstweiligen Rechtsschutzes ist nur die **vorläufige Sicherung** eines Anspruchs. Grundsätzlich scheiden daher Anordnungen des Gerichts aus, die bereits zu einer vollständigen Befriedigung des Anspruchs führen würden. Regelmäßig kann deshalb nur eine **Regelungsverfügung** zur vorläufigen Regelung des nachbarlichen Verhältnisses ergehen. Nur ausnahmsweise ist auch eine **Leistungsverfügung** möglich, die bereits zu einer zumindest teilweisen Befriedigung des Anspruchs führt; so etwa bei der Herausgabe von durch verbotene Eigenmacht erlangten Sachen wie den Gartenmöbeln im Beispielsfall.

c. Besteht ein finanzielles Risiko?

Die Beantragung einer einstweiligen Verfügung ist mit einem gewissen finanziellen Risiko verbunden. Denn auch wenn die einstweilige Verfügung vom Gericht zunächst erlassen wird, kann sie später unter Umständen wieder aufgehoben werden. Dem Antragsgegner kann aber bis dahin aus ihrem Vollzug bereits ein Schaden erwachsen sein.

Wichtig!

Erweist sich die Anordnung der einstweiligen Verfügung als von Anfang an ungerechtfertigt, so haftet der Antragsteller dem Gegner nach § 945 ZPO **verschuldensunabhängig** auf **Schadensersatz**!

6. Selbsthilfe

BEISPIEL: Balduins Wohnhaus liegt neben Viktors Biergarten. Eines Abends veranstaltet Viktor dort ein Rockkonzert. Balduin bittet ihn bis in die Nacht hinein immer wieder vergeblich, die Lautstärke zu reduzieren. Auch die Polizei lehnt ein Einschreiten mehrmals ab. Als Balduin und seine kleinen Kinder nachts um 1 Uhr immer noch nicht schlafen, reicht es ihm. Er begibt sich in den Biergarten und durchtrennt das Verstärkerkabel. Viktor will deshalb Schadensersatz.

a. Unter welchen Voraussetzungen ist Selbsthilfe zulässig?

Es ist grundsätzlich **unzulässig,** Ansprüche auf eigene Faust durchzusetzen oder zu sichern. Der Berechtigte muss stattdessen staatliche Hilfe in Anspruch nehmen. Unter engen Voraussetzungen kann allerdings ausnahmsweise auch Selbsthilfe zulässig sein (s. § 229 BGB). Dies setzt voraus, dass dem Handelnden zum einen ein bestimmter **Anspruch** zusteht und er zum anderen **obrigkeitliche Hilfe nicht rechtzeitig erlangen** kann.

Wichtig!

Vorrang haben hier sowohl eine gerichtliche **einstweilige Verfügung** wie auch die Hilfe der **Polizei**!

Darüber hinaus muss ohne die Selbsthilfe die **Anspruchsverwirklichung gefährdet** sein, d. h. vereitelt oder zumindest wesentlich erschwert werden.

b. Welchen Inhalt hat das Selbsthilferecht?

Die Selbsthilfe erlaubt grundsätzlich nur **vorläufige Sicherungsmaßnahmen,** soweit diese zur Abwendung der Gefahr erforderlich sind. Diese können nach näherer Maßgabe der §§ 229, 230 BGB in der Zerstörung, Beschädigung oder Wegnahme einer Sache, der Beseitigung des Widerstands des Verpflichteten gegen eine von diesem zu duldende Handlung, bei Fluchtverdacht auch in der Festnahme des Verpflichteten bestehen.

c. Besteht ein finanzielles Risiko?

Im Falle irrtümlicher Selbsthilfe trotz Nichtvorliegens der hierfür erforderlichen Voraussetzungen hat der Selbsthilfe Übende **verschuldensunabhängig Schadensersatz** zu leisten (§ 231 BGB).

Wichtig!

Wer vorschnell Selbsthilfe übt, handelt stets auf eigenes Risiko!

Im Beispiel handelt es sich sicher um einen Grenzfall; das damit befasste Oberlandesgericht hat hier im Ergebnis dennoch eine Schadensersatzpflicht von Balduin verneint, wenn auch nicht aus Gründen der Selbsthilfe.

II. Verwaltungsprozess

Der öffentlich-rechtliche Nachbarschutz wird im Folgenden anhand des praktisch besonders wichtigen Bereichs des öffentlichen Baunachbarrechts genauer dargestellt. Im Anschluss daran folgt noch eine kurze Darstellung des Nachbarschutzes im öffentlichen Immissionsschutzrecht.

1. Baurecht

a. Der Nachbar im öffentlichen Baurecht – Wer fällt darunter?

aa. Formelle Nachbarbeteiligung – Wer ist bereits im Genehmigungsverfahren zu beteiligen?

BEISPIEL: Balduin will auf seinem Grundstück eine größere Halle errichten. Hierfür beantragt er eine Baugenehmigung. Sein Grundstücksnachbar Norbert hat auf den Bauvorlagen unterschrieben, weil Balduin ihn damit überrumpelt hat. Später tut ihm dies leid und er möchte gegen den Bau vorgehen.

Soweit für ein Vorhaben eine Baugenehmigung erforderlich ist, sind die Nachbarn regelmäßig bereits im Genehmigungsverfahren zu beteiligen. Einzelheiten regelt die jeweilige Landesbauordnung. Hiernach sind meist nur die **Eigentümer** der **unmittelbar angrenzenden** Grundstücke zu beteiligen; etliche Länder beschränken deren Beteiligung ferner im Wesentlichen auf die Erteilung von Abweichungen von nachbarschützenden Vorschriften.

Wichtig!

Für Einwendungen ist meist eine **Frist** vorgesehen; deren Ablauf hat in einigen Ländern sogar dieselben Folgen wie eine Zustimmung des Nachbarn (sog. materielle Ausschlussfrist).

Die Beteiligung entfällt, wenn ein Nachbar dem Vorhaben zustimmt; als **Zustimmung** gilt dabei die Unterschrift unter die Bauvorlagen wie im Beispielsfall. In materiell-rechtlicher Hinsicht liegt hierin ein Verzicht auf verzichtbare öffentlich-rechtliche Abwehrrechte. Zivilrechtliche Abwehrrechte bleiben dagegen unberührt, da auch die spätere Baugenehmigung nur unbeschadet privater Rechte Dritter ergeht. In verfahrensrechtlicher Hinsicht führt die Unterschrift zum Verlust der Widerspruchs- und Klagebefugnis gegen die Baugenehmigung; ein entsprechender Rechtsbehelf ist dann bereits unzulässig! Die Zustimmung ist nur bis zum Eingang des Bauantrags bei der Genehmigungsbehörde frei **widerruflich;**

danach kann sie allenfalls noch wegen Willensmängeln **angefochten** werden.

Hat ein Nachbar nicht zugestimmt oder wird seinen Einwendungen nicht entsprochen, so ist ihm die Entscheidung der Baugenehmigungsbehörde meist förmlich **zuzustellen.**

bb. Materiell-rechtliche Stellung als Nachbar – Wer kann später gegen die Baugenehmigung vorgehen?

BEISPIEL: Balduin erhält eine Baugenehmigung für ein Vorhaben auf seinem Grundstück. Sein Nachbar Martin, der sein Grundstück nur gemietet hat, will gegen die Genehmigung vorgehen. Auch Ludwig, dessen Grundstück durch Martins Grundstück von Balduins Grundstück getrennt ist, will die Genehmigung anfechten. Schließlich setzt sich auch noch der Käufer Karl eines weiteren angrenzenden Grundstücks gegen die Genehmigung zur Wehr.

Wird dem Bauherrn eine Baugenehmigung erteilt, mit der ein Nachbar nicht einverstanden ist, so kann letzterer unter Umständen hiergegen vorgehen. Der Kreis der Nachbarn ist hier größer als der der bereits im Genehmigungsverfahren formell zu beteiligenden Personen. Materiell-rechtlich sind im Baurecht all diejenigen Nachbarn, die sachlich und rechtlich von den Auswirkungen eines Vorhabens betroffen sind. Es muss daher zum einen je nach Reichweite dieser Auswirkungen eine gewisse **räumliche** Nähe zum Vorhaben bestehen. Ob Ludwig im Beispielsfall als baurechtlicher Nachbar anzusehen ist, hängt daher von der Reichweite der Auswirkungen des Vorhabens ab. Zum anderen muss es sich in **persönlicher** Hinsicht um den Eigentümer oder Inhaber eines eigentumsähnlichen dinglichen Rechts handeln. Dabei wird auch der Käufer eines Grundstücks als Nachbar angesehen, wenn Besitz, Nutzungen und Lasten bereits auf ihn übergegangen sind und sein Rechtserwerb durch eine Auflassungsvormerkung gesichert ist; unter diesen Voraussetzungen ist im Beispielsfall auch Karl als Nachbar anzusehen.

Wichtig!

Bloß obligatorisch berechtigte **Besitzer**, wie Mieter oder Pächter, sind keine baurechtlichen Nachbarn.

Diese müssen sich daher an den Eigentümer des von ihnen genutzten Grundstücks halten. So verhält es sich auch im Beispielsfall mit Martin.

b. Genehmigungsabwehr – Wie kann der Nachbar gegen eine Baugenehmigung vorgehen?

BEISPIEL: Balduin erhält eine Baugenehmigung für ein Vorhaben auf seinem Grundstück. Sein Nachbar Norbert meint, dieses verstoße gegen im Genehmigungsverfahren zu prüfende Normen des öffentlichen Baurechts.

aa. Widerspruchverfahren: Eine klassische nachbarliche Konfliktlage im Baurecht besteht darin, dass dem Bauherrn eine Baugenehmigung erteilt wird, die ein Nachbar anfechten will. Letzterer kann gegen die Baugenehmigung aber nicht immer sofort gerichtlich vorgehen. Zunächst einmal muss er hiergegen grundsätzlich Widerspruch einlegen; etwas anderes gilt nur in den Ländern, in denen landesrechtlich das Widerspruchsverfahren im Baurecht entfällt. Ob Norbert im Beispielsfall zunächst Widerspruch einlegen muss, hängt daher vom einschlägigen Landesrecht ab. Ist ein Widerspruchsverfahren erforderlich, so muss der Nachbar, wenn ihm die Baugenehmigung amtlich bekannt gegeben wurde, innerhalb einer **Frist** von einem Monat nach Bekanntgabe schriftlich Widerspruch einlegen. Bei fehlender oder unrichtiger Rechtsbehelfsbelehrung verlängert sich diese Frist auf ein Jahr. Fehlt die amtliche Bekanntgabe völlig, so läuft überhaupt keine Frist; hat der Nachbar allerdings gleichwohl sichere Kenntnis von der Baugenehmigung erlangt oder erlangen müssen, dann läuft ab diesem Zeitpunkt die einjährige Frist. Außerdem kann der Nachbar bei längerer Untätigkeit und Hinzutreten besonderer Umstände sein Widerspruchsrecht auch verwirken. Der Widerspruch ist schließlich nur bei Vorliegen einer **Widerspruchs-**

befugnis zulässig, d. h. wenn der Nachbar geltend machen kann, durch die angegriffene Genehmigung möglicherweise in seinen Rechten verletzt zu sein.

Wichtig!

Der Widerspruch gegen eine Baugenehmigung hat **keine aufschiebende Wirkung**, d. h. der Bauherr kann weiter von der Baugenehmigung Gebrauch machen. Die Behörde oder das Gericht können diese Wirkung allerdings auf Antrag nachträglich anordnen (§§ 80, 80a VwGO).

bb. Anfechtungsklage: Bleibt der Widerspruch erfolglos oder ist ein Widerspruchsverfahren nicht erforderlich, so kann der Nachbar Anfechtungsklage gegen die Baugenehmigung vor dem Verwaltungsgericht erheben. Dies muss innerhalb einer **Frist** von einem Monat nach Zustellung des Widerspruchsbescheids bzw. Bekanntgabe der Baugenehmigung erfolgen. Für die Fälle fehlender oder unrichtiger Rechtsmittelbelehrung sowie gänzlich unterbliebener Zustellung bzw. Bekanntgabe gilt im Übrigen das zuvor zur Widerspruchsfrist Gesagte entsprechend. Die Klage ist schließlich nur bei Vorliegen einer **Klagebefugnis** zulässig, d. h. wenn der Kläger geltend machen kann, durch die angegriffene Genehmigung möglicherweise in seinen Rechten verletzt zu sein. Der Bauherr ist im Verfahren vom Gericht notwendig beizuladen.

Wichtig!

Die Klage gegen eine Baugenehmigung hat **keine aufschiebende Wirkung**, d. h. der Bauherr kann weiter von der Baugenehmigung Gebrauch machen. Das Gericht kann diese Wirkung allerdings auf Antrag nachträglich anordnen (§§ 80, 80a VwGO).

In der Sache hat die Anfechtungsklage nur Erfolg, wenn und soweit die Baugenehmigung objektiv rechtswidrig und der klagende Nachbar hierdurch zugleich in einem subjektiv-öffentlichen (nachbarschützenden) Recht verletzt ist (§ 113 Abs. 1 S. 1 VwGO). Insoweit steht ihm dann ein sog. **Genehmigungsabwehranspruch** zu und die Genehmigung ist vom Gericht in diesem Umfang aufzuheben. Im Beispielsfall ist die Genehmigung daher aufzuheben, falls tatsächlich eine Verletzung von nachbarschützenden Normen des öffentlichen Baurechts, die auch zum Prüfprogramm des Genehmigungsverfahrens gehören, vorliegt. Ist der keine Nachbarrechte verletzende Teil des Vorhabens isoliert genehmigungsfähig und vom Bauherrn auch gewollt, so beschränkt sich die Aufhebung allerdings auf den rechtswidrigen Teil des Vorhabens. Hat der Bauherr von der Genehmigung zuvor schon Gebrauch gemacht, so stellt sich darüber hinaus die Frage einer Pflicht der Behörde zur **Folgenbeseitigung** durch Beseitigung des Bauwerks (s. § 113 Abs. 1 Satz 2 VwGO). Insoweit gilt das zum Anspruch auf behördliches Einschreiten Gesagte entsprechend (dazu S. 191 ff.). Diese Grundsätze gelten auch für den Rechtsschutz des Nachbarn, wenn es um Verstöße gegen nachbarschützende Normen des öffentlichen Baurechts geht, die nicht zum Prüfprogramm des Genehmigungsverfahrens gehören, etwa in einem vereinfachten Genehmigungsverfahren.

Liegt der Baugenehmigung ein **Bebauungsplan** zugrunde, so wird dessen Wirksamkeit im Rahmen der Anfechtungsklage vom Gericht als Vorfrage mit geprüft. Der Nachbar kann aber auch durch ein **Normenkontrollverfahren** (§ 47 VwGO) unmittelbar gegen den Bebauungsplan vorgehen, wenn er dessen allgemeinverbindliche Nichtigerklärung anstrebt.

Wichtig!

Auch wenn der Nachbar ein Normenkontrollverfahren gegen einen Bebauungsplan anstrengt, so muss er daneben zusätzlich die Baugenehmigung anfechten!

Anderenfalls wird diese nach Ablauf der Rechtsmittelfristen unanfechtbar. Dann hilft ihm auch eine spätere Nichtigerklärung des Bebauungsplans jedenfalls gegen dieses bereits genehmigte Bauvorhaben nichts mehr.

c. Behördliches Einschreiten – Wann kann der Nachbar ein Einschreiten der Behörde verlangen?

BEISPIEL: Balduin und Norbert sind Grundstücksnachbarn. Eines Morgens stellt Norbert fest, dass Balduin mit dem Baugrubenaushub für ein Wohnhaus begonnen hat. Eine Genehmigung hierfür hat er nicht. Darüber hinaus soll das Haus unmittelbar an die Grenze gebaut werden. Norbert will etwas dagegen unternehmen.

Eine grundlegend andere Situation ergibt sich, wenn der Bauherr **keine Genehmigung** hat. Dies kann daher rühren, dass er „schwarz" baut, also eigentlich eine Genehmigung bräuchte; ebenso kann sein Vorhaben aber auch genehmigungsfrei sein; oder aber es musste nur in einem vereinfachten Verfahren genehmigt werden, und es geht um die Verletzung von Vorschriften, die dort nicht zu prüfen waren. Hier kommt der Nachbar mit einer Genehmigungsanfechtung nicht weiter. Stattdessen ist sein Ziel, die zuständige Behörde zu einem Einschreiten gegen das Bauvorhaben zu veranlassen. Der Nachbar muss daher hier zunächst einen entsprechenden **Antrag** bei der Behörde stellen. Wird dieser negativ verbeschieden, so kann er anschließend Verpflichtungs-**Widerspruch** einlegen, außer nach dem jeweiligen Landesrecht entfällt das Widerspruchsverfahren im Baurecht.

Wichtig!

In eiligen Fällen kann auch sogleich über einen Antrag auf Erlass einer **einstweiligen Anordnung** beim Verwaltungsgericht nach § 123 VwGO eine vorläufige Regelung erreicht werden.

In der Hauptsache kann der Nachbar, wenn der Widerspruch keinen Erfolg hat oder ein solcher nicht erforderlich ist, **Verpflichtungsklage** vor dem Verwaltungsgericht erheben. Diese ist nur bei Vorliegen einer **Klagebefugnis** zulässig, d. h. wenn der Kläger geltend machen kann, durch die Ablehnung oder Unterlassung des beantragten Einschreitens möglicherweise in seinen Rechten verletzt zu sein. Der Bauherr ist vom Gericht im Verfahren notwendig beizuladen.

In der Sache hat die Verpflichtungsklage nur Erfolg, wenn das Nichteinschreiten rechtswidrig und der Nachbar dadurch in seinen Rechten verletzt ist (§ 113 Abs. 5 Satz 1 VwGO). In jedem Fall muss daher hier eine nachbarschützende Vorschrift verletzt sein. Darüber hinaus muss der Nachbar im konkreten Fall einen gebundenen **Anspruch auf behördliches Einschreiten** haben. Grundsätzlich besteht aber nach den einschlägigen Normen der Landesbauordnungen hier nur ein Anspruch auf **ermessensfehlerfreie Entscheidung** über den Antrag auf Einschreiten.

Wichtig!

Der Ermessensspielraum der Behörde verdichtet sich nur bei einer sog. **Ermessensreduzierung auf Null** zu einem gebundenen Anspruch des Nachbarn auf Einschreiten!

Die Gerichte haben im Zusammenhang mit dem Begehren nach bauaufsichtlichem Einschreiten noch keine einheitliche Linie gefunden. Einigkeit besteht wohl darüber, dass ein gebundener Anspruch jedenfalls dann besteht, wenn durch das Bauvorhaben wesentliche Rechtsgüter des Nachbarn verletzt werden oder es zu Störungen von hoher Intensität kommt, etwa bei Gefahren für Leben und Gesundheit. Demgegenüber soll nach überwiegender Rechtsprechung der bloße Verstoß gegen nachbarschützende Vorschriften allein für einen solchen Anspruch nicht ausreichen. Der bloße Verstoß gegen die Abstandsflächenvorschriften im Beispielsfall führt dann grundsätzlich noch nicht zu einer Ermessensreduzierung. Für die Fälle einer Genehmigungsfreistellung geht allerdings auch die Rechtsprechung mittlerweile ganz überwiegend von einer regelmäßigen Ermessensreduzierung aus, sofern die nachbarlichen Belange mehr als nur geringfügig berührt sind. In diesem Fall hätte Norbert im Beispielsfall daher gute Chancen. Auch im Rahmen der Folgenbeseitigung (s. § 113 Abs. 1 Satz 2 VwGO) bei gerichtlicher Aufhebung einer Baugenehmigung, nachdem von dieser bereits Gebrauch gemacht wurde, wird das Ermessen der Behörde richtigerweise regelmäßig reduziert sein.

Im Anschluss an die Frage, ob überhaupt einzuschreiten ist, stellt sich weiter die Frage nach dem „Wie“ des Einschreitens. Verstößt nur die Nutzung des Vorhabens gegen nachbarschützende Normen, so kommt allein eine **Nutzungsuntersagung** in Betracht. Nur wo der Verstoß im Bauwerk als solchem liegt, kann dessen **Beseitigung** angeordnet werden. Während der rechtswidrigen Errichtung des Baus kommt zudem eine **Baueinstellung** in Betracht. Baut der Bauherr nur „schwarz", ist das Vorhaben aber genehmigungsfähig, so ist zwar der Bau grundsätzlich einzustellen, eine Abrissverfügung ist hier allerdings nicht möglich! Im Beispielsfall wäre daher der Bau von der Behörde zumindest einzustellen; weitergehende Maßnahmen in Form einer Beseitigungsverfügung kämen dagegen von vornherein nur in Betracht, falls das Vorhaben nicht genehmigungsfähig ist.

d. Materiell-rechtlicher Nachbarschutz im Baurecht – Wann kann der Nachbar erfolgreich gegen ein Bauvorhaben vorgehen?

BEISPIEL: Balduin und Norbert sind Grundstücksnachbarn. Als Norbert von einer längeren Weltreise zurückkehrt, stellt er fest, dass Balduin ein wuchtiges fünfstöckiges Wohnhaus sowie eine Tankstelle unmittelbar entlang der gesamten Grundstücksgrenze gebaut hat.
Beide Grundstücke liegen in einem Gebiet,

- für das ein Bebauungsplan besteht, der ein reines Wohngebiet festsetzt.
- das in einem zusammenhängend bebauten Ortsteil liegt, in dem nur eingeschossige Gebäude stehen.
- das im Außenbereich liegt, wobei Norbert eine Landwirtschaft mit Schweinezucht betreibt.

aa. Allgemeines: Materiell-rechtlich kommt es für die Frage des Nachbarschutzes maßgeblich auf die Verletzung einer **nachbarschützenden Norm** an (sog. Schutznormtheorie). Dieser Normcharakter ist durch Auslegung zu ermitteln. Im Baurecht finden sich solch nachbarschützende Normen sowohl im Bauplanungsrecht des Bundes, das hauptsächlich im Baugesetzbuch (BauGB) und der Baunutzungsverordnung (BauNVO) geregelt ist, als auch im Bauordnungsrecht der Länder. Für das Bauplanungsrecht kommt es ferner auf die Einordnung des jeweiligen Baugebiets an. Die maßgeblichen Vorschriften hierzu finden sich in §§ 30–35 BauGB.

bb. Nachbarschutz im Bauplanungsrecht:

Verstoß gegen den Bebauungsplan: Besteht ein qualifizierter Bebauungsplan (d. h. dieser enthält allein oder gemeinsam mit sonstigen baurechtlichen Vorschriften mindestens Festsetzungen über die Art und das Maß der baulichen Nutzung, die überbaubaren Grundstücksflächen und die örtlichen Verkehrsflächen), so sind für den Nachbarschutz dessen **Festsetzungen** maßgeblich, soweit diese **nachbarschützend** sind. Dies trifft generell zu auf die Art der baulichen Nutzung, die ihrerseits von der festgesetzten Gebietsart abhängt (z. B. reines Wohngebiet, allgemeines Wohngebiet, Dorfgebiet, Gewerbegebiet etc.).

Wichtig!

Der selbst auch im Plangebiet befindliche Nachbar – und nur dieser – hat hier unabhängig von einer tatsächlichen Beeinträchtigung Anspruch auf Bewahrung der Gebietsart (sog. **Gebietserhaltungsanspruch**).

Es kann daher keine Schreinerei oder Tankstelle wie im Beispielsfall in ein reines Wohngebiet gesetzt werden. Nicht nachbarschützend sind hingegen grundsätzlich Festsetzungen über das Maß der baulichen Nutzung. Selbst wenn der Bebauungsplan im Beispielsfall daher eine Begrenzung auf weniger als fünf Stockwerke enthält, ist dies grundsätzlich nicht nachbarschützend. Für **Ausnahmen** und **Befreiungen** von Festsetzungen eines Bebauungsplans ist § 31 BauGB einschlägig. Hiernach hat vor Erteilung einer Befreiung insbesondere zunächst eine Würdigung nachbarlicher Interessen stattzufinden. Soweit nur ein einfacher Bebauungsplan besteht (d. h. dieser enthält nicht alle für einen qualifizierten Bebauungsplan erforderlichen Festsetzungen), sind hinsichtlich der dort fehlenden Festsetzungen die §§ 34, 35 BauGB maßgeblich.

Verstoß gegen das Rücksichtnahmegebot: Dreh- und Angelpunkt des Nachbarschutzes im Bauplanungsrecht ist das sog. **Gebot der Rücksichtnahme.** Dieses vermittelt Nachbarschutz, soweit die tatsächlichen Umstände handgreiflich ergeben, auf wen Rücksicht zu nehmen ist, und zudem eine besondere Schutzwürdigkeit des Betroffenen anzuerkennen ist. Verletzt ist es aber erst, wenn eine Interessenabwägung im Ergebnis eine **unzumutbare Beeinträchtigung** des betroffenen Nachbarn ergibt. Rechtswidrige oder ungenehmigte Nutzungen können eine Schutzwürdigkeit des Nachbarn hier nicht begründen. Für die Bemessung der Zumutbarkeitsgrenzen schädlicher Umwelteinwirkungen ist auf die Maßstäbe des Immissionsschutzrechts (BImSchG, BImSchV, TA Luft, TA Lärm) abzustellen. Tatsächliche Vorbelastungen wirken sich schutzmindernd aus. Im Übrigen ist stets auf einen **Durchschnittsnachbarn** abzustellen, nicht auf persönliche Empfindlichkeiten des konkret Betroffenen. Da es sich beim Rücksichtnahmegebot um keine eigenständige Rechtsnorm handelt, werden dessen Inhalt und Reichweite durch die – nachfolgend dargestellten – einfachen Gesetze bestimmt.

Anwendungsfälle des Rücksichtnahmegebots:

– **Beplantes Gebiet:** Ein einfach-gesetzlicher Anwendungsfall des Rücksichtnahmegebots findet sich in **§ 15 Abs. 1 BauNVO.** Die Vorschrift erklärt an sich bebauungsplankonforme und daher zulässige Vorhaben dennoch für unzulässig, wenn sie im Einzelfall **nicht gebietsverträglich** sind. Das ist der Fall, wenn sie nach Anzahl, Lage, Umfang oder Zweckbestimmung der Eigenart des Baugebiets widersprechen oder von ihnen für die übrigen Anwohner unzumutbare Störungen ausgehen. Ebenso wenn von ihnen Belästigungen oder Störungen ausgehen können, die nach der Eigenart des Baugebiets dort oder in der Umgebung unzumutbar sind, oder wenn sie solchen Belästigungen oder Störungen ausgesetzt werden. So hat die Rechtsprechung etwa einem Landwirt in einem Dorfgebiet einen Abwehranspruch gegen weitere Wohnbebauung zugestanden, aufgrund derer sich für seinen Betrieb zusätzliche immissionsschutzrechtliche Anforderungen ergeben hätten. Unzulässig kann eine an sich zulässige bauliche Nutzung auch sein, wenn es hierdurch zu einer Häufung bestimmter Anlagen käme, etwa von Bordellen, Spielhallen oder Vergnügungsstätten.

Wichtig!

Der durch § 15 Abs. 1 Satz 2 BauNVO vermittelte Nachbarschutz gilt auch **gebietsübergreifend** – anders als der von einer tatsächlichen Beeinträchtigung unabhängige Gebietserhaltungsanspruch.

- **Innenbereich:** Liegt ein Bauvorhaben im unbeplanten Innenbereich, d. h. **innerhalb der im Zusammenhang bebauten Ortsteile,** so ist für seine Zulässigkeit § 34 Abs. 1 BauGB einschlägig. Das Vorhaben muss sich hier „harmonisch" in die Umgebung einfügen. Unzumutbar kann es deshalb etwa sein bei einer erdrückenden Wirkung des Baukörpers, auch wenn die bauordnungsrechtlichen Anforderungen wie Abstandsflächen eingehalten sind. Im Beispielsfall kommt daher eine Verletzung des Rücksichtnahmegebots durch das fünfgeschossige Gebäude in Betracht. Rücksicht ist auch gebietsübergreifend auf den umgebenden Außenbereich zu nehmen. Besonderheiten bestehen für sog. **faktische Baugebiete** nach § 34 Abs. 2 BauGB; das sind solche, die einem der gesetzlich normierten Baugebietstypen entsprechen (z. B. reines Wohngebiet, allgemeines Wohngebiet, Dorfgebiet). Hier steht dem Nachbarn wie in einem beplanten Gebiet ein Gebietserhaltungsanspruch zu, außerdem findet auch hier § 15 BauNVO Anwendung. Falls daher im Beispielsfall der bebaute Ortsteil einem reinen Wohngebiet entsprechen sollte, so gelten hierfür die obigen Ausführungen zum beplanten Gebiet entsprechend.
- **Außenbereich:** Im Außenbereich nach § 35 BauGB besteht schließlich ein starker Schutz für **privilegierte Vorhaben,** insbesondere land- und forstwirtschaftliche Betriebe. Diese können deshalb heranrückende Vorhaben abwehren, die die weitere Ausnutzung ihrer Privilegierung verhindern oder erheblich erschweren würden; dies gilt innerhalb des Außenbereichs, aber auch gebietsübergreifend gegenüber einem angrenzenden Innenbereich. So liegt es etwa bei heranrückender Wohnbebauung wie im Beispielsfall, wenn ein landwirtschaftlicher Betrieb sich anschließend in existenzbedrohender Weise deren Immissionsabwehr-

ansprüchen ausgesetzt sähe. Völlig ungewisse künftige Erweiterungsabsichten des Betriebsinhabers begründen ein solches Abwehrrecht allerdings noch nicht. Es besteht auch kein Anspruch auf Beibehaltung der Außenbereichsqualität des Betriebsgrundstücks! **Nicht privilegierte Vorhaben** genießen demgegenüber im Außenbereich einen deutlich schwächeren Schutz.

cc. Nachbarschutz im Bauordnungsrecht: Auch das Bauordnungsrecht kann Nachbarschutz vermitteln. Dies gilt in erster Linie für die Vorschriften über **Abstandsflächen** (dazu S. 24 ff.); eine Rechtsverletzung des Nachbarn setzt dabei nicht voraus, dass dieser durch eine Verletzung der Abstandsflächenvorschriften tatsächlich beeinträchtigt wird. Soweit im Beispielsfall daher ein Wohnhaus unmittelbar an die Grenze gebaut werden soll, sind hier nachbarliche Rechte schon allein deshalb berührt. Ferner werden als nachbarschützend angesehen z. B. Vorschriften über die Standsicherheit, den Brandschutz und den Schutz vor Einwirkungen. Nicht nachbarschützend sind dagegen insbesondere die Vorschriften über die Erschließung, Einfriedungen, die Baugestaltung sowie die Verfahrensvorschriften über die Nachbarbeteiligung.

2. Immissionsschutzrechtliche Nachbarklage

BEISPIEL: Einige Grundstücke neben Emils Grundstück soll eine Geflügelzuchtanlage errichtet werden. Emil will sich dagegen wehren. Auch sein Mieter Martin will dagegen vorgehen.

Erhebliche Bedeutung kommt dem Nachbarschutz auch im öffentlichen Immissionsschutzrecht zu. Regelungen zu rein **verhaltensbezogenen** Immissionen finden sich in den Immissionsschutzgesetzen der Länder (z. B. zum Verbrennen im Freien, zum Lärmschutz, zum Laufenlassen von Motoren oder zum Halten von Tieren). Demgegenüber regelt das Bundes-Immissionsschutzgesetz (BImSchG) den **anlagenbezogenen** Immissionsschutz vor **schädlichen Umwelteinwirkungen.** Das sind Immissionen, die nach Art, Ausmaß oder Dauer geeignet sind Gefahren, erhebliche Nachteile oder erhebliche Belästigungen für die Allgemeinheit oder die Nachbarschaft herbeizuführen. Immissionen von Tierzuchtanlagen wie im Beispielsfall zählen hierzu.

Wichtig!

Die **Nachbarschaft** umfasst im öffentlichen Immissionsschutzrecht anders als im Baurecht nicht nur die Eigentümer von Grundstücken im Einwirkungsbereich einer Anlage, sondern darüber hinaus alle Personen, die ihren dauernden Aufenthalt oder sonstigen Lebensschwerpunkt dort haben. Hierzu zählen auch Mieter von Wohnraum wie im Beispielsfall und Arbeitnehmer.

a. Genehmigungsbedürftige Anlagen

aa. Rechtsschutz gegen die Genehmigung: Es gibt im Immissionsschutzrecht genehmigungsbedürftige Anlagen, die einer Genehmigung im **förmlichen Verfahren** bedürfen (z. B. Tierzuchtanlagen ab einem gewissen Umfang wie Geflügelzuchtanlagen ab 40.000 Plätzen), sowie solche, bei denen eine Genehmigung im **vereinfachten Verfahren** ausreicht (z. B. Geflügelzuchtanlagen zwischen 15.000 und 40.000 Plätzen).

Bei genehmigungsbedürftigen Anlagen besteht Nachbarschutz zunächst einmal im Genehmigungsverfahren selbst bzw. durch die Möglichkeit der Genehmigungsanfechtung. Nachbarschützend ist dabei zuvorderst die sog. **Schutzpflicht,** wonach Anlagen so zu errichten und zu betreiben sind, dass schädliche Umwelteinwirkungen und sonstige Gefahren, erhebliche Nachteile und erhebliche Belästigungen für die Nachbarschaft nicht hervorgerufen werden können. Dagegen schützt die sog. **Vorsorgepflicht** vor potentiell schädlichen Umwelteinwirkungen grundsätzlich allein die Allgemeinheit. Gleiches gilt grundsätzlich auch für verfahrensrechtliche Vorschriften.

Da die immissionsschutzrechtliche Genehmigung grundsätzlich alle anderen anlagenbezogenen Genehmigungen einschließt (sog. **Konzentrationswirkung**), sind die dortigen materiellen Genehmigungsvoraussetzungen im immissionsschutzrechtlichen Genehmigungsverfahren ebenfalls zu prüfen. Soweit jene Vorschriften Nachbarschutz vermitteln, wie viele baurechtliche Vorschriften, gilt dies deshalb auch hier.

bb. Rechtsschutz nach Genehmigungserteilung:
Öffentlich-rechtlicher Rechtsschutz: Auch nach Genehmigungserteilung sind die Nachbarn nicht schutzlos. Zur Erfüllung der Betreiberpflichten können nämlich **nachträgliche Anordnungen** erlassen werden (§ 17 BImSchG). Zugunsten der Nachbarschaft soll dies sogar geschehen, wenn diese nicht ausreichend vor schädlichen Umwelteinwirkungen oder sonstigen Gefahren, erheblichen Nachteilen oder erheblichen Belästigungen geschützt ist. Wäre eine nachträgliche Anordnung unverhältnismäßig, so soll die Genehmigung unter den Voraussetzungen des § 21 BImSchG **widerrufen** werden.

Kommt der Betreiber einer genehmigungsbedürftigen Anlage seinen Pflichten nicht nach, so kann bis zur Erfüllung der Pflicht eine **Betriebsuntersagung** verfügt werden (§ 20 Abs. 1 BImSchG). Wird eine Anlage gar ohne die erforderliche Genehmigung errichtet, betrieben oder wesentlich geändert, so soll die Behörde nach § 20 Abs. 2 Satz 1 BImSchG die **Stilllegung** oder **Beseitigung** anordnen. Kann die Nachbarschaft auf andere Weise nicht ausreichend geschützt werden, so ist zwingend die Beseitigung anzuordnen.

Privatrechtlicher Rechtsschutz: Mit ihrer Unanfechtbarkeit hat eine immissionsschutzrechtliche Genehmigung, die im förmlichen Verfahren erteilt wurde, nach § 14 BImSchG **privatrechtsgestaltende Wirkung.** Sie schließt dann sämtliche auf Betriebseinstellung gerichteten privatrechtlichen Abwehransprüche gegen die genehmigte Anlage aus.

Wichtig!

Der betroffene Nachbar muss sich daher hier zur Erhaltung seiner Ansprüche rechtzeitig innerhalb der Rechtsmittelfristen unmittelbar gegen die Genehmigung wehren!

Eine Ausnahme von dieser Ausschlusswirkung besteht nur für solche Ansprüche, die auf **besonderen Titeln** beruhen, also etwa auf einem schuldrechtlichen Vertrag oder einer Grunddienstbarkeit. Der Ausschluss erfasst im Übrigen nur Störungen durch einen genehmigungskonformen Betrieb der Anlage. Nicht ausgeschlossen sind außerdem Abwehransprüche wegen Störungen, die nicht mit dem Betrieb der Anlage zusammenhängen, sondern die bei deren Errichtung erfolgen.

Soweit ein Anspruch auf Betriebseinstellung ausgeschlossen ist, tritt an dessen Stelle ein Anspruch auf **Schutzvorkehrungen.** Wenn und soweit solche Schutzvorkehrungen nach dem Stand der Technik nicht durchführbar oder aber wirtschaftlich nicht vertretbar sind, besteht hilfsweise ein Anspruch auf **Schadensersatz.**

b. Nicht genehmigungsbedürftige Anlagen

aa. Betreiberpflichten: Für nicht genehmigungsbedürftige Anlagen, wozu so unterschiedliche Dinge wie Tierzuchtanlagen unterhalb der Schwelle der Genehmigungspflicht, Biergärten, Diskotheken, Gaststätten, Grillplätze, Hundezwinger, Sportanlagen, Tankstellen, Wertstoffcontainer, Baustellen und anderes mehr gehören, ergeben sich die **Grundpflichten** bei Errichtung und Betrieb aus § 22 BImSchG. Hiernach sind zuvorderst schädliche Umwelteinwirkungen zu verhindern, die nach dem Stand der Technik vermeidbar sind. Darüber hinaus sind nach dem Stand der Technik unvermeidbare schädliche Umwelteinwirkungen auf ein Mindestmaß zu beschränken. Gefahren für Leben oder Gesundheit sind allerdings nie zulässig. Die Emissionsminderungspflicht auf ein Mindestmaß ist daher erst unterhalb dieser Gefahrenschwelle relevant. Bei nicht gewerblichen Anlagen besteht der Schutz des § 22 BImSchG nur gegen Luftverunreinigungen, Geräusche und von Funkanlagen ausgehende nichtionisierende Strahlen.

Diese Grundpflichten sind auch im Rahmen eines nach anderen Vorschriften erforderlichen Genehmigungsverfahrens zu prüfen. Der Nachbar kann deshalb eine **Baugenehmigung** auch dann anfechten, wenn sie entgegen den nachbarschützenden Pflichten aus § 22 BImSchG erteilt wurde, sofern die Vorschrift zum Prüfprogramm des Baugenehmigungsverfahrens gehört; ansonsten erlangt sie jedenfalls mittelbar im Rahmen des planungsrechtlichen Rücksichtnahmegebots Bedeutung.

Zu beachten ist schließlich, dass § 22 Abs. 1a BImSchG nunmehr festlegt, dass Geräuscheinwirkungen, die von Kindertageseinrichtungen, Kinderspielplätzen und ähnlichen Einrichtungen wie beispielsweise Ballspielplätzen durch **Kinder** hervorgerufen werden, im Regelfall keine schädlichen Umwelteinwirkungen sind; bei der Beurteilung solcher Geräuscheinwirkungen dürfen Immissionsgrenz- und -richtwerte nicht herangezogen werden.

bb. Durchsetzung der Betreiberpflichten: Auch bei nach dem BImSchG nicht genehmigungsbedürftigen Anlagen bietet das Gesetz der zuständigen Behörde verschiedene Eingriffsbefugnisse. Diese kann nach § 24 BImSchG die zur Durchsetzung der Betreiberpflichten erforderlichen **Anordnungen im Einzelfall** treffen. Kommt der Betreiber einer solchen vollziehbaren Anordnung nicht nach, so kann bis dahin nach § 25 Abs. 1 BImSchG eine Betriebsuntersagung angeordnet werden. Bei einer Gefährdung von Leben oder Gesundheit von Menschen soll nach § 25 Abs. 2 BImSchG erforderlichenfalls sogleich eine **Betriebsuntersagung** erfolgen; dies gilt auch bei der Gefahr schwerer Unfälle.

III. Obligatorische Streitschlichtung

1. Die Notwendigkeit einer Schlichtung vor Klageerhebung – Darf man im Nachbarstreit sofort zum Gericht?

BEISPIEL: Norbert und sein Nachbar Günther haben Streit. Es hat damit angefangen, dass ein von Norberts Sohn Niels geschossener Ball in Günthers Garten landete und dort eine Vase von Gerda, Günthers Frau, zerstörte. Diese „ermordete" darauf den Ball mit einer Gartenschere. Den Ball hatte Niels von seiner Großmutter, der Schwiegermutter von Norbert, geschenkt bekommen. Nun mischt sich auch Nora, die Mutter von Niels ein. Als Gerda, um das Heulen von Niels wegen seines kaputten Balls zu übertönen, laut den Triumphmarsch spielt, „antwortet" Nora mit „auf in den Kampf" aus Carmen. Sie kommt rein zufällig mit ihrem Rechen an den Gartenzwerg von Gerda, der dies nicht überlebt. Günter fordert nun die sofortige Entfernung der Zweige, die aus Norberts Garten über die Grenze wachsen. Norbert erklärt Günther, dass er ein Idiot wäre, was jedermann ohnehin wisse, und außerdem verlange er, dass unverzüglich der Froschteich auf dem Nachbargrundstück trocken gelegt werde. Günther könne Froschschenkel machen und dazu Goldfisch-Sushi kochen. Günther hat die Schnauze voll und möchte sofort Klage beim BGH einreichen.

Nachbarstreitigkeiten haben, auch wenn eine Partei vor Gericht obsiegt, nie Gewinner. Deshalb können die Länder ein obligatorisches Schlichtungsverfahren als **Prozessvoraussetzung** einführen (§ 15a EGZPO). Betroffen sind insbesondere privatrechtliche Emissionen, der Überhang einschließlich Erstattungsansprüche, der Hinüberfall und die Grenzbäume bzw. -sträucher sowie die landesrechtlichen Nachbarrechtsvorschriften (§§ 906, 910, 923 BGB, Art. 124 EGBGB). Trotz des missverständlichen Wortlauts („Streitigkeiten über Ansprüche aus dem Nachbarrecht … nach § 906 BGB") fallen alle Verfahren darunter, in denen sich der Streit auf die Vorfälle aus dem Anwendungsbereich des § 906 BGB, also der privaten Emissionen bezieht. Ausgeschlossen sind dagegen gewerbliche Einwirkungen. Ein obligatorisches Schlichtungsverfahren kann auch für die mit den unmittelbaren Nachbarkonflikten häufig verbundenen Streitigkeiten über Ansprüche wegen der Verletzung der persönlichen Ehre, die nicht in Presse oder Rundfunk begangen worden sind, angeordnet werden. Wechselseitige Beleidigungen können dabei gleichsam mit erledigt werden. Weitere, nicht speziell Nachbarn betreffende Fälle, die aber auch bei diesen eine Rolle spielen können, sind vermögensrechtliche Streitigkeiten vor dem Amtsgericht mit einem Wert bis 750 EUR (z. B. Beschädigung des Nachbarzauns, Kratzer am Auto des Nachbarn) und die Benachteiligung wegen der Rasse und ethnischen Herkunft (z. B. kein Verkauf des inserierten Gebrauchtwagens an den ausländischen Nachbarn).

Wichtig!

Es handelt sich bei den Nachbarstreitigkeiten stets um Klagen vor dem Amts- und dem Landgericht zu den vorbezeichneten Gegenständen.

Viele Landesschlichtungsgesetze (z. B. Bayern, Brandenburg, Hessen, Niedersachsen, Nordrhein-Westfalen, Rheinland-Pfalz, Sachsen-Anhalt, Schleswig-Holstein) haben die vermögensrechtlichen Streitigkeiten zwischenzeitlich aus dem Schlichtungskatalog gestrichen. Dann stellt das Schlichtungsverfahren auch dann keine Prozessvoraussetzung dar, wenn der Zahlungsanspruch mit der Verletzung nachbarlicher Pflichten begründet wird.

Im **Schlichtungsverfahren** können auch Dinge mit erledigt werden, die rechtlich möglicherweise ohne Bedeutung sind oder im Prozess keine Berücksichtigung finden. Der Schlichter kann auch die emotionale Seite des Konflikts, den Unterbau der juristischen Spitze des Nachbarstreitbergs, mit abarbeiten. Zusätzlich kann das weitere Zusammenleben bereits vorbeugend streitvermeidend geregelt werden. Kommt es immer wieder zu Streitigkeiten zwischen den verfeindeten Nachbarn, sobald sich diese sehen, kann beispielsweise an der gemeinsamen Grenze eine hohe Thujenhecke gepflanzt werden, um Blickkontakte zu vermeiden. Ihr Bestehenbleiben kann durch eine Grunddienstbarkeit an beiden Grundstücken gesichert werden, um dadurch dauerhaft eine gewisse Befriedung durch eine Verringerung des Konfliktpotentials zu erreichen.

Das obligatorische Schlichtungsverfahren bewirkt prozessual einen gewissen Zwang zur Einvernehmlichkeit. Es handelt sich nämlich um eine **Prozessvoraussetzung** im anschließenden Klageverfahren. Wird es nicht durchgeführt, kommt es ohne Prüfung in der Sache zur Abweisung der Klage als unzulässig.

Wichtig!

Eine **Nachholung** dieser Klagevoraussetzung ist wegen des Zwecks des Verfahrens, das auf eine vorgerichtliche Einigung gerichtet ist, nicht möglich.

Deshalb ist es, sofern ein obligatorisches Schlichtungsverfahren bei einer Klage in Betracht kommt, wichtig, dieses durchzuführen, um nicht von vornherein den Prozess – zur Freude des Nachbarn – zunächst einmal zu verlieren. Wurde es versehentlich vergessen, bleibt nur die Klagerücknahme, für die Kosten anfallen, und nach Durchführung der erfolglosen Schlichtung die anschließende neue Klageerhebung.

Der Gesetzgeber hat das obligatorische Schlichtungsverfahren allerdings nicht für alle Gerichtsverfahren vorgesehen. **Ausgenommen** sind insbesondere das Mahnverfahren, das jedoch ausschließlich Geldansprüche betrifft, und das Verfahren des einstweiligen Rechtsschutzes. Unzulässig ist ein obligatorisches Güteverfahren zudem unter anderem auch bei Abänderungsklagen, Widerklagen, Streitigkeiten in Familiensachen und Klagen wegen vollstreckungsrechtlicher Maßnahmen. Parteien, die nicht in demselben Bundesland wohnen oder ihren Sitz bzw. ihre Niederlassung dort haben, müssen ebenfalls vor einer Nachbarklage kein Schlichtungsverfahren durchlaufen. Dies gilt auch, wenn eine Partei ihren Wohnsitz im Ausland hat. Zieht der Nachbar vor Einreichung der gegen ihn gerichteten Klage bei Gericht in ein anderes Bundesland um, entfällt das Erfordernis des außergerichtlichen Streitbeilegungsversuchs. Erfolgt der Umzug erst nach Klageeinreichung und hatte der Kläger das Schlichtungsverfahren vergessen, hat er Glück, da das vorgerichtliche Güteverfahren entfällt. Umgekehrt muss ein Versuch der außergerichtlichen Streitschlichtung nicht nachgeholt werden, wenn während des Prozesses aufgrund eines Umzugs in die Nähe des verfeindeten Nachbarn beide Parteien in demselben Bundesland wohnen. Der Landesgesetzgeber kann die Ausschlussgründe zusätzlich erweitern, aber nicht einschränken. Ferner kann er die Durchführung des Schlichtungsverfahrens bei der Gütestelle von der Zahlung eines Kostenvorschusses abhängig machen.

Nicht für alle Nachbarstreitigkeiten besteht ein Zwang zur vorgerichtlichen Schlichtung. Nachbarliche Auseinandersetzungen über die Grenzziehung, Notwege- und Notleitungsrechte, Überbauten sowie über den Inhalt und den Umfang von Grunddienstbarkeiten sind im Gesetz nicht genannt und müssen deshalb vorgerichtlich nicht geschlichtet werden. Werden **mehrere Ansprüche** geltend gemacht und besteht für einen die Notwendigkeit einer Schlichtung, muss vor Klageeinreichung das Güteverfahren stattfinden. Streiten die Nachbarn beispielsweise über die Grenzziehung und zieht ein Beteiligter dabei zu seiner Unterstützung einen beleidigenden Frustzwerg hinzu oder beschimpft er den Nachbarn als „Lügner", besteht für die Klage insgesamt die Notwendigkeit der Schlichtung. Bei Nichtdurchführung der Schlichtung ist die Klage hinsichtlich des schlichtungsbedürftigen Antrags als unzulässig abzuweisen.

Wichtig!

Wenn für einen im Nachbarkonflikt geltend gemachten Anspruch ein Schlichtungsverfahren durchzuführen ist, muss vor Klageerhebung das Güteverfahren durchgeführt werden. Dies ist für Geräuschimmissionen, überhängende Zweige und Beleidigungen erforderlich. Insofern muss zur Vermeidung einer (teilweisen) Klageabweisung eine Schlichtung vor Klageeinreichung bei Gericht erfolgen.

2. Die Schlichtungsstelle und die Verjährung – Müssen die zerstrittenen Nachbarn zu einer anerkannten Gütestelle oder einem teuren Mediator?

BEISPIEL: Norbert und Günther haben gehört, dass sie vor der gerichtlichen Klärung ihres Streits eine Schlichtung durchführen müssen. Sie wollen dies nicht bei der landesrechtlich vorgesehenen Schlichtungsstelle tun, sondern haben sich dahingehend abgestimmt, dass dies ihr früherer gemeinsamer Klassenleiter machen soll. Dieser ist hiermit einverstanden und verspricht beiden, dass er auf den Einsatz der zu ihrer Schulzeit noch üblichen Prügelstrafe verzichten werde. Norbert und Günther wären sogar mit deren Anwendung einverstanden, da ihr alter Lehrer den Vorteil hat, dass er von ihnen keine Kosten verlangt. Er hat allerdings zu einer Zeit unterrichtet, als es noch Klassensprecher und nicht Schülermediatoren gab. Von den neumodischen Einrichtungen hält er auch nicht viel. Eine Ausbildung als Mediator, Sozialarbeiter oder Psychologe hat er nicht. Er hält sich dennoch für qualifiziert, da er jahrzehntelang Rektor der Schule und ehrenamtlicher Bürgermeister war und er zudem praktizierender Katholik ist. Als Gütestelle ist er landesrechtlich nicht zugelassen. Er hat aber schon zahlreiche Vereinsstreitigkeiten und sonstige Konflikte ehemaliger Schüler geschlichtet.

Die landesrechtlichen Schlichtungsgesetze sehen unterschiedliche **Schlichtungsmodelle** und – im dargestellten bundesrechtlichen Rahmen – auch voneinander abweichende Voraussetzungen vor. Deshalb ist im konkreten Fall stets sorgfältig zu prüfen, was im betreffenden Bundesland, in dem der Nachbarstreit gerichtlich ausgetragen werden soll, konkret gilt. Teilweise unterliegen nur Verfahren vor den Amtsgerichten dem Zwang zur vorherigen Schlichtung (z. B. in Bayern, Brandenburg). Häufig ist ein Güteverfahren nur erforderlich, wenn die Parteien im selben Landgerichtsbezirk wohnen (z. B. Bayern, Brandenburg, Nordrhein-Westfalen, Schleswig-Holstein) oder in benachbarten (z. B. Baden-Württemberg, Rheinland-Pfalz bzw. Niedersachsen: selber Landgerichtsbezirk oder aneinander angrenzende Amtsgerichtsbezirke). Teilweise (z. B. Hessen, Mecklenburg-Vorpommern, Sachsen-Anhalt) genügt es, wenn die Parteien ihren Wohnsitz in demselben Bundeshland haben.

Auch die **Schlichtungsstellen** weichen erheblich voneinander ab. Teilweise existieren meist bei den Gemeinden Schiedspersonen, teilweise gibt es Schiedsämter. In manchen Ländern sind die Rechtsanwälte stets zugelassene Schlichtungspersonen, mitunter nur, wenn sie in entsprechende Listen eingetragen oder ihre Zulassung als Gütestelle erreicht haben. Andere Länder sehen die Notare als automatische oder mögliche Gütestelle vor. In allen Ländern existieren Gütestellen und Mediatoren, die bei Erfüllung der entsprechenden Voraussetzungen diese Bezeichnung führen dürfen. Es muss sich dabei nicht um Juristen handeln. Mitunter herrscht sogar eine gewisse Skepsis gegenüber der Eignung von Juristen zur Streitbeilegung. Allerdings setzt gerade der Nachbarstreit die Kenntnis der für den konkreten Streitgegenstand bestehenden gesetzlichen Vorschriften voraus. Häufig führt bereits die Anwendung der gesetzlichen Vorschriften und der Rechtsprechung zu einem angemessenen Interessenausgleich. Zahlreiche Nachbarstreitigkeiten, die noch nicht zum Krieg ausgeartet sind, sondern einen konkreten Punkt betreffen, lassen sich meist ohne „Mediationskünste" durch Verweis auf die bestehenden Rechtsvorschriften erledigen. Beispiel ist die zu hohe Hecke, bei der die Beteiligten lediglich wissen wollen, welche Höhe gesetzlich zugelassen ist. Ähnlich ist dies bei Grenzabständen.

Das Erfordernis einer Schlichtung ergibt sich meist erst dann, wenn die Beteiligten bei Freunden oder im Internet recherchiert haben und ihre vermeintliche Rechtsposition gegenüber den Nachbarn behaupten, der seinerseits für seine Ansicht bei Google ebenso viele Fundstellen gefunden hat. Wenn nunmehr niemand mehr hinsichtlich der konkreten Frage nachgeben will, wird der Streit auf andere Punkte ausgedehnt. Eine Lösung des Konflikts ist zwischen den Beteiligten ohne Einschaltung einer dritten neutralen Person meist nicht mehr möglich. Hierzu dienen **Gütestellen,** die Streitbeilegungen betreiben. Es handelt sich um landesrechtliche anerkannte Einrichtungen. Deshalb stellen die vor ihnen abgeschlossenen Vergleiche in Nachbarstreitigkeiten Vollstreckungstitel dar (§ 794 Abs. 1 Nr. 1 ZPO).

Wichtig!

Die zerstrittenen Nachbarn können sich aber einvernehmlich jederzeit auf eine andere Schlichtungsstelle einigen, die Streitbeilegungen betreibt. Eine sonstige Schlichtungsstelle, auf die sich die Parteien trotz ihres Streits einvernehmlich einigen, bedarf nicht der Anerkennung als Gütestelle durch die Justizverwaltung.

Deshalb steht es den zerstrittenen Nachbarn frei, sich beispielsweise auf einen Mediator oder auch den Pfarrer, einen pensionierten Richter, den früheren Bürgermeister oder einen sonstigen früheren Politiker als Schlichter zu einigen; Voraussetzung ist lediglich, dass diese Streitbeilegungen betreiben. Dies muss weder entgeltlich noch in großem Umfang (z. B. hinsichtlich eines innerstädtischen Bahnhofs) erfolgen. Mitunter kommt es auch vor, dass sich die Parteien auf eine Person einigen, die nicht im Bezirk des zuständigen Gerichts ihre Schlichtungsstelle hat. Auch wenn deshalb die Zuständigkeit nicht gegeben ist, hindert dies nicht, dass die zerstrittenen Nachbarn einvernehmlich diese **Person als Schlichter** für ihr vorgerichtliches Verfahren anrufen. Besteht landesrechtlich keine entsprechende Zuständigkeit, muss die angerufene Person das Amt freilich nicht annehmen. Gerade in Nachbarstreitigkeiten ist die Freude über eine diesbezügliche Beauftragung trotz der damit verbundenen Anerkennung der Kompetenz in diesem Bereich meist nicht sehr groß. Zu beachten ist, dass die Schlichtungsperson, auf die sich die Parteien einvernehmlich geeinigt haben, nicht an die eventuell bestehenden landesrechtlichen Gebührenvorschriften für die im Schlichtungsgesetz vorgesehenen Personen gebunden ist. Manche Mediatoren rechnen Stundensätze von 500–1.000 EUR ab. Es empfiehlt sich deshalb, die Honorarfrage vorab zu klären. Auch wenn der Friede zwischen Nachbarn ein hohes Gut ist, könnte sonst der Streit über die zu hohe Hecke bei einem einvernehmlich gewählten Schlichter teuer werden.

Wichtig!

Die zerstrittenen Nachbarn können sich einvernehmlich auf einen Schlichter einigen. Dieser muss nicht ausgebildeter Mediator oder anerkannte Gütestelle sein. Ausreichend ist, wenn er Streitbeilegungen betreibt.

BEISPIEL: Norbert und Günther streiten über den Rückschnitt einer Hecke, die sich auf dem Grundstück von Norbert befindet. Günther beantragt die Durchführung eines Schlichtungsverfahrens bei der landesrechtlich zugelassenen zuständigen Schlichtungsstelle. Diese ist allerdings überlastet; zudem ist Ferienzeit. Der vorgesehene Termin muss dann wegen einer Beerdigung nochmals verschoben werden. Dann kommen Weihnachten und der Jahreswechsel. Norbert hat sich die Fristen genau angesehen (vgl. S. 43) und nachgerechnet. Triumphierend erklärt er Günther, dass dieser nunmehr seiner Hecke im nächsten Frühjahr und Sommer beim Wachsen zuschauen könne, da der Anspruch auf Rückschnitt verjährt sei.

Die Veranlassung der Bekanntgabe des Güteantrags, der bei einer anerkannten Gütestelle eingereicht wird, führt entsprechend der Erhebung einer Klage zur **Hemmung der Verjährung** (§ 204 Abs. 1 Nr. 4 BGB).

Wichtig!

Der Zeitraum, währenddessen die Verjährung gehemmt ist, wird in die Verjährungsfrist nicht eingerechnet (§ 209 BGB).

Sechs Monate nach Beendigung des Güteverfahrens endet grundsätzlich auch die Hemmung der Verjährung. Sie dauert jedoch fort, wenn sich das Streitverfahren unmittelbar anschließt. Wird der Antrag nicht bei einer als Gütestelle zugelassenen, sondern einer sonstigen Schlichtungsstelle, auf die sich Parteien einvernehmlich geeinigt haben, eingereicht, so tritt die Hemmung der Verjährung ebenso ein, weil die Parteien in diesem Fall den Einigungsversuch einvernehmlich unternehmen (§ 204 Abs. 1 Nr. 4 BGB). Für ein Verhandeln (§ 203 BGB) genügt nämlich jeder Meinungsaustausch.

Wichtig!

Die Einreichung und Bekanntgabe eines Antrags auf Durchführung einer Schlichtung hemmt die Verjährung. Deshalb kann durch eine taktische Verfahrensverzögerung keine Verjährung des Anspruchs eintreten.

3. Die Durchführung des Schlichtungsverfahrens

BEISPIEL: Die in Starnberg wohnenden zerstrittenen prominenten Nachbarn X und Y haben sich auf einen in Niederbayern ansässigen Notar als Schlichter ihrer zahlreichen und nunmehr möglicherweise „gerichtsmassig" werdenden Nachbarstreitigkeiten geeinigt. Sie wollen ein öffentliches Gerichtsverfahren, das die Presse ausschlachten würde, unter allen Umständen vermeiden. Der Schlichter schlägt vor, ein gemeinsames Wochenende in einem Wellnesshotel im Bayerischen Wald zu verbringen. Die Ehefrauen sollen ebenfalls mitkommen. Dafür sollen die Anwälte zuhause bleiben. X hält von seiner Anwältin – jedenfalls in juristischen Dingen – mehr als von seiner Ehefrau und möchte diese gerne mitnehmen. Y findet die Idee, Juristen – außer den Schlichter – vom Verfahren auszuschließen, für toll, da sie in seinen Augen ohnehin nur Rechtsverdreher sind. Man einigt sich darauf, dass sowohl die Ehefrauen als auch die Anwälte mitkommen dürfen. Verhandelt wird in einem Besprechungsraum des Hotels. Nachdem die Streitpunkte an einer Pinnwand gesammelt wurden, schlägt der Schlichter vor, eine Runde Golf zu spielen. Am Nachmittag werden die Verhandlungen fortgeführt. Als sie an einen toten Punkt kommen, unterbericht der Schlichter sie für einen gemeinsamen Saunagang. Nach dem Galamenü stellt X in der Hotelbar fest, dass Y „gar nicht ein so großes Arschloch wäre"; beide Nachbarn haben zudem die gleichen Probleme mit ihren Frauen und Kindern. Am nächsten Morgen kommt es sehr rasch zur Einigung, nachdem man festgestellt hat, dass es sich bei den Problemen eigentlich um Lappalien handelt. Zusätzlich wird mit dem Schlichter vereinbart, dass sich die Beteiligten zum nächsten Bayern-Spiel in der Allianz-Arena, und zwar in der Südkurve treffen; die Karten werden unverzüglich durch Anruf bei einem befreundeten Vereinsvorstandsmitglied reserviert. Zufällig ist ein Journalist im Hotel, der etwas mitbekommen hat und die Sache wird publik. Mehrere Juristen bitten bei der Rechtsanwalts- und Notarkammer, natürlich nur fürsorgend und im Interesse der Gerechtigkeit, die Angelegenheit auf ihre Zulässigkeit zu überprüfen.

Zum **Verfahrensablauf** erwähnt das Bundesrecht (§ 15a EGZPO) nur den Gütetermin. Die Einzelheiten kann der Landesgesetzgeber festlegen. Auch in den Landesgesetzen ist insoweit lediglich einen Rahmen bestimmt, innerhalb dessen der Schlichter die Einzelheiten gegebenenfalls im Einvernehmen mit den Parteien festlegt. Das Schlichtungsverfahren beginnt regelmäßig mit einem Antrag, der schriftlich einzureichen oder zu Protokoll der Güte- oder sonstigen Schlichtungsstelle zu erklären ist. Der Antrag soll den Namen und die ladungsfähige Anschriften der Parteien, eine kurze Darstellung der Streitsache und den Antrag des Klägers enthalten. Vielfach wird angeordnet, dass die Anträge während den üblichen Geschäftszeiten, also der Zeit zwischen 9:00 und 16:00 Uhr entgegenzunehmen sind. Eine persönliche Entgegennahme des Antrags durch die mit der Schlichtung beauftragte Person ist nicht erforderlich. Ausreichend ist der Zugang bei in der Schlichtungsstelle beschäftigten Personen oder der Einwurf in einen Briefkasten der Gütestelle.

Diese prüft zunächst, ob der **Antrag statthaft** ist: es muss sich um einen Anspruch handeln, der nach Bundes- und Landesrecht unter die obligatorische Streitschlichtung fällt. Ferner darf keine gesetzlich geregelte Ausnahme vorliegen (§ 15a Abs. 2 Satz 1 Nr. 1–6 EGZPO). Wohnsitz bzw. der Ort der Niederlassung von Antragsteller und Antragsgegner müssen sich in demselben Bundesland und entsprechend den landesrechtlichen Bestimmungen zusätzlich im selben Amtsgerichts- oder Landgerichtsbezirk befinden. Sofern das Landesrecht weitere Einschränkungen enthält, sind auch diese zu beachten. Schließlich ist die Subsidiarität der Durchführung eines Schlichtungsverfahrens vor einer von der Landesjustizverwaltung eingerichteten oder anerkannten Gütestelle zu beachten. Die zerstrittenen Nachbarn können einvernehmlich einen Einigungsversuch vor einer sonstigen Gütestelle, die Streitbeilegungen betreibt, unternehmen. Diese soll sich an den gesetzlichen Verfahrensablauf anlehnen, kann aber im Einvernehmen mit den Parteien davon auch abweichen. Dies gilt ebenso für eine von der Landesjustizverwaltung eingerichtete oder anerkannte Gütestelle. Auch wenn diese Voraussetzungen vorliegen, kann eine Bescheinigung über einen erfolglosen Schlichtungsversuch erteilt werden, wenn die Angelegenheit aus rechtlichen oder tatsächlichen Gründen für eine Schlichtung von vornherein ungeeignet ist. Dies ist im entsprechenden Zeugnis zu begründen. Beispiele sind komplizierte Rechtsfragen, die Notwendigkeit einer umfangreichen Beweisaufnahme und die Beteiligung einer Vielzahl von Personen auf Seiten des Antragstellers oder Antragsgegners.

Wichtig!

Kündigt ein beteiligter Antragsgegner ernsthaft sein Nichterscheinen zum Einigungstermin an, kann von einer Ungeeignetheit der Angelegenheit zur Schlichtung ausgegangen werden.

Die **Einzelheiten des Verfahrens** werden, sofern das Landesgesetz keine diesbezüglichen Vorschriften enthält, vom Schlichter bestimmt. Regelmäßig beginnt das Verfahren mit der Ladung der Beteiligten und gegebenenfalls ihrer Rechtsanwälte.

Wichtig!

Rechtsanwälte dürfen vom Verfahren nicht ausgeschlossen werden.

Kern des Schlichtungsverfahrens ist das Schlichtungsgespräch, das ähnlich wie ein Mediationsverfahren abläuft. Der Schlichter lädt keine Zeugen und Sachverständige. Das **Schlichtungsgespräch** wird vom Streitmittler eröffnet. Es folgen die Einleitungsstatements, in denen die Parteien ihre jeweilige Sicht der Dinge darstellen können. Gegebenenfalls können die jeweiligen Rechtsberater die juristische Wertung der eigenen Position vortragen. Nunmehr wird nochmals der Schlichter den Parteien das Ziel, nämlich die einvernehmliche Konfliktbeilegung, vor Augen führen. Er kann auch die Konsequenzen eines Scheiterns aufzeigen. Gerade in Nachbarstreitigkeiten spielen meist unbestimmte Rechtsbegriffe und Wertungen sowie öffentlich-rechtliche Probleme eine Rolle. Auch im anschließenden Gerichtsverfahren wird der Richter auf eine einvernehmliche Streitbeilegung hinwirken. Es folgt zunächst die Phase der Informationsbeschaffung, in der die Parteien den Schlichter über die Sachlage unterrichten. Auf dieser Basis können die Parteien gemeinsam mit diesem Möglichkeiten der Problemlösung sammeln und bewerten. Hierbei kommt es nicht so sehr auf die Klageanträge bzw. die entsprechende Position des Antragsgegners an, sondern vor allem auf die eigentlichen Interessen der Parteien. Hierzu kann es sich empfehlen, die Parteien nach ihren eigentlichen Interessen zu befragen. Es kommt darauf an, was sie eigentlich erreichen wollen. Mitunter ist es für die Einigung förderlich, die Parteien zu trennen. Der Schlichter kann dann versuchen, im Einzelgespräch zu ermitteln, welche Verhandlungsspielräume bestehen. Dies wird sich vor allem dann anbieten, wenn der Konflikt bereits eskaliert und ein vernünftiges Gespräch nicht mehr möglich ist. In anderen Fällen kann es sich dagegen anbieten, die Parteien miteinander reden und Lösungen entwickeln zu lassen. Der Schlichter kann, wenn eine Einigung nicht möglich zu sein scheint, jeder Partei nochmals die Alternative darstellen, die bei einem Scheitern der Verhandlungen eintritt.

Der **Einigungsversuch** endet mit einem Scheitern oder einer vergleichsweisen Einigung. Einigen sich die Beteiligten beim Schlichtungstermin nicht, ist das Zeugnis über die Erfolglosigkeit der Schlichtung auszustellen, das den Weg zur gerichtlichen Auseinandersetzung öffnet. Das Prozessgericht ist an diese Bescheinigung gebunden; eine Prüfung durch dieses erfolgt nicht mehr. Einigen sich die Parteien, handelt es sich beim gefundenen Kompromiss über die Streitpunkte meist noch nicht um einen detaillierten Vertrag, sondern um die Festlegung bestimmter Eckpunkte und die Verpflichtung, zu deren Umsetzung zusammenzuwirken. Der vor der Gütestelle geschlossene Vergleich, der von den Parteien und dem Schlichter zu unterzeichnen ist, stellt einen Vollstreckungstitel dar (§ 794 Abs. 1 Nr. 1 ZPO).

Wichtig!

Es handelt sich jedoch um keinen gerichtlichen Vergleich, der sogar eine notarielle Beurkundung ersetzen würde.

Sind Grundabtretungen Bestandteil der gütlichen Einigung, sind diese bis zu einer notariellen Beurkundung rechtlich unverbindlich, sofern die Schlichtung nicht vor einem Notar stattfindet und dieser das Einigungsergebnis beurkundet.

Wichtig!

Der Streitschlichter, auf den sich die Parteien einigen können, legt das Verfahren fest. Er kann im Einverständnis der Parteien auch einen Aufenthalt in einem Luxushotel vorsehen. Er darf allerdings Rechtsanwälte nicht ausschließen. Beim Verfahrensablauf können Pausen und beispielsweise ein gemeinsamer Spazier- oder Saunagang durchaus der Einigung dienlich sein. Gerade im Nachbarstreit kann es sich auch empfehlen, die jeweiligen Lebensgefährten in die Verhandlung und Einigung mit einzubeziehen.

4. Die „Eskalationsleiter" – Von der Bagatelle zum totalen Nachbarkrieg

BEISPIEL: Der Konflikt von Nora und Gerda beginnt zunächst damit, dass sich deren Kinder streiten und die Mütter einmischen. Während die Kinder längst wieder miteinander spielen, dauert die Auseinandersetzung der Nachbarinnen an. Sie dreht sich zunächst um die Höhe von an der Grenze stehenden Sträuchern und das Herüberwachsen einzelner Zweige auf das Nachbargrundstück. Nunmehr werden auch die Männer mit einbezogen. Gartentore werden jetzt angeblich ausgehängt und Bäume angesägt. Dann folgen auch „Kosenamen". Den Kindern wird verboten, miteinander zu spielen. Eine Gartenvase und ein Gartenzwerg werden in den Krieg mit einbezogen und überleben diesen nicht. Ein Auto hat plötzlich Kratzer im Lack und auf die Hauswand eines Gebäudes wird ein beleidigender Ausdruck gesprüht. Eine Überwachungskamera an einem Haus ist auf den Eingang des anderen gerichtet. An diesem befindet sich ein Bewegungsmelder der auf Personen, die die Haustür des Nachbarhauses passieren, reagiert und einen Mechanismus in Gang setzt, der laut „Auf in den Kampf…" zu spielen beginnt. Mehrfach wird die Polizei gerufen, wenn es in Nachbars Garten „viel zu laut" ist. Und aufgrund der Rauchentwicklung und eines Anrufs des Nachbarn kommt auch die Feuerwehr mit Blaulicht und Sirene, um den Grill von Gerda zu löschen. Ein besonders heftiger Wortwechsel geht in Tätlichkeiten über. Beide Nachbarn denken über den Verkauf ihres Hauses nach. Keiner ist mehr bereit nachzugeben, auch wenn ihn der Streit sehr viel Geld kostet.

Wo ein Nachbarstreit noch geschlichtet werden kann, hängt davon ab, welche **Stufe** des Konflikts bereits erreicht ist:

- Zunächst beginnt der Konflikt meist mit kleinen Auseinandersetzungen. Ärger über Lärm und Pflanzen trüben das nachbarliche Verhältnis. Beide Parteien möchten allerdings den Konflikt noch einvernehmlich beilegen.
- Langsam tritt die Konfrontation in den Vordergrund. Es wird mehr das Trennende als die Notwendigkeit eines gedeihlichen Zusammenlebens gesehen.
- Die Parteien verfolgen ihre eigenen Ziele, ohne den Standpunkt des anderen in ihre Überlegungen einzubeziehen. Der Streit wird nicht mehr rational, sondern nur noch emotional geführt.
- Eine einvernehmliche Lösung des Problems wird nunmehr generell in Frage gestellt. Ohne Unterstützung eines Dritten ist sie nicht mehr möglich.
- Nunmehr folgt der offene Streit, bei dem es um Sieger und Verlierer geht. Keiner möchte mehr nachgeben. Vielmehr dreht sich alles darum, den anderen zu „vernichten". Es herrscht Krieg am Gartenzaun. Der Richter kann durch eine Entscheidung ein „Machtwort" sprechen. Eine dauerhafte Konfliktlösung wird da-

durch allerdings nicht erreicht. Auch eine Schlichtung wird nicht mehr zum Erfolg führen.

- Beim „totalen“ Nachbarkrieg geht es nur noch um die Vernichtung des Nachbarn, allerdings nicht mehr, um zu siegen. Jeder Kontrahent riskiert vielmehr auch die Selbstvernichtung. In dieser Phase bleibt manchmal nur der Wegzug.

Die Einstufung des eigenen Konflikts in diese „Stufenleiter“ kann helfen, die Größe der **Chance einer einvernehmlichen Konfliktbeilegung** herauszufinden. Manchmal muss ein Konflikt erst entschärft werden, um wieder zu einer realistischen Möglichkeit der einvernehmlichen Streitbeilegung zu kommen. Mitunter kann auch ein Gerichtsurteil zunächst für Frieden sorgen, um auf dieser Basis eine Lösung für die Zukunft zu finden.

Anhang

I. Bürgerliches Gesetzbuch (BGB) (Auszug)

In der Fassung der Bekanntmachung vom 2. Januar 2002

(BGBl. I S. 42, ber. S. 2909 und BGBl. 2003 I S. 738)

FNA 400–2

Zuletzt geändert durch Art. 7 G zur Förderung der Freizügigkeit von EU-Bürgerinnen und -Bürgern sowie zur Neuregelung verschiedener Aspekte des Internationalen Adoptionsrechts vom 31.1. 2019 (BGBl. I S. 54)

(…)

§ 242 Leistung nach Treu und Glauben

Der Schuldner ist verpflichtet, die Leistung so zu bewirken, wie Treu und Glauben mit Rücksicht auf die Verkehrssitte es erfordern.

(…)

§ 823 Schadensersatzpflicht

(1) Wer vorsätzlich oder fahrlässig das Leben, den Körper, die Gesundheit, die Freiheit, das Eigentum oder ein sonstiges Recht eines anderen widerrechtlich verletzt, ist dem anderen zum Ersatz des daraus entstehenden Schadens verpflichtet.

(2) [1]Die gleiche Verpflichtung trifft denjenigen, welcher gegen ein den Schutz eines anderen bezweckendes Gesetz verstößt. [2]Ist nach

dem Inhalt des Gesetzes ein Verstoß gegen dieses auch ohne Verschulden möglich, so tritt die Ersatzpflicht nur im Falle des Verschuldens ein.

(…)

§ 858 Verbotene Eigenmacht

(1) Wer dem Besitzer ohne dessen Willen den Besitz entzieht oder ihn im Besitz stört, handelt, sofern nicht das Gesetz die Entziehung oder die Störung gestattet, widerrechtlich (verbotene Eigenmacht).

(2) [1]Der durch verbotene Eigenmacht erlangte Besitz ist fehlerhaft. [2]Die Fehlerhaftigkeit muss der Nachfolger im Besitz gegen sich gelten lassen, wenn er Erbe des Besitzers ist oder die Fehlerhaftigkeit des Besitzes seines Vorgängers bei dem Erwerb kennt.

§ 859 Selbsthilfe des Besitzers

(1) Der Besitzer darf sich verbotener Eigenmacht mit Gewalt erwehren.

(2) Wird eine bewegliche Sache dem Besitzer mittels verbotener Eigenmacht weggenommen, so darf er sie dem auf frischer Tat betroffenen oder verfolgten Täter mit Gewalt wieder abnehmen.

(3) Wird dem Besitzer eines Grundstücks der Besitz durch verbotene Eigenmacht entzogen, so darf er sofort nach der Entziehung sich des Besitzes durch Entsetzung des Täters wieder bemächtigen.

(4) Die gleichen Rechte stehen dem Besitzer gegen denjenigen zu, welcher nach § 858 Abs. 2 die Fehlerhaftigkeit des Besitzes gegen sich gelten lassen muss.

(…)

§ 861 Anspruch wegen Besitzentziehung

(1) Wird der Besitz durch verbotene Eigenmacht dem Besitzer entzogen, so kann dieser die Wiedereinräumung des Besitzes von demjenigen verlangen, welcher ihm gegenüber fehlerhaft besitzt.

(2) Der Anspruch ist ausgeschlossen, wenn der entzogene Besitz dem gegenwärtigen Besitzer oder dessen Rechtsvorgänger gegenüber fehlerhaft war und in dem letzten Jahre vor der Entziehung erlangt worden ist.

§ 862 Anspruch wegen Besitzstörung

(1) [1]Wird der Besitzer durch verbotene Eigenmacht im Besitz gestört, so kann er von dem Störer die Beseitigung der Störung verlangen. [2]Sind weitere Störungen zu besorgen, so kann der Besitzer auf Unterlassung klagen.

(2) Der Anspruch ist ausgeschlossen, wenn der Besitzer dem Störer oder dessen Rechtsvorgänger gegenüber fehlerhaft besitzt und der Besitz in dem letzten Jahre vor der Störung erlangt worden ist.

(…)

§ 903 Befugnisse des Eigentümers

[1]Der Eigentümer einer Sache kann, soweit nicht das Gesetz oder Rechte Dritter entgegenstehen, mit der Sache nach Belieben verfahren und andere von jeder Einwirkung ausschließen. [2]Der Eigentümer eines Tieres hat bei der Ausübung seiner Befugnisse die besonderen Vorschriften zum Schutz der Tiere zu beachten.

§ 904 Notstand

[1]Der Eigentümer einer Sache ist nicht berechtigt, die Einwirkung eines anderen auf die Sache zu verbieten, wenn die Einwirkung zur Abwendung einer gegenwärtigen Gefahr notwendig und der drohende Schaden gegenüber dem aus der Einwirkung dem Eigentümer entstehenden Schaden unverhältnismäßig groß ist. [2]Der Eigentümer kann Ersatz des ihm entstehenden Schadens verlangen.

§ 905 Begrenzung des Eigentums

[1]Das Recht des Eigentümers eines Grundstücks erstreckt sich auf den Raum über der Oberfläche und auf den Erdkörper unter der Oberfläche. [2]Der Eigentümer kann jedoch Einwirkungen nicht verbieten, die in solcher Höhe oder Tiefe vorgenommen werden, dass er an der Ausschließung kein Interesse hat.

§ 906 Zuführung unwägbarer Stoffe

(1) [1]Der Eigentümer eines Grundstücks kann die Zuführung von Gasen, Dämpfen, Gerüchen, Rauch, Ruß, Wärme, Geräusch, Erschütterungen und ähnliche von einem anderen Grundstück ausgehende Einwirkungen insoweit nicht verbieten, als die Einwirkung die Benutzung seines Grundstücks nicht oder nur unwesentlich be-

einträchtigt. [2]Eine unwesentliche Beeinträchtigung liegt in der Regel vor, wenn die in Gesetzen oder Rechtsverordnungen festgelegten Grenz- oder Richtwerte von den nach diesen Vorschriften ermittelten und bewerteten Einwirkungen nicht überschritten werden. [3]Gleiches gilt für Werte in allgemeinen Verwaltungsvorschriften, die nach § 48 des Bundes-Immissionsschutzgesetzes erlassen worden sind und den Stand der Technik wiedergeben.

(2) [1]Das Gleiche gilt insoweit, als eine wesentliche Beeinträchtigung durch eine ortsübliche Benutzung des anderen Grundstücks herbeigeführt wird und nicht durch Maßnahmen verhindert werden kann, die Benutzern dieser Art wirtschaftlich zumutbar sind. [2]Hat der Eigentümer hiernach eine Einwirkung zu dulden, so kann er von dem Benutzer des anderen Grundstücks einen angemessenen Ausgleich in Geld verlangen, wenn die Einwirkung eine ortsübliche Benutzung seines Grundstücks oder dessen Ertrag über das zumutbare Maß hinaus beeinträchtigt.

(3) Die Zuführung durch eine besondere Leitung ist unzulässig.

§ 907 Gefahr drohende Anlagen

(1) [1]Der Eigentümer eines Grundstücks kann verlangen, dass auf den Nachbargrundstücken nicht Anlagen hergestellt oder gehalten werden, von denen mit Sicherheit vorauszusehen ist, dass ihr Bestand oder ihre Benutzung eine unzulässige Einwirkung auf sein Grundstück zur Folge hat. [2]Genügt eine Anlage den landesgesetzlichen Vorschriften, die einen bestimmten Abstand von der Grenze oder sonstige Schutzmaßregeln vorschreiben, so kann die Beseitigung der Anlage erst verlangt werden, wenn die unzulässige Einwirkung tatsächlich hervortritt.

(2) Bäume und Sträucher gehören nicht zu den Anlagen im Sinne dieser Vorschriften.

§ 908 Drohender Gebäudeeinsturz

Droht einem Grundstück die Gefahr, dass es durch den Einsturz eines Gebäudes oder eines anderen Werkes, das mit einem Nachbargrundstück verbunden ist, oder durch die Ablösung von Teilen des Gebäudes oder des Werkes beschädigt wird, so kann der Eigentümer von demjenigen, welcher nach dem § 836 Abs. 1 oder den §§ 837,

838 für den eintretenden Schaden verantwortlich sein würde, verlangen, dass er die zur Abwendung der Gefahr erforderliche Vorkehrung trifft.

§ 909 Vertiefung

Ein Grundstück darf nicht in der Weise vertieft werden, dass der Boden des Nachbargrundstücks die erforderliche Stütze verliert, es sei denn, dass für eine genügende anderweitige Befestigung gesorgt ist.

§ 910 Überhang

(1) [1]Der Eigentümer eines Grundstücks kann Wurzeln eines Baumes oder eines Strauches, die von einem Nachbargrundstück eingedrungen sind, abschneiden und behalten. [2]Das Gleiche gilt von herüberragenden Zweigen, wenn der Eigentümer dem Besitzer des Nachbargrundstücks eine angemessene Frist zur Beseitigung bestimmt hat und die Beseitigung nicht innerhalb der Frist erfolgt.

(2) Dem Eigentümer steht dieses Recht nicht zu, wenn die Wurzeln oder die Zweige die Benutzung des Grundstücks nicht beeinträchtigen.

§ 911 Überfall

[1]Früchte, die von einem Baume oder einem Strauche auf ein Nachbargrundstück hinüberfallen, gelten als Früchte dieses Grundstücks. [2]Diese Vorschrift findet keine Anwendung, wenn das Nachbargrundstück dem öffentlichen Gebrauch dient.

§ 912 Überbau; Duldungspflicht

(1) Hat der Eigentümer eines Grundstücks bei der Errichtung eines Gebäudes über die Grenze gebaut, ohne dass ihm Vorsatz oder grobe Fahrlässigkeit zur Last fällt, so hat der Nachbar den Überbau zu dulden, es sei denn, dass er vor oder sofort nach der Grenzüberschreitung Widerspruch erhoben hat.

(2) [1]Der Nachbar ist durch eine Geldrente zu entschädigen. [2]Für die Höhe der Rente ist die Zeit der Grenzüberschreitung maßgebend.

§ 913 Zahlung der Überbaurente

(1) Die Rente für den Überbau ist dem jeweiligen Eigentümer des Nachbargrundstücks von dem jeweiligen Eigentümer des anderen Grundstücks zu entrichten.

(2) Die Rente ist jährlich im Voraus zu entrichten.

§ 914 Rang, Eintragung und Erlöschen der Rente

(1) [1]Das Recht auf die Rente geht allen Rechten an dem belasteten Grundstück, auch den älteren, vor. [2]Es erlischt mit der Beseitigung des Überbaus.

(2) [1]Das Recht wird nicht in das Grundbuch eingetragen. [2]Zum Verzicht auf das Recht sowie zur Feststellung der Höhe der Rente durch Vertrag ist die Eintragung erforderlich.

(3) Im Übrigen finden die Vorschriften Anwendung, die für eine zugunsten des jeweiligen Eigentümers eines Grundstücks bestehende Reallast gelten.

§ 915 Abkauf

(1) [1]Der Rentenberechtigte kann jederzeit verlangen, dass der Rentenpflichtige ihm gegen Übertragung des Eigentums an dem überbauten Teil des Grundstücks den Wert ersetzt, den dieser Teil zur Zeit der Grenzüberschreitung gehabt hat. [2]Macht er von dieser Befugnis Gebrauch, so bestimmen sich die Rechte und Verpflichtungen beider Teile nach den Vorschriften über den Kauf.

(2) Für die Zeit bis zur Übertragung des Eigentums ist die Rente fortzuentrichten.

§ 916 Beeinträchtigung von Erbbaurecht oder Dienstbarkeit

Wird durch den Überbau ein Erbbaurecht oder eine Dienstbarkeit an dem Nachbargrundstück beeinträchtigt, so finden zugunsten des Berechtigten die Vorschriften der §§ 912 bis 914 entsprechende Anwendung.

§ 917 Notweg

(1) [1]Fehlt einem Grundstück die zur ordnungsmäßigen Benutzung notwendige Verbindung mit einem öffentlichen Wege, so kann der Eigentümer von den Nachbarn verlangen, dass sie bis zur Hebung des Mangels die Benutzung ihrer Grundstücke zur Herstellung der erforderlichen Verbindung dulden. [2]Die Richtung des Notwegs und der Umfang des Benutzungsrechts werden erforderlichenfalls durch Urteil bestimmt.

(2) [1]Die Nachbarn, über deren Grundstücke der Notweg führt, sind durch eine Geldrente zu entschädigen. [2]Die Vorschriften des § 912 Abs. 2 Satz 2 und der §§ 913, 914, 916 finden entsprechende Anwendung.

§ 918 Ausschluss des Notwegrechts

(1) Die Verpflichtung zur Duldung des Notwegs tritt nicht ein, wenn die bisherige Verbindung des Grundstücks mit dem öffentlichen Wege durch eine willkürliche Handlung des Eigentümers aufgehoben wird.

(2) [1]Wird infolge der Veräußerung eines Teils des Grundstücks der veräußerte oder der zurückbehaltene Teil von der Verbindung mit dem öffentlichen Wege abgeschnitten, so hat der Eigentümer desjenigen Teils, über welchen die Verbindung bisher stattgefunden hat, den Notweg zu dulden. [2]Der Veräußerung eines Teils steht die Veräußerung eines von mehreren demselben Eigentümer gehörenden Grundstücken gleich.

§ 919 Grenzabmarkung

(1) Der Eigentümer eines Grundstücks kann von dem Eigentümer eines Nachbargrundstücks verlangen, dass dieser zur Errichtung fester Grenzzeichen und, wenn ein Grenzzeichen verrückt oder unkenntlich geworden ist, zur Wiederherstellung mitwirkt.

(2) Die Art der Abmarkung und das Verfahren bestimmen sich nach den Landesgesetzen; enthalten diese keine Vorschriften, so entscheidet die Ortsüblichkeit.

(3) Die Kosten der Abmarkung sind von den Beteiligten zu gleichen Teilen zu tragen, sofern nicht aus einem zwischen ihnen bestehenden Rechtsverhältnis sich ein anderes ergibt.

§ 920 Grenzverwirrung

(1) [1]Lässt sich im Falle einer Grenzverwirrung die richtige Grenze nicht ermitteln, so ist für die Abgrenzung der Besitzstand maßgebend. [2]Kann der Besitzstand nicht festgestellt werden, so ist jedem der Grundstücke ein gleich großes Stück der streitigen Fläche zuzuteilen.

(2) Soweit eine diesen Vorschriften entsprechende Bestimmung der Grenze zu einem Ergebnis führt, das mit den ermittelten Umständen, insbesondere mit der feststehenden Größe der Grundstücke, nicht übereinstimmt, ist die Grenze so zu ziehen, wie es unter Berücksichtigung dieser Umstände der Billigkeit entspricht.

§ 921 Gemeinschaftliche Benutzung von Grenzanlagen

Werden zwei Grundstücke durch einen Zwischenraum, Rain, Winkel, einen Graben, eine Mauer, Hecke, Planke oder eine andere Einrichtung, die zum Vorteile beider Grundstücke dient, voneinander geschieden, so wird vermutet, dass die Eigentümer der Grundstücke zur Benutzung der Einrichtung gemeinschaftlich berechtigt seien, sofern nicht äußere Merkmale darauf hinweisen, dass die Einrichtung einem der Nachbarn allein gehört.

§ 922 Art der Benutzung und Unterhaltung

[1]Sind die Nachbarn zur Benutzung einer der im § 921 bezeichneten Einrichtungen gemeinschaftlich berechtigt, so kann jeder sie zu dem Zwecke, der sich aus ihrer Beschaffenheit ergibt, insoweit benutzen, als nicht die Mitbenutzung des anderen beeinträchtigt wird. [2]Die Unterhaltungskosten sind von den Nachbarn zu gleichen Teilen zu tragen. [3]Solange einer der Nachbarn an dem Fortbestand der Einrichtung ein Interesse hat, darf sie nicht ohne seine Zustimmung beseitigt oder geändert werden. [4]Im Übrigen bestimmt sich das Rechtsverhältnis zwischen den Nachbarn nach den Vorschriften über die Gemeinschaft.

§ 923 Grenzbaum

(1) Steht auf der Grenze ein Baum, so gebühren die Früchte und, wenn der Baum gefällt wird, auch der Baum den Nachbarn zu gleichen Teilen.

(2) [1]Jeder der Nachbarn kann die Beseitigung des Baumes verlangen. [2]Die Kosten der Beseitigung fallen den Nachbarn zu gleichen Teilen zur Last. [3]Der Nachbar, der die Beseitigung verlangt, hat jedoch die Kosten allein zu tragen, wenn der andere auf sein Recht an dem Baume verzichtet; er erwirbt in diesem Falle mit der Trennung das Alleineigentum. [4]Der Anspruch auf die Beseitigung ist ausgeschlossen, wenn der Baum als Grenzzeichen dient und den Umständen

nach nicht durch ein anderes zweckmäßiges Grenzzeichen ersetzt werden kann.

(3) Diese Vorschriften gelten auch für einen auf der Grenze stehenden Strauch.

§ 924 Unverjährbarkeit nachbarrechtlicher Ansprüche

Die Ansprüche, die sich aus den §§ 907 bis 909, 915, dem § 917 Abs. 1, dem § 918 Abs. 2, den §§ 919, 920 und dem § 923 Abs. 2 ergeben, unterliegen nicht der Verjährung.

(...)

§ 1004 Beseitigungs- und Unterlassungsanspruch

(1) [1]Wird das Eigentum in anderer Weise als durch Entziehung oder Vorenthaltung des Besitzes beeinträchtigt, so kann der Eigentümer von dem Störer die Beseitigung der Beeinträchtigung verlangen. [2]Sind weitere Beeinträchtigungen zu besorgen, so kann der Eigentümer auf Unterlassung klagen.

(2) Der Anspruch ist ausgeschlossen, wenn der Eigentümer zur Duldung verpflichtet ist.

(...)

§ 1018 Gesetzlicher Inhalt der Grunddienstbarkeit

Ein Grundstück kann zugunsten des jeweiligen Eigentümers eines anderen Grundstücks in der Weise belastet werden, dass dieser das Grundstück in einzelnen Beziehungen benutzen darf oder dass auf dem Grundstück gewisse Handlungen nicht vorgenommen werden dürfen oder dass die Ausübung eines Rechts ausgeschlossen ist, das sich aus dem Eigentum an dem belasteten Grundstück dem anderen Grundstück gegenüber ergibt (Grunddienstbarkeit).

§ 1019 Vorteil des herrschenden Grundstücks

[1]Eine Grunddienstbarkeit kann nur in einer Belastung bestehen, die für die Benutzung des Grundstücks des Berechtigten Vorteil bietet. [2]Über das sich hieraus ergebende Maß hinaus kann der Inhalt der Dienstbarkeit nicht erstreckt werden.

§ 1020 Schonende Ausübung

[1]Bei der Ausübung einer Grunddienstbarkeit hat der Berechtigte das Interesse des Eigentümers des belasteten Grundstücks tunlichst zu schonen. [2]Hält er zur Ausübung der Dienstbarkeit auf dem belasteten Grundstück eine Anlage, so hat er sie in ordnungsmäßigem Zustand zu erhalten, soweit das Interesse des Eigentümers es erfordert.

§ 1021 Vereinbarte Unterhaltungspflicht

(1) [1]Gehört zur Ausübung einer Grunddienstbarkeit eine Anlage auf dem belasteten Grundstück, so kann bestimmt werden, dass der Eigentümer dieses Grundstücks die Anlage zu unterhalten hat, soweit das Interesse des Berechtigten es erfordert. [2]Steht dem Eigentümer das Recht zur Mitbenutzung der Anlage zu, so kann bestimmt werden, dass der Berechtigte die Anlage zu unterhalten hat, soweit es für das Benutzungsrecht des Eigentümers erforderlich ist.

(2) Auf eine solche Unterhaltungspflicht finden die Vorschriften über die Reallasten entsprechende Anwendung.

§ 1022 Anlagen auf baulichen Anlagen

[1]Besteht die Grunddienstbarkeit in dem Recht, auf einer baulichen Anlage des belasteten Grundstücks eine bauliche Anlage zu halten, so hat, wenn nicht ein anderes bestimmt ist, der Eigentümer des belasteten Grundstücks seine Anlage zu unterhalten, soweit das Interesse des Berechtigten es erfordert. [2]Die Vorschrift des § 1021 Abs. 2 gilt auch für diese Unterhaltungspflicht.

§ 1023 Verlegung der Ausübung

(1) [1]Beschränkt sich die jeweilige Ausübung einer Grunddienstbarkeit auf einen Teil des belasteten Grundstücks, so kann der Eigentümer die Verlegung der Ausübung auf eine andere, für den Berechtigten ebenso geeignete Stelle verlangen, wenn die Ausübung an der bisherigen Stelle für ihn besonders beschwerlich ist; die Kosten der Verlegung hat er zu tragen und vorzuschießen. [2]Dies gilt auch dann, wenn der Teil des Grundstücks, auf den sich die Ausübung beschränkt, durch Rechtsgeschäft bestimmt ist.

(2) Das Recht auf die Verlegung kann nicht durch Rechtsgeschäft ausgeschlossen oder beschränkt werden.

§ 1024 Zusammentreffen mehrerer Nutzungsrechte

Trifft eine Grunddienstbarkeit mit einer anderen Grunddienstbarkeit oder einem sonstigen Nutzungsrecht an dem Grundstück dergestalt zusammen, dass die Rechte nebeneinander nicht oder nicht vollständig ausgeübt werden können, und haben die Rechte gleichen Rang, so kann jeder Berechtigte eine den Interessen aller Berechtigten nach billigem Ermessen entsprechende Regelung der Ausübung verlangen.

§ 1025 Teilung des herrschenden Grundstücks

[1]Wird das Grundstück des Berechtigten geteilt, so besteht die Grunddienstbarkeit für die einzelnen Teile fort; die Ausübung ist jedoch im Zweifel nur in der Weise zulässig, dass sie für den Eigentümer des belasteten Grundstücks nicht beschwerlicher wird. [2]Gereicht die Dienstbarkeit nur einem der Teile zum Vorteil, so erlischt sie für die übrigen Teile.

§ 1026 Teilung des dienenden Grundstücks

Wird das belastete Grundstück geteilt, so werden, wenn die Ausübung der Grunddienstbarkeit auf einen bestimmten Teil des belasteten Grundstücks beschränkt ist, die Teile, welche außerhalb des Bereichs der Ausübung liegen, von der Dienstbarkeit frei.

§ 1027 Beeinträchtigung der Grunddienstbarkeit

Wird eine Grunddienstbarkeit beeinträchtigt, so stehen dem Berechtigten die in § 1004 bestimmten Rechte zu.

§ 1028 Verjährung

(1) [1]Ist auf dem belasteten Grundstück eine Anlage, durch welche die Grunddienstbarkeit beeinträchtigt wird, errichtet worden, so unterliegt der Anspruch des Berechtigten auf Beseitigung der Beeinträchtigung der Verjährung, auch wenn die Dienstbarkeit im Grundbuch eingetragen ist. [2]Mit der Verjährung des Anspruchs erlischt die Dienstbarkeit, soweit der Bestand der Anlage mit ihr in Widerspruch steht.

(2) Die Vorschrift des § 892 findet keine Anwendung.

§ 1029 Besitzschutz des Rechtsbesitzers

Wird der Besitzer eines Grundstücks in der Ausübung einer für den Eigentümer im Grundbuch eingetragenen Grunddienstbarkeit gestört, so finden die für den Besitzschutz geltenden Vorschriften entsprechende Anwendung, soweit die Dienstbarkeit innerhalb eines Jahres vor der Störung, sei es auch nur einmal, ausgeübt worden ist.

II. Gesetz, betreffend die Einführung der Zivilprozeßordnung (EGZPO) (Auszug)

Vom 30. Januar 1877

(RGBl. S. 244)

BGBl. III/FNA 310–2

Zuletzt geändert durch Artikel 1 des Gesetzes vom 21.6.2018 (BGBl. I S. 863)

(…)

§ 15a [Einigungsversuch vor Gütestelle]

(1) [1]Durch Landesgesetz kann bestimmt werden, dass die Erhebung der Klage erst zulässig ist, nachdem von einer durch die Landesjustizverwaltung eingerichteten oder anerkannten Gütestelle versucht worden ist, die Streitigkeit einvernehmlich beizulegen

1. in vermögensrechtlichen Streitigkeiten vor dem Amtsgericht über Ansprüche, deren Gegenstand an Geld oder Geldeswert die Summe von 750 Euro nicht übersteigt,
2. in Streitigkeiten über Ansprüche aus dem Nachbarrecht nach den §§ 910, 911, 923 des Bürgerlichen Gesetzbuchs und nach § 906 des Bürgerlichen Gesetzbuchs sowie nach den landesgesetzlichen Vorschriften im Sinne des Artikels 124 des Einführungsgesetzes zum Bürgerlichen Gesetzbuche, sofern es sich nicht um Einwirkungen von einem gewerblichen Betrieb handelt,
3. in Streitigkeiten über Ansprüche wegen Verletzung der persönlichen Ehre, die nicht in Presse oder Rundfunk begangen worden sind,

4. in Streitigkeiten über Ansprüche nach Abschnitt 3 des Allgemeinen Gleichbehandlungsgesetzes.

[2]Der Kläger hat eine von der Gütestelle ausgestellte Bescheinigung über einen erfolglosen Einigungsversuch mit der Klage einzureichen. [3]Diese Bescheinigung ist ihm auf Antrag auch auszustellen, wenn binnen einer Frist von drei Monaten das von ihm beantragte Einigungsverfahren nicht durchgeführt worden ist.

2) [1]Absatz 1 findet keine Anwendung auf

1. Klagen nach den §§ 323, 323a, 324, 328 der Zivilprozessordnung, Widerklagen und Klagen, die binnen einer gesetzlichen oder gerichtlich angeordneten Frist zu erheben sind,
2 *[aufgehoben]*
3. Wiederaufnahmeverfahren,
4. Ansprüche, die im Urkunden- oder Wechselprozess geltend gemacht werden,
5. die Durchführung des streitigen Verfahrens, wenn ein Anspruch im Mahnverfahren geltend gemacht worden ist,
6. Klagen wegen vollstreckungsrechtlicher Maßnahmen, insbesondere nach dem Achten Buch der Zivilprozessordnung.

[2]Das Gleiche gilt, wenn die Parteien nicht in demselben Land wohnen oder ihren Sitz oder eine Niederlassung haben.

(3) [1]Das Erfordernis eines Einigungsversuchs vor einer von der Landesjustizverwaltung eingerichteten oder anerkannten Gütestelle entfällt, wenn die Parteien einvernehmlich einen Einigungsversuch vor einer sonstigen Gütestelle, die Streitbeilegungen betreibt, unternommen haben. [2]Das Einvernehmen nach Satz 1 wird unwiderleglich vermutet, wenn ein Verbraucher eine Verbraucherschlichtungsstelle, eine branchengebundene andere Gütestelle oder eine andere Gütestelle der Industrie- und Handelskammer, der Handwerkskammer oder der Innung angerufen hat. [3]Absatz 1 Satz 2 gilt entsprechend.

(4) Zu den Kosten des Rechtsstreits im Sinne des § 91 Abs. 1, 2 der Zivilprozessordnung gehören die Kosten der Gütestelle, die durch das Einigungsverfahren nach Absatz 1 entstanden sind.

(5) Das Nähere regelt das Landesrecht; es kann auch den Anwendungsbereich des Absatzes 1 einschränken, die Ausschlussgründe des Absatzes 2 erweitern und bestimmen, dass die Gütestelle ihre Tätigkeit von der Einzahlung eines angemessenen Kostenvorschusses abhängig machen und gegen eine im Gütetermin nicht erschienene Partei ein Ordnungsgeld festsetzen darf.

(6) [1]Gütestellen im Sinne dieser Bestimmung können auch durch Landesrecht anerkannt werden. [2]Die vor diesen Gütestellen geschlossenen Vergleiche gelten als Vergleiche im Sinne des § 794 Abs. 1 Nr. 1 der Zivilprozessordnung.

Sachverzeichnis

A

B

D

E

F

G

H

I

K

L

M

N

S

T

U

V

W

Z

Elzer
Meine Rechte als Wohnungseigentümer
Gebrauch, Sondernutzung, Verwaltung,
Versammlung, Bauen, Information usw.
Rechtsberater **TOPTITEL**
4. Aufl. 2018. 551 S.
€ 24,90. dtv 51223
Auch als **ebook** erhältlich.

Empfohlen von Haus & Grund Bayern

Rechte und Pflichten der Wohnungseigentümer.

Dieser Rechtsberater gibt alle wichtigen Antworten zu den Rechten des Wohnungseigentümers:
Leicht verständlich: Die rechtlichen Aspekte sind einfach aufbereitet und in einer verständlichen Sprache dargestellt.
Anschaulich: Zahlreiche Beispiele, Checklisten und Übersichten machen die Ausführungen anschaulich.
Übersichtlich: Klar aufgebaut und mit einem ausführlichen Sachregister.

Erfahren Sie Einzelheiten zu den Rechten des Wohnungseigentümers:
- Verhalten in der Wohnung und im Gemeinschaftseigentum
- Gebrauchsrechte
- Sondernutzungsrechte
- Verwaltungsrechte
- Rechte in der Versammlung
- Das Recht zu bauen
- Informationsrechte
- Der Wohnungseigentümer als Verwalter
- Der Wohnungseigentümer als Beirat

Mieten

MietR · Mietrecht
BGB-Mietrecht mit wichtigen Nebengesetzen.
Textausgabe TOPTITEL
49. Aufl. 2019. 555 S. NEU
€ 8,90. dtv 5013
Neu im März 2019

Die 49. Auflage enthält alle Änderungen aus dem Gesetz zur Ergänzung der Regelungen über die zulässige Miethöhe bei Mietbeginn und zur Anpassung der Regelungen über die Modernisierung der Mietsache **(Mietrechtsanpassungsgesetz – MietAnpG)** vom 18. Dezember 2018: im BGB, im EGBGB sowie im WirtschaftsstrafG, einschl. der neuen §§ 559c und 559d BGB zu vereinfachten Verfahren und Pflichtverletzung bei Ankündigung oder Durchführung einer baulichen Veränderung.

Mersson
Vermieterleitfaden
Aktuelles Mietrecht · Mustertexte · Abrechnungsbeispiele · Checklisten.
Rechtsberater TOPTITEL
6. Aufl. 2015. 548 S.
€ 18,90. dtv 50791
Auch als **ebook** erhältlich.

Blank
Mietrecht von A–Z
Mehr als 450 Stichwörter zum aktuellen Recht.
Rechtsberater
19. Aufl. 2015. 935 S.
€ 24,90. dtv 50790
Auch als **ebook** erhältlich.

Übersichtlich von A-Z alles Wissenswerte zum Mietrecht: praxisgerecht und verständlich erläutert.

Lützenkirchen
Mietnebenkosten von A–Z
Begriffe · Musterformulierungen · Berechnungsbeispiele · Checklisten.
Rechtsberater
6. Aufl. 2014. 497 S.
€ 19,90. dtv 50758
Auch als **ebook** erhältlich.

NachbR · Nachbarrecht
Textausgabe
2. Aufl. 2011. 286 S.
€ 9,90. dtv 5771

Alheit
Nachbarrecht von A–Z
490 Stichwörter zur aktuellen Rechtslage.
Rechtsberater
12. Aufl. 2010. 413 S.
€ 12,90. dtv 5067

Bauen

BauGB · Baugesetzbuch
Textausgabe TOPTITEL
50. Aufl. 2018. 560 S.
€ 9,90. dtv 5018

Mit BaunutzungsVO, PlanzeichenVO, RaumordnungsG, RaumordnungsVO. Mit den Änderungen u.a. durch die Städtebaurechtsnovelle, das Gesetz zur Änderung raumordnungsrechtlicher Vorschriften, das HochwasserschutzG II und das UVP-ModG.

VOB/BGB/HOAI
Vergabe- und Vertragsordnung für Bauleistungen Teil A und B/BGB Bauvertrag §§ 650a-v/ Verordnung über Honorare für Leistungen der Architekten und der Ingenieure
Textausgabe TOPTITEL
35. Aufl. 2019. 422 S. NEU
€ 11,90. dtv 5596
Neu im April 2019

BaustellenVO, BGB (Auszug), Gesetz zur Regelung von Ingenieur- und Architektenleistungen, Gesetz über die Sicherung der Bauforderungen, Gewerbeordnung (§ 34c), HOAI – Honorarordnung für Architekten und Ingenieure, Schiedsgerichtsordnungen, Makler- und BauträgerVO, VO über Abschlagszahlungen bei Bauträgerverträgen, VOB – Vergabe- und Vertragsordnung für Bauleistungen 2016 (Teile A und B).

Empfohlen von Haus & Grund Bayern

VgR · Vergaberecht
Textausgabe **TOPTITEL**
20. Aufl. 2018. 678 S.
€ 18,90. dtv 5595

Gesetz gegen Wettbewerbsbeschränkungen - GWB - 4. Teil, Vergabeverordnung - VgV, Sektorenverordnung - SektVO, Vergabeverordnung Verteidigung und Sicherheit - VSVgV, Konzessionsvergabeverordnung - KonzVgV, Wettbewerbsregistergesetz - WRegG, Vergabe- und Vertragsordnung für Bauleistungen Teil A und B - VOB, Unterschwellenvergabeordnung - UVgO, Allgemeine Vertragsbedingungen für die Ausführung von Leistungen - VOL/B

Blomeyer/Budiner
Architektenrecht von A–Z
Rechtslexikon für Architekten, Bauherren und Juristen.
Rechtsberater
3. Aufl. 2018. 290 S.
€ 22,90. dtv 51210
Auch als **ebook** erhältlich.

Der Band informiert knapp und verständlich über alle Fragen im Zusammenhang mit der Architektentätigkeit.

Empfohlen von Haus & Grund Bayern

Kaufen

Kirchhoff
Wohnungseigentum in Frage und Antwort
Erwerb · Finanzierung · Verwaltung · Verkauf.
Rechtsberater TOPTITEL
3. Aufl. 2017. 240 S.
€ 13,90. dtv 51213
Auch als **ebook** erhältlich.

Alle Fragen rund um die Eigentumswohnung kompetent beantwortet. Aktuell in 3. Auflage: Gesetzgebung und Rechtsprechung, vor allem zu Abrechnungsfragen. Mit vielen neuen Fragen und Antworten.

GrdstR · Grundstücksrecht
Textausgabe
8. Aufl. 2017. 668 S.
€ 15,90. dtv 5586

Haase
Verwaltungsbeirat
Aufgaben, Funktion, Haftung, Pflichten, Rechte
Rechtsberater TOPTITEL
8. Aufl. 2018. 205 S.
€ 17,90. dtv 51212
Auch als **ebook** erhältlich.

Jennißen/Bartholome
Die Eigentumswohnung
Finanzierung · Erwerb · Nutzung · Verwaltung.
Rechtsberater
13. Aufl. 2016. 573 S.
€ 19,90. dtv 50776
Auch als **ebook** erhältlich.

Haus & Grund Bayern

Haus & Grund Bayern unterstützt die 105 Haus & Grund Vereine in Bayern bei ihrer täglichen Arbeit und informiert über die für Immobilieneigentümer relevante Gesetzesentwicklung und Rechtsprechung.